武汉大学文学院资助出版

文言

第一辑

主编 高文强

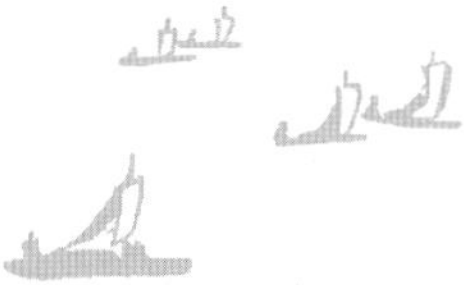

武汉大学出版社
WUHAN UNIVERSITY PRESS

图书在版编目(CIP)数据

文言.第一辑/高文强主编.—武汉：武汉大学出版社,2022.8
ISBN 978-7-307-23131-3

Ⅰ.文…　Ⅱ.高…　Ⅲ.①汉语—语言学—文集　②中国文学—文学研究—文集　Ⅳ.①H1-53　②I206-53

中国版本图书馆 CIP 数据核字(2022)第 103296 号

责任编辑:蒋培卓　　　责任校对:李孟潇　　　版式设计:马　佳

出版发行：**武汉大学出版社**　（430072　武昌　珞珈山）
（电子邮箱：cbs22@ whu.edu.cn　网址：www.wdp. com.cn）
印刷:武汉邮科印务有限公司
开本:720×1000　1/16　印张:21.5　字数:308 千字　插页:2
版次:2022 年 8 月第 1 版　　2022 年 8 月第 1 次印刷
ISBN 978-7-307-23131-3　　定价:86.00 元

前　　言
研究生全过程培养创新方式的探索与尝试

高文强

十九大以来，教育主管部门根据党的教育方针、新时代中国特色社会主义发展需要，在高校全面推行“三全育人”的综合育人模式，其目的主要在于推动人才培养质量的进一步提升。这一培养模式强调通过完善统筹机制，创新实施体系，加大保障力度，改进评价管理规范，整合各方育人资源，以形成全员、全过程、全方位育人新格局。如何在重点高校中文学科研究生培养中贯彻“三全育人”的基本精神，这是一个见仁见智的问题。然而，目前中文学科研究生培养方式明显存在课程本科化、培养专业化、指导单一化等问题，如何解决这些问题，正是目前研究生教育改革需要回应的。正是基于这一现实，我们尝试结合中文学科研究生教育的特点，探索研究生教育中全过程培养方式的创新路径，寻绎积极有效的中文学科研究生全过程培养模式，以进一步提升中文学科研究生人才培养质量。社会的发展和进步需要德智体美劳全面发展的复合型人才，这样才能使社会主义现代化建设进程快速稳步前进，最终推进我国社会主义教育更进一步现代化。要培养全面发展的复合型人才，就需要探索全过程培养的创新方式，这是当前高校人才培养的总体趋势。

从武汉大学文学院目前的现实情况来看，我们的研究生教育改革目标将主要解决当前中文学科研究生培养方式上存在的课程本科化、培养专业化、指导单一化等问题，探索出一套从课程体系、培养环节到毕业论文等各阶段协同推进、整体融合的研究生全过程培养模式，以进一步提升德才兼备的复合型人才的培养质量。当然，研究生全过程培养方式并不是要否定现有的基本培养方式，而是以现有培养方式为基础，寻找培养全过程中存在的不足和协同性不好的方面，然后进行重新调整、创新设计，以使研究生培养全过程具有整体性和相融性。基于这一目标，近两年我们在若干方面已做了一些尝试性改革。比如课程体系方面，目前中文学科硕士课程设计存在内容过于专业化、教学近于本科化的特点，我们在修订研究生培养方案之际探索设立了文学研究的视野与方法、语言研究的方法与工具、文献研究方法论三门学科通开课，希望通过这三门课使所有专业的硕士生在文献、语言、文学三个方面打下扎实的研究基础，并且每门课以教学团队的方式开展灵活教学，以解决硕士课程应解决的基本问题。同时，在硕博士课程中设置学术人生这一课程思政示范课，引领研究生在人生层面理解学术的意义与价值。再如培养环节方面，目前中文学科研究生培养过程中存在重课程而轻课外的现象，课外要么由导师管理，要么学生自己学习，但从教学管理的角度来看，这一部分恰有不少可创新之处。目前我们设置了研究生读书会、研究生学术论坛、博士生学术沙龙等学习平台提供给学生，以让学生交流学术和体验学术，并推行资助博士生参加国内学术会议的政策。同时，探索依托通开课和读书会之内容，以统一考试的方式进行中期考核的方法，以达到真正考核之目的。再比如毕业答辩方面，研究生培养质量的关键就是毕业论文的质量，我们尝试着从预答辩到答辩、从盲审到答辩专家审阅、从预答辩后修改到正式答辩后修改等各个环节协调推进，以严谨的态度和方法保证毕业论文质量基本都能达到优良的程度，这是一套非常值得进一步探索的系统方法。

上述一系列做法都是研究生全过程培养创新方法的尝试性实践，这一过程依然在进行中，我们希望通过实践过程总结经验教训，并在此基础上对政策方法进行调整，以探索出有利于提高人才培养质量的研究生全过程培养模式。《文言》的编辑和出版，正是上述一系列全过程培养创新方法探索环节中的一环。

《文言》中收录的学术论文，主要来源于武汉大学文学院每年举办的两次研究生学术论坛上的优秀论文。这一培养方式，就是想在研究生们刚刚踏入学术研究领域且还在学习训练阶段之时，就为他们尽量创造一些真正学术研究语境中应有的环节，以让他们能更好更快地成长。诸如此类的一系列研究生全过程培养创新性探索是否会起到很好的效果我们不得而知，但我们会不断努力尝试，不断总结反思，向着有利于培养德智体美劳全面发展的复合型人才方向不断奋进。

目　　录

文艺理论研究

中国古代文学研究

中国现当代文学研究

比较文学与世界文学研究

语言研究

会议综述

文艺理论研究

“以类相动”
——《礼记·乐记》的心物感应观

李张怡*

“以类相动”见于《乐象篇》：“倡和有应，回邪曲直各归其分，而万物之理各以类相动也。”①前两句可看作最后一句的解释，所谓“倡和有应”就是万物之间存在呼应共鸣，而“回邪曲直各归其分”则是呼应共鸣发生的前提条件以及需要遵循的基本规律，合在一起称作“以类相动”。相似的说法还可见于董仲舒的《春秋繁露》，其中第五十七篇便以“同类相动”命名，具体表述为“美事召美类，恶事召恶类，类之相应而起也……物故以类相召也”②。无论是“以类相动”“同类相动”还是“以类相召”，都包含着“类”这一核心概念以及围绕“类”所进行的关联与互动。

“类”是中国哲学的基本假设，以一元论宇宙观作为支撑，主张万事万物间存在先验的预设的关联，恰如《周易》所说：“同声相应，同气相求。水流湿，火就燥，云从龙，风从虎。圣人作而万物睹。本乎天者亲上，本乎地者亲下，则各从其类也。”③“就”“从”“亲”等动词表明，“类”并非一个个静态的集合，其中的元素始终处于不断的相互吸引、相互触动当中。

---

* 李张怡，武汉大学文学院2020级文艺学专业硕士研究生。本文系“2022文言樱花会”暨武汉大学文学院第二届研究生学术论坛发言论文。

① （清）孙希旦撰，沈啸寰、王星贤点校：《礼记集解》，中华书局1989年版，第1003页。

② （清）苏舆撰，钟哲点校：《春秋繁露义证》，中华书局1992年版，第358-359页。

③ （唐）孔颖达：《周易正义》，（清）阮元：《十三经注疏》，中华书局1980年版，第85页。

余宝琳在《中国诗学传统中意象的读法》(*The Reading of Imagery in the Chinese Poetic Tradition*)一书中将“类”翻译为“categorical correspondence”，直译过来就是“范畴的往来沟通”，这种沟通既可以发生在不同范畴之间，也可以发生在同一范畴的不同元素之间，强调“各个组成元素间的互动和共鸣”①，也就是“类应”的关系。因此，所谓的“以类相动”蕴含着这样的观念：宇宙间的万事万物各从其类、相互感应。如果将此观念置于《礼记·乐记》的框架内，“万事万物”这一原本无边无际的名称便有了具体所指。《乐记》作为先秦音乐美学思想的集大成之作，反映的是物、心、音三者间的相生相通，那么“万事万物”也就细化为物、心、音三大范畴，如果仅以主体(心)为基点，则主体之外的物与音又可归为一类，统称为“物”。如此看来，《乐记》中的“以类相动”实际上就是一种心物感应观。

一、心感于物：乐的生成机制

关于乐的产生，有七种不同的表述：

《乐本篇》曰：“乐者，音之所由生也，其本在人心之感于物也。”

《乐礼篇》曰：“王者功成作乐。”

《乐施篇》曰：“故天子之为乐也，以赏诸侯之有德者也。”

《乐象篇》曰：“乐者，心之动也。”

《魏文侯篇》曰：“天下大定，然后正六律，和五声，弦歌诗颂。此之谓德音，德音之谓乐。”

《宾牟贾篇》曰：“夫乐者，象成者也。”

《乐化篇》曰：“夫乐者，先王之所以饰喜也。”②

---

① Pauline, Yu. *The Reading of Imagery in the Chinese Poetic Tradition*. Princeton: Princeton UP, 1987: 42.

② (清)孙希旦撰，沈啸寰、王星贤点校：《礼记集解》，中华书局1989年版，第976、991、995、1006、1015、1023、1035页。

稍作观察就会发现，后六种表述均未脱离第一种表述所给出的限定。《乐礼篇》《魏文侯篇》《宾牟贾篇》将乐的产生置于天下大定、功业已成的背景下，并将乐的创作权交于天子(王者)手中，这便意味着乐产生的先决条件是社会安定。在当时的语境下，“物”所代表的涵义并非现代人所说的自然景物或外在事物，而多指社会政治环境。如班固在《汉书·艺文志》中所说：“言感物造耑，材知深美，可与图事，故可以为列大夫也。”①此处的“感物”是儒生士子“图事”“为列大夫”的必备素质，那么所感之物便不会是简单的自然事物或某个客观对象，而是像郑毓瑜所说，“(感物)可能就是政治场合、礼乐仪式中的种种被托付的任务或者被预期的表现”②。如此一来，“物”便与社会政治牢牢固定在一起，由王者功业成就中诞生出的“乐”，从根本上讲就是一种“感于物”的成果。

与以上三种注重“物”之前提的表述不同，《乐施篇》《乐象篇》与《乐化篇》的表述更加强调主体心志在乐产生过程中的关捩地位。先王感于政治清明、诸侯有德，心中油然升起喜悦之情，便用乐来传达心中跃动的情感。心在物与乐之间具有重要的转换功能：物通过心的映照才能产生乐。因此，《乐本篇》的表述其实是对乐的产生机制的最根本概括，即心感于物——物是乐产生的逻辑前提，而心则是乐产生的主体执行者。

乐的生成机制包含两个程序，由物到心与由心到乐，均遵循“以类相动”的原则。《乐本篇》称：“人生而静，天之性也。感于物而动，性之欲也。物至知知，然后好恶形焉。”③这是由物到心的过程，说明两点：第一，心是对物的映照，原本平静的心只有受到物的刺激才会发生感应，而并不会凭空产生种种情绪；第二，心对物的映照不是单纯的镜像，心虽平静但不麻木，不是被动接受物的刺激，而是主动“迎接”并给予反应，其中主要包括带有情感色彩的价值判断，即“好恶形焉”。《乐记》中有一段关于社会

① (汉)班固撰，(唐)颜师古注：《汉书》，中华书局1964年版，第1755页。

② 郑毓瑜：《引譬连类：文学研究的关键词》，生活·读书·新知三联书店2017年版，第131页。

③ (清)孙希旦撰，沈啸寰、王星贤点校：《礼记集解》，中华书局1989年版，第984页。

治乱与所发之音的经典论述："治世之音安以乐，其政和；乱世之音怨以怒，其政乖；亡国之音哀以思，其民困。"①虽然这段话描述的是"音"与"政"的关系，但安乐、怨怒、哀思均为人心之情感，音的感情基调由人心的情绪所决定。孔颖达指出："其音安静而和乐，由其政和平而人心安乐也。……其音怨憾而恚怒，由其政乖僻而人心怨怒也。……其音悲哀而愁思，由其民困苦而人心哀思也。"②可见，这段描述的实际上也是"物"与"心"的关系。

人心之所以会产生种种情感，是由于所处环境带来的刺激，而刺激与反应的发生则是由于"类"的作用。"类"作为中国古人基本的思维方式，依据事物的属性将其分为不同种类，在个别现象与个别现象之间搭建某种联系，使个别归属于总体当中。正如张节末所说，在中国古人的思维逻辑当中，"某一物象之被指或被描述，并非孤立的现象，它是被当作一个'类'来思考的"③。从不同角度出发，可以从同一事物中提取不同属性，每一个属性下都会聚集一系列在此方面相似的事物，因此，一个事物并非只能归属唯一的类，而是处于多个类的交集当中。

治世、乱世、亡国三者也是如此，从名称属性讲，三者都是对社会现状所作的判断与命名，可归为一类，但如果从国家命运以及百姓的生活状态方面看，三者却指向截然不同的类，治世具有安定祥和的属性，人心的安乐同样具有安定祥和的属性，乱世中处处积攒着矛盾与冲突，而人心的怨怒同样具有不和谐不平衡的属性，亡国作为无可挽回的绝境与败局，与人心中的哀思一样带有无限的破碎与凄凉的意味，此时，三种对国家局势的命名分别与三种不同的主体情感成了同类。前面说过，同一类别内部的

① （清）孙希旦撰，沈啸寰、王星贤点校：《礼记集解》，中华书局1989年版，第978页。

② （清）孙希旦撰，沈啸寰、王星贤点校：《礼记集解》，中华书局1989年版，第978页。

③ 张节末：《中国"比兴"美学的源与流》，《南国学术》2020年第2期，第285页。

各个元素并不仅仅是静态的相关关系，而是处于相互吸引相互感应的动态关系中。换言之，在类的内部，会发生召唤与联想，某个元素可唤起与其具有相同属性的另一元素，即“以类相动”，这构成了心物感应的基础，也是解释心物感应发生的潜在规则。因此，治世、乱世、亡国这三种不同的“物”才会引起安乐、怨怒、哀思三种不同的情感反应。

由物到心是主体对外界刺激的接收过程，而经过主体心志的编码，再以相应的音符、旋律、诗句、舞蹈表现出来，就是由心到乐的过程。《乐本篇》有云：“其哀心感者，其声噍以杀；其乐心感者，其声啴以缓；其喜心感者，其声发以散；其怒心感者，其声粗以厉；其敬心感者，其声直以廉；其爱心感者，其声和以柔。”①喜怒哀乐敬爱等不同心境由不同外物引起，所发声音又由心中不同情感所激发，物、心、音三者均在情感基调上达成一致，因其相同属性而被归为一类。

如此便会产生一个疑问，既然物与乐本身同属一类，那么这两种元素之间便存在先验的预设的关联，在此情况下，无论心是否参与，物都能唤起相应的乐。也就是说，如果对乐的产生过程进行演绎推理，真正起决定性作用的因素只有类与物，二者分别是乐产生的大前提与小前提，心存在的意义似乎被架空了。但事实上，主体并不只是将物转换为乐的中介，心志的创造力也参与其中。《乐本篇》中说：“唯君子为能知乐。”②可见，乐是一种具有高度文化意义的人类艺术成果，其根本属性是教化，所谓“礼、乐、刑、政，其极一也，所以同民心而出治道也”③。主体在感于物的同时，也对物(即社会政治)有着极强的反控力，作为其“心声”的乐在产生时便带着明确的目的与愿景。不仅如此，同一类别中属于物的元素与属于乐

① (清)孙希旦撰，沈啸寰、王星贤点校：《礼记集解》，中华书局1989年版，第976-977页。

② (清)孙希旦撰，沈啸寰、王星贤点校：《礼记集解》，中华书局1989年版，第982页。

③ (清)孙希旦撰，沈啸寰、王星贤点校：《礼记集解》，中华书局1989年版，第977页。

的元素并非一一对应的关系，仅由物的特征并不能直接确定相应的乐而排除其他可能的选择，这一过程必须经过心的斟酌与推敲，此阶段已不再由先验的预设的类所决定，而是由主体基于长久的社会理性积淀而成的稳固的文化心理结构所决定，① 唯有具备人属性的主体心志的参与，才能产生同样具有人属性的乐。因此，由心到乐，虽然遵循类的原则，却是主动的抉择而非被动地呈现。

二、乐通伦理：乐的政教意义

在《乐记》看来，乐与音的根本区别在于，前者具有社会教化意义。所谓：

> 凡音者，生于人心者也。乐者，通于伦理者也。是故知声而不知音者，禽兽是也。知音而不知乐者，众庶是也。唯君子为能知乐。是故审声以知音，审音以知乐，审乐以知政，而治道备矣。②

正如君子是众庶的佼佼者，乐是音所达到的通政的境界，声、音是乐的肌肤和骨骼，伦理才是乐的灵魂。乐熏陶人心，发挥其灵魂中的政教功能，实际上是一种变相的心物感应。高建平指出："对心起作用的外在刺激物有两种，一是'物'，一是'音'，《乐记》中'物'的含义，正好有此二者。"③前一种"物"是狭义的"物"，即社会现实处境，可将其命名为"物A"，后一种"物"是广义的"物"，指一切可唤起人内心情感的外在事物，

① 李泽厚：《华夏美学·美学四讲》，生活·读书·新知三联书店 2008 年版，第 13 页。

② （清）孙希旦撰，沈啸寰、王星贤点校：《礼记集解》，中华书局 1989 年版，第 982 页。

③ 高建平：《论"以类相动"——〈乐记〉体系初探》，《天津师大学报》1985 年第 3 期，第 72 页。

可将其命名为“物B”，如此便可得到一个公式：物A+音+……=物B。根据前文所引述的“音”“乐”关系可知，这一公式同样适用于“乐”与“物”，也就是说，在《乐记》的理论体系中，乐一方面是主体创造的产物，另一方面又是外在于心志的客体，可以被归为“物”的范畴。乐产生于心与物A的感应，同时又作为物B再次与心发生交感，并通过影响人的心志进一步影响整个社会，从而实现教化目的。

这一阶段的心物感应（即心乐感应），同样遵循以类相动的原则。首先，在儒家传统伦理规范中，存在着森严的等级秩序，“君君，臣臣，父父，子子”①，只有秩序井然且各司其职时，社会才能安定和谐，而一旦秩序被打破，整个社会的平衡也将彻底崩坏。《乐记》认为，乐中也存在这样的秩序：“宫为君，商为臣，角为民，徵为事，羽为物。五者不乱，则无怗懘之音矣。宫乱则荒，其君骄；商乱则陂，其臣坏；角乱则忧，其民怨；徵乱则哀，其事勤；羽乱则危，其财匮。五者皆乱，迭相陵，谓之慢。”②根据这段论述，“乐”与“政”具有两重同构。第一，乐之五音分别与君、臣、民、事、物一一对应，通过音的错乱来反映国家动荡的症结所在；第二，乐曲的和谐与混乱又与国家治乱相对，当五音不乱时，乐曲和谐动听，国家也处于治世当中，当五音中有个别混乱时，乐曲传达出危机的信号，国家也处于乱世当中，当五音皆乱时，已难成曲调，对应亡国之世。这种两相对应就像“云从龙，风从虎”一样，因其相同属性而具有“类”的关联。人心在感受到乐之后，会受到乐所属类的驱动，联想到与五音相对的君、臣、民事物以及治世、乱世或亡国等政治处境，从而使简单的欣赏行为变成严肃的伦理教化。

其次，礼、乐、刑、政作为“其极一也”的王道之法，分工明确，相互补充。乐的内部虽然有与礼一样的等级秩序，但其本身的目的却是实现天下“和同”。《乐化篇》有云：“是故乐在宗庙之中，君臣上下同听之则莫不

① 杨伯峻译注：《论语译注》，中华书局1980年版，第128页。

② （清）孙希旦撰，沈啸寰、王星贤点校：《礼记集解》，中华书局1989年版，第978-980页。

和敬；在族长乡里之中，长幼同听之则莫不和顺；在闺门之内；父子兄弟同听之则莫不和亲。”①乐之所以能够使不同身份、不同年龄乃至不同等级的人达到“和同”，是因为“审一以定和”②的特性。前文提到，《魏文侯篇》将乐称作“德音”，与淫乱的“溺音”相对，其特征为五音和，六律正，是治世的象征。也就是说，在《乐记》的理论体系当中，严格意义上的“乐”排斥任何贬义色彩，是一种臻善的境界，具有统一的情感基调，以和谐为基础，呈现一种包容通贯的气势。乐以其圆融和美唤起众人心中的恭敬和睦，而人的和谐又是社会和谐、国家安定的根本基础，乐被赋予成教化、助人伦的使命，其最终指向是王道大行于天下。德音(即乐)来自治世，倡导人伦关系的和谐，人心又以和谐与之呼应，从中获取正确的为人处世之道，从而实现整个社会的长治久安。这种良性的循环显示出同一类属中各个元素、现象间的双向互动，也说明了在心物感应中，物并非第一性的，心也并非第二性的，心能够感于物，产生种种情绪，反过来，人身也会受到心的控制，以行为举止对外部世界施加影响，将情绪转化为实践，乐也正是通过这种机制发挥其政教作用。

不仅如此，中国古人有发达的比德思维。有以天地比德，如《周易》中的“天行健，君子以自强不息”③；有以山水比德，如孔子所谓“知者乐水，仁者乐山”④；有以金石比德，如《诗经》中的“有匪君子，如金如锡，如圭如璧”⑤；有以花草比德，如《离骚》中的“朝饮木兰之坠露兮，夕餐秋菊之

---

① (清)孙希旦撰，沈啸寰、王星贤点校：《礼记集解》，中华书局1989年版，第1033页。

② (清)孙希旦撰，沈啸寰、王星贤点校：《礼记集解》，中华书局1989年版，第1033页。

③ (唐)孔颖达：《周易正义》，(清)阮元：《十三经注疏》，中华书局1980年版，第14页。

④ 杨伯峻译注：《论语译注》，中华书局1980年版，第62页。

⑤ (唐)孔颖达：《毛诗正义》，(清)阮元：《十三经注疏》，中华书局1980年版，第321页。

落英”①等。可以说，各种各样的美德因其不同特质而在多个类中找到其对应物。在《乐记》中，德则与乐具有同一性，《乐施篇》云：“乐者，所以象德也。”②正因为乐具有了“德性”，它才会在君子与众庶间划出一条界线，众庶听乐只能听到表面的音，难以领会其中关乎德行的深意，而君子却力图发掘乐中德的意味，使自己的心志与之发生感应，从而获得人格的涤荡与境界的提升，所谓“君子之听音，非听其铿锵而已也，彼亦有所合之也”③。值得注意的是，乐并不仅仅是区分君子与非君子的标尺，更是成就君子的“教科书”。相比于众庶，君子能够从溺音中分辨德音，即“反情以和其志，比类以成其行，……使耳目鼻口心知百体皆由顺正以行其义”④。君子以其追求的高尚人格的种种特性为基准框定一个类的范围，从中辨别出能够与个人美德形成呼应的乐，通过心与乐的感应与互动，培养自己的德行。圣人作乐，希望乐能够以其“德性”鼓励、渲染、熏陶听众，使人民受到德音的感召，完善人格，和睦相处，彼此之间达成团结与认同，从而实现社会的安定和谐，这就是乐的政教意义。

三、乐举理昭：乐的形上之义

西方哲学自柏拉图起便将世界分为二元，包括抽象的理念世界与具体的现实世界，二者间存在无法弥合的严重断裂，后者只能作为前者的模仿物存在。而艺术作为对现实世界的模仿，是比现实更低一级的存在，正如

① (宋)朱熹撰，蒋立甫校点：《楚辞集注》，上海古籍出版社 2001 年版，第 11 页。

② (清)孙希旦撰，沈啸寰、王星贤点校：《礼记集解》，中华书局 1989 年版，第 997 页。

③ (清)孙希旦撰，沈啸寰、王星贤点校：《礼记集解》，中华书局 1989 年版，第 1020 页。

④ (清)孙希旦撰，沈啸寰、王星贤点校：《礼记集解》，中华书局 1989 年版，第 1003 页。

柏拉图在《理想国》中所指出的，艺术的模仿“属于远离真相的第三者”①。但中国却有截然不同的情形，中国哲学传统中有一条贯彻始终的主线，即一元论宇宙观。《周易》有云：“古者包牺氏之王天下也，仰则观象于天，俯则观法于地，观鸟兽之文，与地之宜，近取诸身，远取诸物，于是始作八卦，以通神明之德，以类万物之情。”②“象”是中国哲学中一个重要的概念，它一方面作为天象即宇宙的运行法则而存在，另一方面又作为圣人取拟天象而创制的卦象而被使用，这两种“象”因“类”的相同统为一体，从而使世间万物与宇宙法则相生相因。

有学者指出，“《周易》在形上世界和形下世界之间增添一个‘形’的构成因素：通过‘形’实现‘道’与‘器’的相融相通”③。此处所说的“形”便是“象”，“象”将形而上的“道”(即西方所谓理念世界)与形而下的“器”(西方所谓现实世界)联结为一元，各自以类相从，并且进行双向的互动、牵引与感应，这意味着作为真理的“道”来自具体的现实世界，并且存在于现实世界当中，所谓道法自然，并不会因“模仿”而产生西方式的理念高于现实的等级秩序。圣人观物取象的过程，实际上就是一种艺术创作，创作出的艺术品(即“象”)既连接了天人，又可传达人们用语言无法说明的思想情感(即“意”)。顾明栋指出，“符号是所指和能指的统一体；象是意义和形象的统一体”④。也就是说，“象”与“意”不是简单的能指与所指的关系，“象”不是用于表达“意”的符号，二者之间具有先验的类的关联，“象”本身便涵盖着所要表达的“意”。

同理，乐作为一种艺术也具有上述性质，所谓“大人举礼乐，则天地

---

① ［古希腊］柏拉图：《柏拉图对话集》，王太庆译，商务印书馆2004年版，第463页。

② (唐)孔颖达：《周易正义》，(清)阮元：《十三经注疏》，中华书局1980年版，第86页。

③ 王怀义：《审美意象：结构分析的逻辑前提》，载《云南师范大学学报》(哲学社会科学版)2020年第6期，第100页。

④ 顾明栋：《原创的焦虑：语言、文学、文化研究的多元途径》，南京大学出版社2009年版，第73页。

将为昭焉”①。圣人创作乐并将之推行于天下，在实现其政教意义的同时，也将人与天地牢牢维系在一起，使万物之理得以昭彰。“象”在乐中有着复杂微妙的体现，《乐象篇》有云：

> 然后发以声音，而文以琴瑟，动以干戚，饰以羽旄，从以箫管，奋至德之光，动四气之和，以著万物之理。是故清明象天，广大象地，终始象四时，周还象风雨，五色成文而不乱，八风从律而不奸。②

其中，声音、琴瑟、干戚、羽旄、箫管所呈现出的清明、广大、终始、周还等情态以及这些情态所构成的总体面貌均是乐之象，每一乐象均有其相应的象征之物，将天地四时风雨等自然现象囊括在乐象之内，借乐象承载天地运行的法则与万物遵循的道理。在乐象之中，也同时包含着象与意，前者是天象与艺象的融会，后者则具有深厚的儒家传统价值导向，旨在将文德教化推行于四海。而在一元论宇宙观思想的统治下，人类社会中的礼教文化以及种种价值取向(即人文)与天地宇宙的运行法则(即天文)同样具有一致性，那么乐象的意也就被纳入象的范畴，成为与天象同构的存在，而乐也就成了人通往形而上的宇宙之理的重要途径。

《乐记》中有许多关于乐与天地“和”的表述，如《乐论篇》中的“大乐与天地同和”③，“乐者，天地之和也”④，《乐化篇》中的“故乐者，天地

---

① (清)孙希旦撰，沈啸寰、王星贤点校：《礼记集解》，中华书局1989年版，第1010页。

② (清)孙希旦撰，沈啸寰、王星贤点校：《礼记集解》，中华书局1989年版，第1004页。

③ (清)孙希旦撰，沈啸寰、王星贤点校：《礼记集解》，中华书局1989年版，第988页。

④ (清)孙希旦撰，沈啸寰、王星贤点校：《礼记集解》，中华书局1989年版，第990页。

之命，中和之纪”①等。这些“和”的用法不尽相同，但均有相互应和之义，既可理解为乐象与道理在具有某种相同属性的前提下被纳入同一范畴内，进行类中的关联与互动，也可理解为乐的创作者或被乐所感染的人的心志与承载宇宙法则的万物共享某种类的相似性，因而产生感应与共鸣。宗白华在《形上学》一文中指出，中国的形上体系与西方唯理体系不同，那是一种生命体系，“中国出发于‘人体’之感，以通于‘天地万物为一体’”，“‘象’由仰观天象、反身而诚以得之生命范型。如音乐家聆其胸中之乐奏”②。中国哲学并不刻意追求一种摆脱具体生活情境与个体肉身的形上境界，而是从个体生命出发感受宇宙的律动。人作为“三杰”之一，本身便是“道”所孕育出的凝聚宇宙灵气的生命结晶，一身之内蕴含着万千气象。乐是心物感应的产物，是人这一承载着天地万物之理的生命体与宇宙这一最为广阔博大深奥的生命体互动应和的产物，同时也是人与形而上的生命体系发生感应的中介。乐与心、心与道、道与乐，三者循环往复地相互影响、彼此共鸣，在某种先验的关联下执行着以类相动的法则。

总而言之，以类相动的思想贯穿《礼记·乐记》的方方面面。它由“类”这一中国哲学基本假设出发，将物、心、乐、道依照“类”的法则建立关联。在《乐记》讲述的种种复杂微妙的联系中，无论是人与乐的关联还是人与天地的关联，其根本在于心与物的感应。在心、乐、物(即社会)这组关联中，心感于物而产生乐，乐又作为新的外物与人心交感，从而作用于社会，实现教化功能；而在心、乐、道这组关联中，三者依靠共有的生命性紧紧维系在一起，以“和”为准绳，进行范畴内部的呼应与共鸣。在一元论宇宙观统治下，人类社会的运行法则被认为是符合天道的效法之物，因此前一种关联与后一种关联又具有同一性。如此一来，宇宙间的一切元素便

① (清)孙希旦撰，沈啸寰、王星贤点校：《礼记集解》，中华书局1989年版，第1034页。

② 宗白华：《形上学——中西哲学之比较》，《宗白华全集》(第一卷)，安徽教育出版社1994年版，第623、628页。

处于集体的、多向度的交感当中。归根结底，《乐记》将乐作为“形”，联结形而上的道与形而下的现实社会，对心与物、人与天地的感应观作出了系统的阐发。

校订：韩彩琼　刘彦麟

正末归本：《文心雕龙·知音》篇“六观”论

——兼与黄维樑先生商榷

皮　蓓*

引　言

《文心雕龙·知音》篇作为第一篇比较系统的文学鉴赏论，相当全面地从“音实难知”“知实难逢”两个方面论述“知音其难”，又提出“博观”与“六观”作为解决问题的方法。其中“六观”包括“一观位体，二观置辞，三观通变，四观奇正，五观事义，六观宫商”①。黄维樑先生在《〈文心雕龙〉“六观”说和文学作品的评析——兼谈龙学未来的两个方向》中综合各种不同说法，并加以己见，大胆地调整了原来“六观”的次序，形成了一个“现代化”的“六观”说，即“第一观位体，第二观事义，第三观置辞，第四观宫商，第五观奇正，第六观通变”②。但笔者认为《文心雕龙》体大虑周，从《序志》篇即可洞悉刘勰的逻辑性之严密，如此调整即便能够使“六观”说更加具备现代性，但在一定程度上也必然违背了作者的原意。

王元化先生说“根柢无易其固，裁断必出于己”③，是说对于作品的理

---

* 皮蓓，武汉大学文学院2020级中国古代文学专业硕士研究生。本文系2021年武汉大学文学院首届研究生学术论坛“古代文学与古代文论”分会场发言论文。

① 范文澜：《文心雕龙注》，人民文学出版社1962年版，第715页。

② 黄维樑：《〈文心雕龙〉“六观”说和文学作品的评析——兼谈龙学未来的两个方向》，载《北京大学学报》(哲学社会科学版)1996年第3期，第71页。

③ 王元化：《文心雕龙创作论》，上海古籍出版社1984年版，第95页。

解与发散，必须建立在洞悉作者原意的基础之上。因此论证“六观”说逻辑结构的合理性，还需从梳理黄先生“错序”说及其发展开始。

一、黄维樑“六观错序”说及其发展

黄维樑先生在其论著中谈到未来龙学发展的两个方向：一是用宏观或微观的方法，通过中西比较，向西方学术界说明《文心雕龙》在世界文论史上的地位；二是把《文心雕龙》理论运用于古今中外作品的实际批评上。① 黄维樑综合自身留学经验形成的跨文化视角，以发现与弘扬中国古典文论的巨大价值为己任，深入研究刘勰的文学批评理论，试图以“情采”“通变”为主轴，以《文心雕龙》内容为基础，建立一个具有中国特色的文学理论体系。尤其是他联系新批评学派理论对“六观”说进行了现代化的改造，并且将重点放在古今中外文学作品的批评应用上，得到了曹顺庆、张少康以及李建中等龙学大家的认可，也成了包剑锐等人的研究对象。

黄先生对“六观”说的解释如下：

> 第一观位体，就是观作品的主题、体裁、形式、结构、整体风格；
>
> 第二观事义，就是观作品的题材，所写的人、事、物等种种的内容，包括用事、用典等；以及作品包含的思想、义理；
>
> 第三观置辞，就是观作品的用字修辞；
>
> 第四观宫商，就是观作品的音乐性，如声调、押韵、节奏等；
>
> 第五观奇正，就是通过与其他作品比较，以观该作品的整体表现，是正统的还是新奇的；

① 黄维樑：《〈文心雕龙〉“六观”说和文学作品的评析——兼谈龙学未来的两个方向》，载《北京大学学报》（哲学社会科学版）1996年第3期，第70页。

第六观通变，就是通过与其他作品比较，以观该作品的整体表现，如何继承与创新。①

黄先生认为“六观”说所涉及的实际上是作品本身与文学史两个大的批评方面，其中“位体”“事义”“置辞”“宫商”是关乎作品本身的，而“奇正”“通变”则是通过比较来评论作品，属于文学史的方法。在内部结构上，黄先生进一步借用新批评学派的理论观点解释了“位体”与其他三观的关系，即“位体”乃是整体大观，“事义”“置辞”“宫商”则是局部肌理，刘勰重视局部细节与作品整体的配合，因此“位体”实际上就决定了“事义”“置辞”“宫商”的安排。至于“奇正”与“通变”，黄先生认为大可不必强为划分，把它们当作比较，用透视的方法来衡量作品的整体风格和成就即可。除了理论上的改动，黄先生还将其运用在古今中外文学作品的分析上，不仅指出中国当代文学批评家的实际批评文章符合“六观”说的范畴，例如刘若愚对《锦瑟》的析评、李元洛对余光中《寻李白》的析评等，并且黄先生也运用“六观”说分析范仲淹的《渔家傲》、白先勇的《骨灰》，以及韩剧《大长今》等。

从西方文学理论与现代思想来看，似乎黄先生的改动大有道理，更加符合现代思维，因此也得到了诸位大家的赞同。有学者称：“黄氏通过富于质感的实证研究而深契于西方文论和中国当代文学的批评实践，让中国诗学的理论意绪游走在古今中外，用自己独特的价值为世界文论体系贯注中国独有的诗学精神。”②李建中先生更是在其《文心雕龙讲演录》中再次申明了“六观”说的现代改动：“第一，先观位体与事义”，包括了文学作品的主要方面，即主旨、文体、风格体裁以及涉及的典故名言等；“第二，次

① 黄维樑：《〈文心雕龙〉“六观”说和文学作品的评析——兼谈龙学未来的两个方向》，载《北京大学学报》(哲学社会科学版)1996年第3期，第71页。

② 傅勇林：《视野融合与中国古代文论研究的新取向——读黄维梁〈中国古典文论新探〉》，载《南方文坛》1997年第2期，第31页。

观置辞与宫商”，这是文学作品的形式层面；“第三，末观奇正与通变”，就是放在文学史的链条中动态地考察。① 虽与黄先生的组合不同，但在“六观”的顺序上是十分一致的，这也在侧面说明了黄维樑先生关于“六观”说的顺序改动影响之深远。

此外，内蒙古师范大学文学院的研究生包剑锐还对黄维樑先生的“六观”说作了系统的研究，成果包括《黄维樑与〈文心雕龙〉之“六观”说》以及《黄维樑对〈文心雕龙〉“六观”说的应用》两篇论文，从释“六观”、位“六观”、用“六观”三个方面讨论黄先生“六观”说的价值与局限。② 他认为黄先生释“六观”的独到之处主要有两点，一是对“六观”的现代阐释既是对事实及前人成说的尊重，也与当代流行理论相接近，尤其是新批评学派理论，重视作品结构的同时注重文本细读；二是“六观”的顺序调整体现了黄先生将“六观”作为整个《文心雕龙》批评理论体系的次体系的用心，实现了由微观向宏观层面的递进。③

黄维樑以跨文化视角，将《文心雕龙》推介给世界，用新方法研究中国古代文论名著，功不可没。但他的研究也存在“以西解中”的重大缺陷。借助新批评学派观点对“六观”说进行的现代化调整打破了《文心雕龙》的叙述逻辑与顺序，使其一定程度上违背了刘勰的创作目的与批评理念，是不可取的。究其原因，不难发现自“置辞”始，“六观”的顺序就发生了极大调整，因此笔者将从“置辞”释义出发，在充分理解刘勰创作目的的基础上，分析“六观”说的内部逻辑结构，证明原“六观”说的合理性。

---

① 李建中：《文心雕龙讲演录》，广西师范大学出版社 2008 年版，第 152-175 页。

② 包剑锐：《黄维樑与〈文心雕龙〉之“六观”说》，内蒙古师范大学 2010 年硕士学位论文。

③ 包剑锐：《黄维樑与〈文心雕龙〉之“六观”说》，内蒙古师范大学 2010 年硕士学位论文。

二、“六观正序”说申论

(一)“置辞”释义

对“六观”中“置辞”的理解，还必须与“位体”联系起来。黄维樑先生虽未对“一观位体”的顺序作出调整，但在对“位体”的理解上，与诸家注也存在差异。黄先生认为第一观“位体”，就是观作品的主题、体裁、形式、结构、整体风格。周振甫在《文心雕龙今译》中提出“一观位体，作者根据所要抒写的情理来确定体裁风格”①。郭晋稀在《文心雕龙注译》中则释为“一是观察文章的安排情志”②。王运熙的《文心雕龙译注》中将“位体”解释为“构置通篇体制”③。为了更清晰地比照，笔者将诸家对于“位体”与“置辞”的解释做成一个表格，见本文表1。

表1　诸家对于“位体”与“置辞”的解释

代表人物	位体	置辞
黄维樑	作品的主题、体裁、形式、结构、整体风格	修辞手法
周振甫	根据所要抒写的情理来确定体裁风格	文辞的安排
郭晋稀	文章的安排情志	文章的敷饰词藻
王运熙	构置通篇体制	运用辞采
周勋初	安排文体④	布置词句

通过比较黄维樑先生与各家注释，我们很快可以发现，在对“位体”与“置辞”的解释中，黄先生将重点放在“体”与“辞”上，对“体”的解释几乎

① 周振甫：《文心雕龙今译》，中华书局1986年版，第428页。
② 郭晋稀：《文心雕龙注译》，甘肃人民出版社1982年版，第562页。
③ 王运熙、周峰：《文心雕龙译注》，上海古籍出版社1998年版，第438页。
④ 周勋初：《文心雕龙解析》，凤凰出版社2015年版，第777页。

涵盖了诸家注释，还添加了“结构”“主题”等新意，但忽略了“位”与“置”的意思。刘勰作文用词精妙，在“六观”这样的核心论点上，必然不会出现多余之词。正是因为这样的疏忽，才会产生理解上的些许偏差。

1.“位”是安排，“置”是布置

纵观《文心雕龙》全文，“位”字一共出现24次，其中用作名词17次，包括“定位”“配位”“构位”“下位”等；用作动词7次，包括“位体”“位言”“位理”等用法。而“置”字共出现16次，几乎都用作动词，例如“宋置折俎，以多文举礼”(《宗经》)、“疏者，布也。布置物类，撮题近意，故小券短书，号为疏也”(《书记》)、“先博览以精阅，总纲纪而摄契；然后拓衢路，置关键”(《通变》)等。① 更值得注意的是，在《文心雕龙》全书中，共出现三次“位”与“置”对应使用的情况，除了“六观”中的“位体”与“置辞”对举，其他两次分别是：《情采》篇中的“夫能设模以位理，拟地以置心。心定而后结音，理正而后摛藻”②和《章句》篇中的“夫设情有宅，置言有位；宅情曰章，位言曰句”③。根据周振甫先生《文心雕龙注释》的解释，此两处的“位”与“置”不仅皆是动词用法，并且与情理有密切关联。这样一来，“位体”的意思即“安排体”了，“置辞”的意思也就是“布置辞”了。接下来我们再来看“体”与“辞”的真实意蕴。

2.“体”是文体，“辞”是文情

《孟子·万章上》云：“故说《诗》者，不以文害辞，不以辞害志；以意逆志，是为得之。”④可见要了解字的意思，还需从刘勰以及他所处的时代出发。魏晋南北朝是一个文学自觉的时代，文学从传统的学术中独立出来，各类文学创作如雨后春笋般兴起，文人对于文学的审美特性也开始有

① 范文澜：《文心雕龙注》，人民文学出版社1962年版，第521页。
② 范文澜：《文心雕龙注》，人民文学出版社1962年版，第538页。
③ 范文澜：《文心雕龙注》，人民文学出版社1962年版，第570页。
④ 杨伯峻：《孟子译注》，中华书局2005年版，第199页。

了一定的要求，于是文体辨析之风也随之出现。从最初的选家、目录家的角度出发，到以后的重在文体风格、流别旨归，是一个认识逐渐深化的过程。① 曹丕《典论·论文》中的“四科八体说”即“奏议宜雅，书论宜理，铭诔尚实，诗赋欲丽”；陆机《文赋》中的“十分法”即“诗缘情而绮靡，赋体物而浏亮……说炜烨而谲狂”。刘勰身处其中，自然潜移默化地受到影响，体现在《文心雕龙》中即用二十篇的篇幅讨论各种文体的风格以及作家代表。

此外，刘勰在《文心雕龙·序志》篇中也提到了自身的创作缘由，“而去圣久远，文体解散，辞人爱奇，言贵浮诡，饰羽尚画，文绣鞶帨，离本弥甚，将遂讹滥。盖《周书》论辞，贵乎体要，尼父陈训，恶乎异端，辞训之奥，宜体于要。于是搦笔和墨，乃始论文。”②结合刘勰“本乎道，师乎圣，体乎经，酌乎纬，变乎骚”的观点，可见刘勰是想以“宗经”为核心，针对当时“文体解散”的浮靡之风，实现“正末归本”的终极追求。③ 因此“位体”的“体”实际上是一定的文体和它所具有的美学特性，《定势》篇云：“夫情致异区，文变殊术，莫不因情立体，即体成势也。”④可见“一观位体”实际上是首先看作品的文体风格是否与其所要表达的文情相适应。也就是《定势》篇下文提及的“章表奏议，则准的乎典雅；赋颂歌诗，则羽仪乎清丽；符檄书移，则楷式于明断；史论序注，则师范于核要；箴铭碑诔，则体制于宏深”⑤。刘勰将“位体”放在第一位，实际上是呼应其创作目的，对各种文体的基本美学特征作出规定，从而告诫世人，实现“正末归本”的意图。黄先生虽未改动“位体”的位置，却也未能体会到刘勰这一良苦用心，过于依托新批评学派“整体与局部肌理”的观点，将关注点放在文章整体风格与事义、置辞以及宫商的关系上，忽略了“位”的解释，从而

① 石家宜：《〈文心雕龙〉系统观》，江苏古籍出版社 2001 年版，第 170 页。
② 范文澜：《文心雕龙注》，人民文学出版社 1962 年版，第 726 页。
③ 石家宜：《〈文心雕龙〉系统观》，江苏古籍出版社 2001 年版，第 36 页。
④ 范文澜：《文心雕龙注》，人民文学出版社 1962 年版，第 529 页。
⑤ 范文澜：《文心雕龙注》，人民文学出版社 1962 年版，第 530 页。

违背了刘勰"正体"的基本创作目的，是不可取的。

至于"置辞"位置的改换，既不符合上文所提及的刘勰的用字习惯，即"位"与"置"的对应关系，更忽略了刘勰在《文心雕龙》多处中所暗示的"体"与"辞"的关联。《通变》篇中"凡诗赋书记，名理相因，此有常之体也；文辞气力，通变则久，此无方之数也"①。《风骨》篇中"情以气偕，辞共体并。文明以健，珪璋乃骋"②。不仅如此，在《风骨》篇中还能看到"是以怊怅述情，必始乎风；沈吟铺辞，莫先于骨。故辞之待骨，如体之树骸；情之含风，犹形之包气"③。可见刘勰对于辞的要求，实际上是有形式和内容两方面的，不仅是辞藻与辞采，更是一种精要周密的义理性。这也在《情采》篇中得到验证，"故情者，文之经，辞者，理之纬，经正而后纬成，理定而后辞畅。此立文之本源也"④。李建中先生将"置辞"与"宫商"作为一组，认为其反映了文学的形式层面，便是没有看到这一点。结合上文我们所讨论的"因情立体"的基本要求，不难得出"位体"与"置辞"实际上是刘勰"情"与"理"的核心观点的反映，"一观位体"是看文章的文体风格是否与文情相适应，"二观置辞"则是看文辞在辞藻与辞理安排上是否符合文情。

紧跟"六观"之后，刘勰在《知音》篇中提道："夫缀文者情动而辞发，观文者披文以入情，沿波讨源，虽幽必显。"⑤是说创作者内心感情出现波动继而挥笔写作，欣赏者则需通过文辞所写体会作者感情，由此可见"位体"与"置辞"的联系之紧密，因此黄先生忽略"位""置"的对应关系以及"体"与"辞"的内在联系，将"置辞"位置作出的调整是不合理的。

(二)"六观"逻辑结构分析

对"六观"说逻辑结构的研究，必须从对其性质的界定开始，"六观"究

① 范文澜：《文心雕龙注》，人民文学出版社1962年版，第519页。
② 范文澜：《文心雕龙注》，人民文学出版社1962年版，第514页。.
③ 范文澜：《文心雕龙注》，人民文学出版社1962年版，第513页。
④ 范文澜：《文心雕龙注》，人民文学出版社1962年版，第538页。
⑤ 范文澜：《文心雕龙注》，人民文学出版社1962年版，第715页。

竟是标准还是方法，学界有不同的声音：一种以郭绍虞，郭晋稀先生为代表，认为“六观”是进行文学批评的标准；一种是以罗宗强、牟世金先生为代表，认为是评文角度或方法。这一说法也得到了周勋初先生的认可，并加以延伸解释为“视角”；① 此外还有第三种，以林杉为代表，认为批评标准与方法兼有之。“标准建立在方法之上，方法溶于标准之中。将二者割裂是有失偏颇的。”②黄维樑先生并未直接提出对“六观”的见解，而是将“六观”作为实际批评方法的一部分，从属于“情采通变体系”。笔者认为，“六观”应当作方法讲，原因有三：一是在“六观”之前，还有“将阅文情”一说，可见“六观”是为了欣赏者更加明白地了解作者创作的情理，故而应当是列举的六个方面去了解文情；二是“六观”的具体内容，仅仅是“一观位体，二观置辞，三观通变，四观奇正，五观事义，六观宫商”，而并未明确规定怎样的“置辞”是好的，所以不能是标准。只有像“六义”那样明确指出“情深而不诡，风清而不杂”才能算是论文之标准；三是在“六观”之后，刘勰提出“斯术既行，则优劣见矣”③，所谓“术”自然是作方法讲的。

了解了六观的基本性质，我们再来讨论“六观”的逻辑结构就很明晰了。瑞士语言学家索绪尔在他的著作《普通语言学教程》中提出符号的两种关系，即横组合关系与纵聚合关系。这里我们借用这一思路对原“六观”说的逻辑结构进行分析，一是将六观分为三组，即“位体”与“置辞”“通变”与“奇正”“事义”与“宫商”，分析三组中两两之间的“横组合”关系；二是分析这三组的序列关系。如此而来，我们就能够对“六观”说的逻辑有一个宏观的把握。

1.“六观”组合之严密

在上文中，我们通过对“位体”与“置辞”的释义，不仅了解了“位”与“置”的对应动词含义，还在多处原文的印证下发现“体”与“辞”的联系。

① 周勋初：《文心雕龙解析》，凤凰出版社2015年版，第783页。

② 林杉：《文心雕龙批评论新诠》，内蒙古教育出版社2002年版，第168页。

③ 范文澜：《文心雕龙注》，人民文学出版社1962年版，第715页。

刘勰所要解决的问题就是“文体解散，辞人爱奇，言贵浮诡”，于是在批评论的基本方法里，刘勰首先将“位体”与“置辞”提出来，这也体现了刘勰对文体与文情务必契合的重视。《风骨》篇称“情与气偕，辞共体并。文明以健，珪璋乃聘”。① 更加肯定了这一组合的不可变更性。“位体”与“置辞”是在讨论文体风格与文辞安排是否符合文情。黄维樑先生将“置辞”解释为“修辞手法”，即是忽略了文体风格与文辞安排内在的联系。

至于“通变”与“奇正”，虽然黄维樑先生并未对二者的组合关系进行调整，但黄先生也仅仅认为二者都是用比较、透视的方法衡量作品的整体风格与成就，并未能对二者组合给出合理解释。刘勰的中心观点即“宗经”，所谓宗经，就是“禀经以制式，酌雅以富言”②，是在对圣贤经典的充分了解下进行的创作，但刘勰也并非固守传统之徒，从他将《辨骚》列入“文之枢纽”即可看出他对于文学发展变化的肯定。《通变》篇指出：“夫设文之体有常，变文之数无方，何以明其然耶？凡诗赋书记，名理相因，此有常之体也；文辞气力，通变则久，此无方之数也。”③可见对于“文辞气力”，刘勰是主张变化的。但这种变化，也并非都会往好的方向发展，《风骨》篇说：“若骨采未圆，风辞未练，而跨略旧规，驰骛新作，虽获巧意，危败亦多，岂空结奇字，纰缪而成经矣？”④刘勰是支持在继承有常之体基础上的文章变化的，但对于“空结奇字”之类，依然是持批判态度的，这也与现世文风密切相连。因此“通变”与“奇正”实际上是在讨论文学的发展变化问题，“通变”针对在时代文学风气之中作者如何处理传承与创新的问题，“奇正”则针对在自身性情影响下如何处理文章风格与文体文情的关系问题，刘勰自然也给出了自己的看法，即文章通变要在立足正体的基础上，不可盲目跟从时代之风；创作风格要遵循文体文情的需要，不可一味“空结奇字”。

最后的“事义”与“宫商”，是文章用事与声律问题，两者看似并不相

① 范文澜：《文心雕龙注》，人民文学出版社 1962 年版，第 514 页。
② 范文澜：《文心雕龙注》，人民文学出版社 1962 年版，第 23 页。
③ 范文澜：《文心雕龙注》，人民文学出版社 1962 年版，第 519 页。
④ 范文澜：《文心雕龙注》，人民文学出版社 1962 年版，第 514 页。

关，但笔者认为这是刘勰针对现世文风所存在的问题而提的，魏晋南北朝是一个文学自觉的时代，文人对于创作美感的追求也达到一个高潮，刘勰作为一个骈文家，虽然追求风骨与文采的两相结合，以求达到理、事、情相偕的境界，但对过于繁杂的用事以及近乎苛刻的声律是十分鄙夷的，这也正是刘勰所要解决的“饰羽尚画，文绣鞶帨”的问题。黄维樑、李建中等多位学者对“事义”的解释，都是从现代文学创作的角度，扩大了“事义”的意义范围，包括文章所写的人、事、物等种种内容，即作品的题材。详观《文心雕龙》原文，一共有四处提及“事义”，包括“事义浅深，未闻乖其学”①“学贫者迍邅于事义，才馁者劬劳于辞情，此内外之殊分也”②“情志为神明，事义为骨髓，辞采为肌肤，宫商为声气”③以及“五观事义，六观宫商”④。不难看出，刘勰所谓“事义”实际上就是指文章的用事用典，除此之外并无引申。“事义”的运用建立在其学问之上，学问不深厚的人才会因为用事用典而踟蹰不前。刘勰在《事类》篇中说：“然则明理引乎成辞，征义举乎人事，乃圣贤之鸿谟，经籍之通矩也。”⑤文章的用事用典的传统是自圣贤经典中来的，援古证今能够提高文章的逻辑性。刘勰虽重视文章之“骨”，但对于过于繁杂的用事用典，是极不赞成的，认为其“瘠义肥辞，繁杂失统”⑥，这也是刘勰为何将“事义”与“声律”组合的原因。

2.“六观”序列之清晰

上文已经对三组的组合关系作出了合理解释，那又为何是“位体”“置辞”在前，“通变”“奇正”居中，而“事义”“宫商”在后呢？这就涉及三组的序列连接关系了。首先，“位体”“置辞”在前，是由刘勰的创作目的决定

① 范文澜：《文心雕龙注》，人民文学出版社 1962 年版，第 505 页。
② 范文澜：《文心雕龙注》，人民文学出版社 1962 年版，第 615 页。
③ 范文澜：《文心雕龙注》，人民文学出版社 1962 年版，第 650 页。
④ 范文澜：《文心雕龙注》，人民文学出版社 1962 年版，第 715 页。
⑤ 范文澜：《文心雕龙注》，人民文学出版社 1962 年版，第 614 页。
⑥ 范文澜：《文心雕龙注》，人民文学出版社 1962 年版，第 513 页。

的，刘勰最终是为了解决“文体解散”的问题，实现“正末归本”的终极追求，因此必须将“位体”放在第一位讨论，自然呈现“一观位体，二观置辞”的景象，这一点我们在第一部分已经讨论过，这里不作赘述。

其次是“通变”居中的问题，这里我们不能忽略的是《宗经》篇中的一句话“励德树声，莫不师圣，而建言修辞，鲜克宗经”①，这句话的意思是说，勉励德行树立声誉，没有不师法圣人的，但作文置辞却很少能宗法经典的。这里的“修辞”并非修辞手法之义，而是与“建言”相对应，取“置辞”之义。正是因为“建言修辞，鲜克宗经”，才会出现“文体解散”的不正文风，刘勰为了解决这一问题，自然要在行文中指出如何兼顾经典与发展变化，也就是如何处理“通”与“变”的关系，这就将“置辞”与“通变”紧密联系在了一起。黄先生将“置辞”与“宫商”作为文章形式层面服务于“位体”，忽略了刘勰在“文之枢纽”部分所表达的中心思想，是不符合作者之意的。至于“奇正”与“通变”的关系，黄先生并未对二者作出区分，而是将其一同归于“用比较、透视的方法衡量作品的整体风格与成就”，笔者认为二者是有所区别的，“奇正”实际上是“通变”的表现，创作的或通或变并不一定都是往好的方向发展，也会出现“空结奇字，纰缪成经”的问题，因此在审视文章的“通变”之后，批评者还必须看到它的“奇正”问题。于是刘勰紧跟其后提到“事义”与“宫商”，对于此二者的过分强调与追逐实际上就属于通变不当，应该归于“奇”的那一部分。“是以楚艳汉侈，流弊不还，正末归本，不其懿欤”②，楚辞与汉赋所艳所侈就是用事之繁杂，声律之苛刻，刘勰将“事义”与“宫商”放置最后，就是引导批评者关注这一时代的文风之弊，也是提醒创作者有效规避这一问题，实现“正末归本”的理想。

通过再次细致地讨论“六观”的逻辑结构，可以看到黄先生作出的改动，既违背了“六观”的组合联系，更忽略了“六观”的序列逻辑，他将“位体”与“置辞”分开，“事义”与“宫商”隔断，甚至将“奇正”置于“通变”之

① 范文澜：《文心雕龙注》，人民文学出版社1962年版，第23页。
② 范文澜：《文心雕龙注》，人民文学出版社1962年版，第23页。

后，是运用西方文论与现代思想的理论概念对原著进行的任意切割组合，全然不顾刘勰的写作心理与创作逻辑，是不能从根本上推进中国古代文论的现代转换的。我们必须自觉地放弃现代视野的成见，抓住《文心雕龙》“体大虑周”的写作特点，利用其自身各部分的紧密联系去重新考虑“六观”说在其原始视野中的意义。

三、《文心雕龙》“体大虑周”之表现

《梁书·刘勰传》说：“勰早孤，笃志好学。家贫不婚娶，依沙门僧祐，与之居处，积十余年，遂博通经论。因区别部类，录而序之。今定林寺经藏，勰所定也。”①从《传》看来，刘勰因家境贫困，于是在定林寺与僧祐生活了十多年，帮着编订佛教经藏。佛经历来以逻辑严密，思辨深刻而著称，刘勰经过长达十余年的编经生活，已是“博通经论”，耳濡目染之下形成了超乎常人的逻辑性与思辨性，故能够对佛教经藏“区别部类”，这一经验对于《文心雕龙》的创作的影响是非常大的，大到全书各个篇章的布局安排，小到各种概念关系的次序排列，无一不体现了刘勰独特的逻辑性、准确性与次序感。

(一)篇目完备

对《文心雕龙》各篇之安排的理解，关键在于对《文心雕龙·序志》篇的把握。刘勰在《序志》篇中除了解释书名之义和交代“去圣久远，文体解散，辞人爱奇，言贵浮诡，饰羽尚画，文绣鞶帨，离本弥甚，将遂讹滥”②的创作缘由之外，更重要的是对全书框架安排作了详尽的说明。“盖《文心》之作也，本乎道，师乎圣，体乎经，酌乎纬，变乎骚：文之枢纽，亦云极矣。若乃论文叙笔，则囿别区分，原始以表末，释名以章义，选文以定

① 范文澜：《文心雕龙注》，人民文学出版社1962年版，第1页。

② 范文澜：《文心雕龙注》，人民文学出版社1962年版，第726页。

篇，敷理以举统：上篇以上，纲领明矣。至于剖情析采，笼圈条贯，摛《神》《性》，图《风》《势》，苞《会》《通》，阅《声》《字》，崇替于《时序》，褒贬于《才略》，怊怅于《知音》，耿介于《程器》，长怀《序志》，以驭群篇：下篇以下，毛目显矣。位理定名，彰乎大衍之数，其为文用，四十九篇而已。”①刘勰虽未直接说明《文心雕龙》有一个如何严密的体系，但我们不难看出《文心雕龙》的50个单篇，是一个结构完备的整体，其中《序志》篇起到“以驭群篇”的作用，其余四十九篇是关于文心的具体论述，主要分为“文之枢纽”“论文叙笔”“剖情析采”三部分。那么三部分之间的关系如何呢？

以“正体”为目的，刘勰在“文之枢纽”部分提出“本乎道，师乎圣，体乎经，酌乎纬，变乎骚”，“正体”之难是显而易见的，刘勰选择借用儒家经典当作武器，认为“经也者，恒久之至道，不刊之鸿教也”，并在《宗经》篇中提出：“故论说辞序，则《易》统其首；诏策章奏，则《书》发其源；赋颂歌赞，则《诗》立其本；铭诔箴祝，则《礼》总其端；记传盟檄，则《春秋》为根：并穷高以树表，极远以启疆，所以百家腾跃，终入环内者也。”②可见在刘勰心中，经典乃是各种文体孕育之源。可能有人要问，那么《辨骚》篇又为何列入文之枢纽呢？这正是刘勰的高明之处，他并非“以经为体”式的固守经典，而是用“唯务折衷”的眼光变通地看待文学的发展，《正纬》与《辨骚》篇，正是从文学发展变化的角度，丰富刘勰的“宗经”思想。即“酌奇而不失其贞，玩华而不坠其实”的最高文变规范。从《原道》《征圣》《宗经》到《正纬》《辨骚》，表现了刘勰对文学发生、发展、流变全过程的完整认识和总体规范，体现着刘勰“正体”工程的标准、原则和方法。③

紧接其后的“论文叙笔”部分，用占全文五分之二的篇幅从四个方面分析了多种文体，包括文体的起源流变、文体的名称由来及意义、代表作家

---

① 范文澜：《文心雕龙注》，人民文学出版社1962年版，第727页。

② 范文澜：《文心雕龙注》，人民文学出版社1962年版，第23页。

③ 石家宜：《〈文心雕龙〉系统观》，江苏古籍出版社2001年版，第29页。

及作品、文体的写作特点及要求，具有较强的现实针对性，在正反对比之中把每一种文体的具体写作规范都作了准确规定，以此来纠正“文体解散”之弊。由此可见，“文之枢纽”正是“论文叙笔”的指导思想，而“论文叙笔”又是“文之枢纽”的原则在各类具体文体上的落实。至于其后的“剖情析采”部分，可以说是在“论文叙笔”的具体规范后再一次整合的规律性升华，是总体写作规范的归纳。

(二)逻辑缜密

《文心雕龙》体大虑周，不仅体现在全书框架的构建上，也体现在单篇文章的撰写上。《辨骚》篇历来被称为刘勰文学批评的代表作，笔者认为其内在行文逻辑也是全书最为严密的、最具代表性的。

“自风雅寝声，莫或抽绪，奇文郁起，其离骚哉!”①刘勰在一开头就将《楚辞》放在与《诗经》同等的地位相比较，一个“奇”字点出《楚辞》的特别之处，也解释了刘勰将《辨骚》篇置于“文之枢纽”部分的重要原因。紧接其后，刘勰又将淮南王刘安、班固、王逸、汉宣帝以及扬雄的评价一一列出并作了总结，即“褒贬任声，抑扬过实，可谓鉴而弗精，玩而未核者也”。于是针对《楚辞》，在前人批评的基础之上，对比经典，提出“四同”“四异”说，提出“难与并能”的高度评价。不仅如此，在文章的最后，刘勰还从四个方面梳理了《楚辞》的影响，提出了他的核心观点——“酌奇而不失其真，玩华而不坠其实”②，印证其既坚持继承传统，又提倡适度新变的理想追求。

从梳理前人评价，到提出自身观点，再到阐述影响、重申核心论点，《辨骚》篇的论述逻辑之缜密，实为南北朝时期文学批评的巅峰。

(三)词序谨严

刘勰不仅在整体体系构建上逻辑严密，在具体观点上更是体现了其缜

① 范文澜:《文心雕龙注》，人民文学出版社1962年版，第45页。
② 范文澜:《文心雕龙注》，人民文学出版社1962年版，第48页。

密的思维。《宗经》篇中刘勰提出“一则情深而不诡，二则风清而不杂，三则事信而不诞，四则义贞而不回，五则体约而不芜，六则文丽而不淫”①，以周振甫先生为代表的众多研究者认为此“六义”是刘勰作文之标准，不仅要求“情深”“风清”“事信”“义贞”“体约”和“文丽”，而且对其所要达到的程度作了一定的限制，体现了刘勰“唯务折衷”的核心思想。回到“文之枢纽”，刘勰在《征圣》篇旗帜高扬地提出了创作及评价文章的金科玉律，即“然则志足而言文，情信而辞巧，乃含章之玉牒，秉文之金科矣”②。可见刘勰论文最注重的还是文章情志的深厚与真实，其次才是文辞的精巧。对比“六义”我们不难发现，前四者皆是对文章情志的要求，即情感深厚，感染力强，引事真实且意义正确；后两者则是对文辞的基本要求，即体制精炼，行文工丽。借用现代文学观念，刘勰的这一追求是将“真”和“善”放于首位，其次才去追求“美”，这与刘勰在《知音》篇提出的“六观”说中心思想是一致的。“位体”与“置辞”，关注文体文辞与文情抒发是否相合，属于抒情需“真”的层面；“通变”与“奇正”，关注文章流变是否雅正，属于立意需“善”的层面；“事义”与“宫商”，关注文章用事与声律是否合理，属于形式需“美”的层面。“六义”与“六观”遥相呼应，再次证实了“六观”的顺序是不可更改的。③

此外，刘勰还在《熔裁》篇中提出了“三准”，即“设情以位体”“酌事以取类”“撮辞以举要”④，在《附会》篇中提出“四事”，即“情志为神明，事义为骨髓，辞采为肌肤，宫商为声气”⑤。“六义”“四事”“三准”“六观”是一个由创作到批评的动态体系，体现了刘勰对“情”“事”“辞”关系的处理，也暗示了刘勰对于“真”“善”“美”三个层面的追求，其内部逻辑是相同的。

① 范文澜：《文心雕龙注》，人民文学出版社1962年版，第23页。

② 范文澜：《文心雕龙注》，人民文学出版社1962年版，第15页。

③ 赵盛德：《从〈文心雕龙〉的六义说看刘勰的审美原则》，载《广西师范学院学报》1986年第3期，第12页。

④ 范文澜：《文心雕龙注》，人民文学出版社1962年版，第543页。

⑤ 范文澜：《文心雕龙注》，人民文学出版社1962年版，第650页。

结　　语

黄维樑先生将中国古代文论与西方文论相结合，对“六观”说作了现代化的改造，并且创造性地将“六观”说运用于中国现当代作品的分析上，为中国古典文论的现代转换提供了思路，一定程度上也有利于中国古代文论的体系建设。但我们也必须承认，《文心雕龙》的现代转换，并不是简单地从传统语境中跳到现代语境之中，盲目地寻求中西方文论的相似性，而是要自觉地放弃现代视野的成见，去重新体察其在原始视野中的意义。① 任何偏离了作者本意的改动都是没有根据的妄断，《文心雕龙》是我国古典文论的代表作，刘勰逻辑之缜密体现在原著的方方面面，是不容置疑的。“六观”中蕴含着刘勰独特的创作逻辑，更服务于刘勰“正末归本”的终极目的。因此黄先生对于“六观”的改动是不合理的。

校订：刘雨欣　雷思雨

① 石家宜：《〈文心雕龙〉系统观》，江苏古籍出版社2001年版，第16页。

《四库全书总目》视野中的诗文评

——作为一个历史经验的复本

李程蔚*

《四库全书总目》(以下简称《总目》)设立诗文评类是必然的，诚如诗文评类序中所言，“文成而法立”②，明清时期诗文评类不管从数量还是形态上都已形成了一整个中国古典文艺批评的传统。可以与20世纪以韦勒克为代表的，对现代文学理论与批评诸多潮流的总结反思作一个对观。只不过，韦勒克采取了展望主义的态度为多元化的理论建立秩序，而《总目》则是站在意识形态制高点上定评总结。然而，正如韦勒克所认为的那样：批评背后的实质是思想。批评的目的是理智上及概念上的认识，或以这样的认识为目的。尽管文艺批评和诗文评不能等同，韦勒克所持有的哲学倾向与历史客观主义视点与《总目》所标示的自上而下的规范也判然殊途，但我们不妨思考，古典诗文评发展到一定阶段之后，《总目》从方法、体例到影响等多个维度形成了对这些批评的系统化、专门化的研究，这样的研究总结借用韦勒克的话来说，“乃是一种经验科学，它涉及一种历史的复本”③。

---

* 李程蔚，武汉大学文学院2020级文艺学专业硕士研究生。本文系2021年武汉大学文学院首届研究生学术论坛“古代文学与古代文论”分会场发言论文。

② (清)永瑢等撰：《四库全书总目》卷195《诗文评类序》，中华书局1965年版，第1779页。

③ [美]勒内·韦勒克：《辨异〈续批评的诸种概念〉》，刘象愚、杨德友译，上海人民出版社2015年版，第299页。

一、以考据学为基本方法的实证批评

在《四库全书总目·凡例》中明确指出了采录书目的标准典范及其目的，一言以蔽之，“今所录者率以考证精核论辨明确为主，庶几可谢彼虚谈，敦兹实学”①。“考证精核，论辨明确”这一句拈出了“考证”“论辨”这两种基本的批评方法，以及“精核”“明确”这两个批评标准。下文通过三个在《总目》诗文评类中反复出现的关键词，尝试梳理出“考证”和“论辨”之间构成的一种阐释的循环，同时也总结出一套《总目》所认为应当遵守的批评规则：小到字词典故，大到整个文本语境的确定，都遵从实证的标准。

第一个关键词是“根柢”，“尤多不得其根柢”②，“然放在元祐诸人之中，学问最有根柢。其考证论议，可取者多，究非江湖末派、钩棘字句以空谈说诗者比也”③。诸则述评皆十分强调学问根柢，因为考证议论相结合能得出较为切实可信的论说结果，而不是以意雌黄，穿凿附会。《总目》此说显然针对的是诗文评类序提出的“宋人务求深解，多穿凿之词；明人喜作高谈，多虚矫之论”④两种弊病，“虚矫”和“穿凿”究其本源都是治学不得根柢的表现，只是程度的深浅不同，不及和太过均非折衷之道。《总目》同时也对“学问博洽”⑤表示了肯定。然而在博极群书与精审典核这对相互观照的二元关系中，《总目》显然追求的是后者，“博”是“一”的应然准备，“一”是“博”的必然结果。务求根柢的取向表明了《总目》对诗文评类提出

① （清）永瑢等撰：《四库全书总目》卷首《凡例》，中华书局 1965 年版，第 18 页。

② （清）永瑢等撰：《四库全书总目》卷 195《文心雕龙辑注提要》，中华书局 1965 年版，第 1779 页。

③ （清）永瑢等撰：《四库全书总目》卷 195《中山诗话提要》，中华书局 1965 年版，第 1781 页。

④ （清）永瑢等撰：《四库全书总目》卷 195《诗文评类序》，中华书局 1965 年版，第 1779 页。

⑤ （清）永瑢等撰：《四库全书总目》卷 195《二老堂诗话提要》，中华书局 1965 年版，第 1787 页。

的一种探本求源的治学规范。

第二个关键词是“理识”，有了学问根柢之后自然就有了道理的融通与识见的高度。“故是书亦深解诗理”①，“尤妙中理解，非他诗话所及”②，“故所论往往中理”③……这里的“理”并非宋明理学之理，而是在义理、情理、学理、诗理四个义项之间滑动，强调条理秩序。从《文则》小序一则的论述中，我们可以看出《总目》对于理的重视：《总目》赞成刘知幾的“貌同心异、貌异心同”论，认为文章的模拟分两种情况，“盖貌异而心同者，摸拟之上也；貌同而心异者，摸拟之下也”④。貌喻指文章的字句等外在形态，心则喻指文章的义理。比之模拟字句，明达义理更为重要；比之一字一句肢解经文，“镕精理以立言”⑤才是根本。在对诗文评进行反思和批评时，《总目》同样强调“理”的重要性，尤为欣赏诗文评中的“言之有故，执之成理”⑥之作，而批驳那些“好奇而无理”⑦之作。

如果说“理”强调提炼概括诗文内部的客观之理，那么“识”则更强调批评主体带有一定创造性的知解和认识。“俱卓然有识”⑧(《彦周诗话》小

① (清)永瑢等撰：《四库全书总目》卷195《诗品提要》，中华书局1965年版，第1780页。

② (清)永瑢等撰：《四库全书总目》卷195《续诗话提要》，中华书局1965年版，第1781页。

③ (清)永瑢等撰：《四库全书总目》卷195《诚斋诗话提要》，中华书局1965年版，第1787页。

④ (清)永瑢等撰：《四库全书总目》卷195《文则提要》，中华书局1965年版，第1787页。

⑤ (清)永瑢等撰：《四库全书总目》卷195《文则提要》，中华书局1965年版，第1787页。

⑥ (清)永瑢等撰：《四库全书总目》卷197《诗谈提要》，中华书局1965年版，第1801页。

⑦ (清)永瑢等撰：《四库全书总目》卷195《韵语阳秋提要》，中华书局1965年版，第1785页。

⑧ (清)永瑢等撰：《四库全书总目》卷195《彦周诗话提要》，中华书局1965年版，第1782页。

序)，“其识高於当时诸人远矣”①……《总目》赞赏卓然独立，超越于同时乃至前代的识见，反对道听途说、了无判断的妄见。如果说考证是四库馆臣审议历代诗文评的标准之一，那么历代诗文评中所发见的“理识”的高下正误则是他们评判的另一标准。鼓励学者们超越前代的学术成就，充实已有的学术定论是《总目》的进步之处。

第三个关键词是“鉴裁”，《文心雕龙·知音》篇便有“深识鉴奥”一句，唯有批评家具有根柢和理识之后，方能作出“鉴裁”。“而于工拙繁简之间，源流得失之辨，皆一一如别白黑，具有鉴裁”②，“是书颇具鉴裁”③，“宜是编所录具有鉴裁矣”④……鉴裁既可以作并列短语理解为品评、鉴赏的意思，也可以作偏正短语理解为批评的水准很高。析言之，“鉴”是一个比喻性的说法，背后蕴含着一条隐性的阅读标准，即《文心雕龙·知音》篇中提出的“照辞如镜，平理若衡”。而“裁”则是对作品鉴别裁定优劣，决定取舍，于材料的抉摘呈现中已然暗含批评的态度，例如杜甫《戏为六绝句》有“别裁伪体亲风雅”一句。鉴裁既可以视作一个批评的行为，同时也暗含了潜在的批评标准，提倡批评应当追求客观平允，为后世树立规范与典则。

《总目》诗文评类的三个高频关键词，根柢、理识、裁鉴，形成了考据和论辨之间严密的阐释循环。更重要的是，从中可以窥见《总目》揄扬一种“精审”“典要”的、建立在确定的知识体系之上的批评范式。其对批评者的“博而能一”的专业性要求，对以考据学为基础兼带义理论辨的批评方法的贯彻，使得诗文评迈向了一条学术化的进路，成为一种高度知识性的批评活动，标树具有严谨方法的实证学术范式。

① (清)永瑢等撰:《四库全书总目》卷195《荆溪林下偶谈提要》，中华书局1965年版，第1789页。

② (清)永瑢等撰:《四库全书总目》卷195《文章精义提要》，中华书局1965年版，第1789页。

③ (清)永瑢等撰:《四库全书总目》卷195《浩然斋雅谈提要》，中华书局1965年版，第1790页。

④ (清)永瑢等撰:《四库全书总目》卷196《修辞鉴衡提要》，中华书局1965年版，第1791页。

《总目》"义惬理精"的追求固然抹不开其标举的"圣裁独断"的意识形态阴影，但也已经出现了一定程度的分裂。汉学家艾尔曼在《理学与朴学》一书中指出，18 世纪以来考据学日趋成熟，"一批受过严密的语言、历史和天文学系统方法训练的学者出现了……他们致力研讨的课题多半与社会问题无关，主要是由儒学博闻明辩传统的内在刺激引发的"①，这种把知识意义凸显起来的学术风气正好适应了晚明以来人们对于反复的、空洞的、不可验证的道德说教的厌烦，满足了文化阶层追索可以积累的、无限广阔的、明确的知识的兴趣，也满足了学者阶层以规范的学术水准彼此认同的需要。虽然艾尔曼将其比之于西方文艺复兴运动未免有过分拔高夸大之嫌，但毋庸置疑的是，他所注意到的这种专门性研究(也即"实学")，这种以考据学为基本方法的批评学术化导向的确形成了一个重要的历史语境。

这种历史语境具有三种历史意义。其一是有益于知识的累积。学术家对于经典的研究与注释、考证论辩梳理了前代遗留的一些舛误，为思想家留下了思想的资源，这种资源本身是一些相对凝定、客观的知识形态。其二有利于文学批评的发展。韦勒克指出，"批评"从文法和修辞的从属地位中解放出来的一个关键原因是一种包含了怀疑主义的批评精神。"批评"从过去仅限于对古典作家进行词句批评逐渐演变为对作家的解释、判断，甚至与知识和认知的理论等同起来。《总目》的这种谨严的、批评性的考辨能够唤起批评意识，促进批评的学术性和客观性。这使得它对许多诗文评作品的反思是合理的，如对锺嵘《诗品》溯师承的方法，《总目》认为"惟其论某人源出某人，若一一亲见其师承者，则不免附会耳"②，的为确评。有学者指出，"批评与考证的结合，也使得《总目》的学术批评具有一种坚实性。不同批评方法的多元互补，使《总目》对历代典籍的批评具有久远

① ［美］艾尔曼(Benjamin A. Elman)：《从理学到朴学 中华帝国晚期思想与社会变化面面观》，赵刚译，江苏人民出版社 1995 年版，第 41 页。

② (清)永瑢等撰：《四库全书总目》卷 195《诗品提要》，中华书局 1965 年版，第 1780 页。

的参照价值”①。其三，以这种考据学为基本方法的实证批评可以视作一种独特的中国文论话语。程千帆先生将其总结为“两点论”——文献学与文艺学的结合。“‘两点论’所期望达到的，是将文献学与文艺学作精密结合，并超越文献考证与风格鉴赏，成为更高意义上的统一体。”②两点论在实践中已有许多范例，比如钱锺书便继承了传统大、小学解《诗》的方法，在此基础上发挥文艺鉴赏的因素，从文法、修辞、鉴赏等角度而进行文艺批评。再比如学者们关注到出土文献研究，如《老子》《庄子》等元典的文本对于文论有着直接的影响。近年来，周裕锴等学者更是从中国古典阐释学的角度认识到校勘考据等实学方法的重要性，从而对知人论世等文论命题提出新的见解。

每一种导向不可避免地都会具有狭隘面，由于过分警惕“高论”的出现，《总目》对于一些诗文评的评价也不尽然像其所说的那么“平心而论”。比如叶燮的《原诗》可以算得上是创新性较高的虚构型文论，具有上升到形而上层面的思辨色彩，《总目》却批评其“词胜於意，虽极纵横博辨之致，是作论之体，非评诗之体也”③。在文献学和文艺学(此处侧重指文学理论)两端，《总目》仍然拘执于前者，其终归缺乏系统的理论思辨性，而只是在品题之间有妙论。

二、四部交互视野之下的批评体例综合

《总目》的《凡例》就明确表示了多元主义的取向，“至于阐明学术，各撷所长，品骘文章，不名一格，兼收并蓄，如渤澥之纳众流，庶不乖于全

① 周积明：《〈四库全书总目〉批评方法论》，《历史研究》1988 年第 5 期，第 74-85 页。

② 张伯伟：《“有所法而后能，有所变而后大”——程千帆先生诗学研究的学术史意义》，载《文学遗产》2018 年第 4 期，第 158-172 页。

③ (清)永瑢等撰：《四库全书总目》卷 197《原诗提要》，中华书局 1965 年版，第 1806 页。

书之目。”①譬犹万川归海，经、史、子、集四类之间并不能判然分开，甚至在杂合互渗之下产生了一些兼性体例。因而这种交互影响之下的批评具有综合性的导向。学者杨雅筑在《〈四库全书总目〉诗话提要述评》一书中指出：“检视《总目》所收录的、相符诗话界义的作品，所得的结果，常常溢出了‘诗文评’这个分类，甚至归属于经部、史部、子部。”②但除此之外，诗文评分类内部的体例同样也与经、史、子部发生了交汇融合。

在诗文评类总叙中，《总目》业已指出五种基本的批评体例，包括：“勰究文体之源流，而评其工拙；嵘第作者之甲乙，而溯厥师承。为例各殊。至皎然《诗式》，备陈法律，孟棨《本事诗》，旁采故实。刘攽《中山诗话》、欧阳修《六一诗话》，又体兼说部。后所论著，不出此五例中矣。”③从这段话中，我们可以得知《总目》对于历代诗文评的体例尤为关注。《总目》的“五例”绝非仅此五例之意，而实际上指的是具有开创意义和典范意义的体例。《总目》在为诸多诗文评类著作撰写提要时已经注意到了体例的继承、流变、杂合等的现象。总的来说，《总目》对于总叙中提到的这些诗文评典型的范例给予了肯定，而更多地批评宋明以来涌现的大量诗文评类著作，尤其关注它们体例的合理性。

《总目》注意到了诗文评类著作的体例的多元化、综合化的倾向，尤其是大量出现的诗话体例与子部中的杂家、类书、小说等类的杂合。《总目》之所以在子部中设杂家、类书、小说，是为了收容一些难以明确归类的文献，这也反映出了图书体例的综合趋向。《总目》杂家类“杂之义广，无所不包”④，类书类“类事之书，兼收四部，而非经、非史，非子、非集，四

① （清）永瑢等撰：《四库全书总目》卷首《凡例》，中华书局1965年版，第19页。

② 杨雅筑：《〈四库全书总目〉诗话提要述评》，花木兰文化事业有限公司2018年版，第87页。

③ （清）永瑢等撰：《四库全书总目》卷195《诗文评类序》，中华书局1965年版，第1779页。

④ （清）永瑢等撰：《四库全书总目》卷117《杂家类序》，中华书局1965年版，第1006页。

部之内无类可归”①，小说家类“然则博采旁蒐，是亦古制，固不必以冗杂废矣”②。可见以上三类的开设也并没有十分明确的界限，在四部的划归中呈现出模糊的状态。

属于子部的类书编纂带来的影响尤为显著。类书是我国古代一种大型的资料性书籍，辑录各种书中的材料，按门类、字韵等编排以备查检，例如《太平御览》《古今图书集成》等。类书给诗文评编纂的体例带来了很大的影响。阮阅的《诗话总龟》一书是宋代具有代表性的诗话，“总龟”的意思是知识渊博、内容博大的典籍。《总目》提要指出阮阅此书“分类编辑，多立门目”，但由此在体例上也带来“惟分类琐屑，颇有乖于体例”③的弊病。对文体的分类缺乏统一的标准，没有继承刘勰开创的“究文体源流而评其工拙”的批评体例的优良传统，这也是宋明之后诗文评类较为普遍的弊病，即“体例丛脞冗杂”④“体例遂伤冗杂”⑤。仍以《诗话总龟》为例，是书系辑他书而成，创分门别类编排之体，以事为纲。其分门别类细碎繁多，有以文体分如“乐府门”，也有以情感分如“怨嗟门”，更有以功能分如“寄赠门”等，虽然细致但伤于冗杂，没有统一的学理标准。《总目》还在小序中陆续指出其他出现在分类体例上的问题：有归类荒谬者，有强立名目者，有随意杜撰者。

史部以及属于子部的杂家类、小说类也与诗文评互相渗透，尤其体现在由孟棨《本事诗》发展而来的纪事类诗文评之中。《总目》承认“盖诗话中

① （清）永瑢等撰：《四库全书总目》卷135《类书类序》，中华书局1965年版，第1141页。

② （清）永瑢等撰：《四库全书总目》卷140《小说家类序》，中华书局1965年版，第1182页。

③ （清）永瑢等撰：《四库全书总目》卷195《诗话总龟前集提要》，中华书局1965年版，第1782页。

④ （清）永瑢等撰：《四库全书总目》卷197《木天禁语提要》，中华书局1965年版，第1799页。

⑤ （清）永瑢等撰：《四库全书总目》卷197《五代诗话提要》，中华书局1965年版，第1805页。

兼及杂事，自刘攽，欧阳修等已然矣”①，但《总目》并不一概否定本事，诗文评中本事与诗作对应可以为诗作的理解提供背景，“昔唐孟棨作《本事诗》，所录篇章，咸有故实”②。《总目》重点批评的对象是那些体例失当的纪事类诗文评。这些诗文评所收的事件常常超溢诗歌本身，甚或与诗歌完全无关。比如《总目》批评王士祯《渔洋诗话》“又名为诗话，实兼说部之体”，有诗而无话，诗与话割裂。其中收录了很多当朝文人的逸闻趣事“皆与诗渺不相关”，《总目》认为“虽宋人诗话往往如是，终为曼衍旁支，有乖体例”③。还有一些诗话在抄录材料时出于猎奇癖好、贪多务得等动机不加节制地抄录材料，如《后村诗话前集》抄录《韩诗外传》《西京杂记》《朝野佥载》等书，“往往连篇钞录至一二十条不止，以至沈既济驳武后本纪之类，泛及史事，皆与诗无涉，殊为例不纯”④。

试以宋代最具代表性的三大诗话的体例作为例子进一步来论证诗文评中的体例综合这一普遍的趋向。有学者如此总结道：“《诗话总龟》因诗存事，以事为纲，分门增广；《苕溪渔隐丛话》以时为序，因人系论，触类引申；《诗人玉屑》格法类分，人物品藻，史评结合。”⑤明显可以看出这三部诗话从诗文评的五例中发展而来并走向体例的综合。《诗话总龟》沿着孟棨《本事诗》的传统将诗文评的纪事体例与类书体例结合起来；《苕溪渔隐丛话》则主要从锺嵘《诗品》的人物品第体例出发，又兼有一些类书的体例；《诗人玉屑》则与皎然《诗式》的格法体例以及史部、子部小说类均存在关

---

① (清)永瑢等撰：《四库全书总目》卷195《优古堂诗话提要》，中华书局1965年版，第1782页。

② (清)永瑢等撰：《四库全书总目》卷196《宋诗纪事提要》，中华书局1965年版，第1794页。

③ (清)永瑢等撰：《四库全书总目》卷196《渔洋诗话提要》，中华书局1965年版，第1793页。

④ (清)永瑢等撰：《四库全书总目》卷195《后村诗话前集提要》，中华书局1965年版，第1788页。

⑤ 叶当前、曹旭：《论宋代诗话汇编的三种编排体例》，载《江淮论坛》2009年第5期，第179-185页。

联。随着诗文数量的增加、类型的增多，诗文评类需要消化这些新变的成分，那么评论体例的综合、四部的交互影响必然是大势所趋。《总目》秉持“有是一体，备是一格”的精神，不仅精准地抓住了诗文评五种典型体例，更是关注到宋至明清之际四部之间的微观互动。发展到明清，诗文评体例更是多元复杂，体例的多元复杂是诗文评不断创新、追求突破的诉求与“不出此五例中矣”的辗转因袭之间辩证平衡的结果。

学者李建中在其论文《经史子集与中国文论的兼性阐释》中指出经史子集知识学谱系生产出了兼性主体、兼性思维和兼性文本①，本文认为还有一种兼性体例。诗文评体例的综合趋向，尤其是小说、杂家汇入，使得札记体批评这种兼性体例越来越占据主导地位。“究源流，评工拙”，“第甲乙，溯师承”，诗人、流派、体裁、创作现象及论析阐发均可被札记体涵括无余，便于在文献载录的基础上发挥个体新的考辨论评。写作诗文评之人的情趣、兴趣亦能通过小说、杂家等文献的汇入得以彰显。

同时，诗文评体例的综合趋向所带来的影响是形成了一种博学式的批评和互文性的批评话语。类书分门别类地对文献进行收纳整理以便于知识的归类与应用的同时，也为文学批评提供了一个庞大的互文性空间，类书之于批评有着“连类举似而掎摭焉，于赏析或有小补”②的作用。《总目》在《历代诗话》小序中就指出该书在众多材料之间建立联系，互相映证，“然取材繁富，能以众说互相钩贯，以参考其得失。於杂家之言，亦可谓淹贯者矣”③，评《优古堂诗话》“可知辗转相因，亦复搜求不尽。然互相参考，可以观古今人运意之异同，与遣词之巧拙”④。就连《总目》本身在评论这

① 李建中：《经史子集与中国文论的兼性阐释》，载《社会科学》2021年第3期，第172-183页。

② 焦亚东：《互文性视野下的类书与中国古典诗歌——兼及钱锺书古典诗歌批评话语》，载《文艺研究》2007年第1期，第66-71页。

③ （清）永瑢等撰：《四库全书总目》卷196《历代诗话提要》，中华书局1965年版，第1793页。

④ （清）永瑢等撰：《四库全书总目》卷195《优古堂诗话提要》，中华书局1965年版，第1782页。

些诗文评著作时，其用语也自觉地旁征博引、化用观点，兼涉如《左传》《楚辞》《史通》《文心雕龙》、韩柳散文等经史子集各类著作以及明清的一些文学批评中的习语。类书的互文性也为诗歌的理解和鉴赏提供了多元的角度，如《苕溪渔隐丛话》将与作者相关的琐闻轶句“类聚之”，附录在每一位作者之后，为读者提供了许多“档案”“背景资料”，也能为诗作的理解与品第提供灵感，成为批评的启发点和策动力。

但是，四部的互涉并没有在四部平等的状态下进行，因而《总目》对这些诗话的体例批评虽然有矫正意义，但亦难免有削足适履的地方。《总目》虽将《诗话总龟》等书放在著录而非存目中，肯定其价值，但对其撰写体例的批评仍然是以“经”作为最高准则的。《总目》看重的是那些“取法终高，宗旨终正”①，“终之以无邪之旨，可谓不轨于正者”②，“以风教为本”③的诗文评，对体例的批评被模糊地遮蔽在了宗旨纯正、经世致用的一体化的标准之中，仍然未超出经学主义的框架，因而也未清晰地提出新的体例范型。

三、“谈艺”背后的文人情怀与文化参与

在整个《总目》对诗文评的影响评价当中，多次出现了“谈艺”一词。“固谈艺家之指南也”④，“而三百年之源流正变，犁然可按，实於谈艺有裨”⑤。从“谈艺”“谈艺家”等词的频频出现，可以看出“谈艺”已成为一种

① (清)永瑢等撰:《四库全书总目》卷195《环溪诗话提要》，中华书局1965年版，第1786页。

② (清)永瑢等撰:《四库全书总目》卷195《岁寒堂诗话提要》，中华书局1965年版，第1784页。

③ (清)永瑢等撰:《四库全书总目》卷195《环溪诗话提要》，中华书局1965年版，第1785页。

④ (清)永瑢等撰:《四库全书总目》卷196《修辞鉴衡提要》，中华书局1965年版，第1791页。

⑤ (清)永瑢等撰:《四库全书总目》卷196《唐音癸签提要》，中华书局1965年版，第1793页。

较为普遍的具有代表性的社群现象。

从社会角度来说，谈艺至少在明清时期的确成为一种“道”“政”之外相对独立的文人交往活动。如道光年间的史学家、文学家，桐城派代表人物姚鼐的侄孙姚莹托画家绘制了一幅《谈艺图》。此图“是姚莹与江南文士谈艺盛会景观的空间呈现，不仅再现了姚幕内的诗酒风流，也反映出宾主间的亲密融洽”①。谈艺之“艺”，其实指的就是诗文。姚莹在《复杨君论诗文书》中说：“诗文者，艺也。”②艺的本义之一是指经文，而在这里已经细化为诗文的代称。姚莹又在《谈艺图记》中说：“夫道大矣，艺其末焉，故非道之艺不足贵。诸君子所日谈者，道与艺均进，若徒以诗酒从容，夸宾客之盛，非余道也。”③这段话表明了他对待“道”与“艺”的态度。虽然姚莹还是持“道本艺末”的观点，但仍可看出其幕府中的一些文人持不同的观点，即主张道艺均进，论道和谈艺并行不悖。

谈艺，可以视作一种带有文化参与意味的文学活动，是诗文评文本形成的一个动态的过程。“谈”字和论道的“论”字不太一样，论更追求体系性和逻辑性；“谈”也和讲学带有高度宣传意图和门户之见的“讲”不一样。“谈”更接近于《文心雕龙·知音》篇中的“玩绎方美”，于中寄寓了文人在“道”“政”之外的情怀。《总目》评价王士祯的《池北偶谈》：“谈艺九卷，皆论诗文，领异标新，实所独擅。”④《池北偶谈》就是对“谈艺”的记录，“谈艺”大部分篇幅论诗，标举名篇，品评得失，或记诗酒酬唱，或写读诗偶得，既有民间流传的竹枝词，又有与如皋才子冒辟疆与扬州名流红桥修禊等诗坛逸事，洋洋洒洒，兴会其中。孔子有“兴观群怨”之说，其中的“群”

① 转引自汪孔丰：《姚莹〈谈艺图〉与桐城派的江南传衍》，载《北京大学学报》(哲学社会科学版)2016年第4期，第98-106页。

② 转引自汪孔丰：《姚莹〈谈艺图〉与桐城派的江南传衍》，载《北京大学学报》(哲学社会科学版)2016年第4期，第98-106页。

③ 转引自汪孔丰：《姚莹〈谈艺图〉与桐城派的江南传衍》，载《北京大学学报》(哲学社会科学版)2016年第4期，第98-106页。

④ (清)永瑢等撰：《四库全书总目》卷123《子部杂家类六·池北偶谈提要》，中华书局1965年版，第1056页。

字到“谈艺”，从群居相切磋到文人围绕诗文评论互观、互品，自是一脉相承。后世钱锺书创作的《谈艺录》可以视作中国古典批评理路的延续，其创作缘由之一便是：“余雅喜谈艺，与并世才彦之有同好者，稍得上下其议论。”①

从历史角度来说，正如《总目》诗文评类叙所言，“汰除糟粕，采撷菁英，每足以考证旧闻，触发新意。……岂非以其讨论瑕瑜，别裁真伪，博参广考，亦有裨於文章欤？”②从这句话中可以看出，首先，谈艺具有记录、启悟、实用等功能，于创作、鉴赏、评析均极有裨益。其次，谈艺既“考证旧闻”又“触发新意”，因此谈艺是常谈常新的，既蕴含了守正，也孕育了适变，是通变辩证一体的关系。最后，正是因为独属于中国的“谈艺”的上述这些特点，使得其能够抵御历史的推排消蚀。《总目》诗文评类中用到两个比喻，一个是“榛楛之勿翦”③，一个是“披沙拣金，往往见宝”④，前者来自陆机，后者来自锺嵘。谈艺使得各种诗文评文本存在于一个共同的参照系之中，保障其在历史环境中的可得性，方便后继者展开或重新展开对其的讨论。经过历史时间的筛选，以及诗文评之间的比较、参照、增汰，“谈艺”便成为一种长久的、延续性的活动。从这个意义上来说，谈艺之“谈”本身又是诗文评史自身内部的不断反思与反刍。《四库全书总目》设立集部诗文评类就其性质而言，是对历代具有代表性和影响力的诗文评类著作的再批评，历代经籍志、艺文志，陈振孙的《直斋书录解题》、胡应麟的《少室山房笔丛》等都构成了《总目》对作品的前理解。因而具有总结文学批评的意义，这也是“谈艺”的结果。

“谈艺”可以追溯到欧阳修创作《六一诗话》的原因——以资闲谈，话与

① 钱锺书：《谈艺录》，商务印书馆2011年版，第1页。

② （清）永瑢等撰：《四库全书总目》卷195《诗文评类序》，中华书局1965年版，第1779页。

③ （清）永瑢等撰：《四库全书总目》卷195《唐诗纪事提要》，中华书局1965年版，第1785页。

④ （清）永瑢等撰：《四库全书总目》卷195《诗人玉屑提要》，中华书局1965年版，第1788页。

谈本身就有着密切的关系。《总目》则不断地提及“有裨谈艺”“固亦谈艺之渊薮矣”①“然唐代诗人轶事颇赖以存，亦谈艺者所不废也”②“固宜表而出之，俾谈艺者有考焉”③。此中转换亦值得深思。从以资闲谈到有裨谈艺，一方面，谈艺不再是闲谈杂谈，而是作为一门独立的学问，因而具有一些特定的标准和规范；另一方面，被《总目》肯定有裨谈艺的诗文评是很局限的，多局限于资料辑录、文献搜集、本事考证这些标准之上。《总目》对于一些评谈诗文的方式并不认可，如以禅论诗(不了了语)，以小说论诗(杂以谐谑杂事)等方式。福柯的话语权力理论认为，语言文本只是被压缩的历史，与真实的历史之间存在差距，语言文本隐含着叙述者的书写期待。《四库》的“有裨谈艺”“讨论瑕瑜”“别裁真伪”之下始终带有官学意识形态的影子，对于一些“谈艺”方式的压抑需要我们去细致分别。因此可以说，文化参与到文化干预仅只有一步之遥。

结　　语

《总目》解说文献，开展的不只是传统的记录，也蕴含着历史思考。经过《总目》对诗文评的反映，得以将其中种种互动的关系一层层深入叩问。诗文评不但是历史发生意义上的诗文评，也是《总目》视野中的诗文评。《总目》所书写的诗文评提要，不只是标示诗文评的面貌，也透显着《总目》所塑造的中国古典文学批评的形象。

杜书瀛在《从“诗文评”到“文艺学”》一书中有一段评述：“中国古代诗学文论即‘诗文评’是现代文艺学的‘母本’，提供给它中华民族的基因——

① (清)永瑢等撰：《四库全书总目》卷196《全闽诗话提要》，中华书局1965年版，第1795页。

② (清)永瑢等撰：《四库全书总目》卷195《本事诗提要》，中华书局1965年版，第1780页。

③ (清)永瑢等撰：《四库全书总目》卷195《藏海诗话提要》，中华书局1965年版，第1784页。

这基因，或隐或现，有形无形，有时你似乎觉察不到，而它却无处不在。”①《四库全书总目》集部诗文评类其实就是对作为现代文艺学“母本”的古典诗文评的具有一定高度的观察、研究与总结，其对诗文评的收录、分类与评论是中华民族基因的呼之欲出的显形。

校订：雷思雨　韩彩琼

① 杜书瀛：《从“诗文评”到“文艺学”——中国三千年诗学文论发展历程的别样解读》，中国社会科学出版社 2013 年版，第 307 页。

象征：西方浪漫主义美学与摹仿的转向

陈文欣*

茨维坦·托多罗夫(Tzvetan Todorov)在《象征理论》一书中指出，18 世纪是古典主义向浪漫主义过渡的重要时期，也是象征概念在发展过程中的关键转折期，在这一时期，人们对于象征的看法与认识发生了根本性的变化。古典主义时期，象征被视作修辞手法的一种，仅是话语可有可无的装饰，对话语的表达并无作用与意义；到了浪漫主义时期，象征则成了浪漫主义美学的核心概念和主要艺术原则，象征是艺术与外部自然的连接机制，决定了艺术的意义呈现方式。

而作为古典主义时期的最高艺术准则，摹仿原则一直被认为与浪漫主义美学格格不入，摹仿原则强调艺术作为摹本对自然原型的再现、强调经典的权威性，而浪漫主义则强调个性、天才与独创，似乎从古典主义到浪漫主义的转变就是对摹仿原则的抛弃。但托多罗夫认为，摹仿是一个极具延展性与阐释空间的概念。浪漫主义并不意味着摹仿的断裂与消失，借由象征这一运作机制，摹仿原则得以在浪漫主义生存与延续。

一、“偏离”与理据性：两种调整摹仿的方式

托多罗夫认为，从根本上来说，从古典主义向浪漫主义的过渡就是某种时代意识形态价值与思想原则的转变，这种世界观的变化在艺术上就表

---

* 陈文欣，武汉大学文学院 2020 级文艺学专业硕士研究生。本文系 2021 年武汉大学文学院首届研究生学术论坛“现代文学与西方文论”分会场发言论文。

现为对摹仿原则的不满与调整。

从18世纪开始，随着资产阶级崛起，尽管浪漫主义仍未真正到来，但他们的意识形态价值已经逐渐在社会上占据了支配地位。托多罗夫将资产阶级的这种意识形态归结为一个原则——绝对真理与先验价值的消失。他指出，此时基督教至高无上的神权统治与绝对信仰已经威严不再，取而代之的是民主平等、个人至上的资产阶级主流价值观。在这个没有上帝的世界里，人们挣脱了宗教信条的束缚，人的主体力量得到了强调，绝对规范与普遍形式则遭到了离弃。人们不再相信诸如规范、真理、理想一类泛时的普遍价值观，人人都可以拥有个体的真理，成为自己的规范。

而在艺术上，托多罗夫则指出，绝对真理的消失也导致了艺术摹仿对象的消失，突显作为"摹本"的艺术本身的意义。在古典主义时期，摹仿一直是艺术的主要原则，人们强调艺术对自然的摹仿，自然是先在的、地位更高的外部摹仿对象，而艺术则是被动的、对自然的反映，艺术摹仿愈是忠实，艺术水平也就越高。托多罗夫强调，当自然作为摹仿对象的支配性地位被取消，摹仿原则本身也会受到质疑："如果摹仿是艺术的唯一规律，它就会导致艺术的死亡，因为艺术就同'被摹仿的'自然毫无二致了。"①人们开始逐渐认识到，以"再现"原本、"复现"实在为标准的摹仿原则并不能很好地对艺术作出概括解释，不过，思想家们此时虽然对摹仿原则感到不满，但并没有完全将之抛弃，而是试图以各种方法调整摹仿原则，使之与新的艺术表现相适配。托多罗夫将这些调整摹仿原则的方式分为两种类型：一种是对摹仿的偏离，一种是对摹仿理据性的强调。

首先是对摹仿的偏离，托多罗夫将摹仿的偏离分为四个等级，其中零等级表示将摹仿作为艺术的唯一原则，认为艺术摹本与摹仿对象完全相同，这一等级只作为其他等级的参照标准。第一等级则认识到了完全摹仿的不可能性，但仅仅满足于对摹仿的否定性提法，没有进一步的建议与修

① ［法］茨维坦·托多罗夫：《象征理论》，王国卿译，商务印书馆2004年版，第224页。

正。第二等级修改了摹仿的对象，从摹仿“自然”变为摹仿“美的自然”，即修正的自然、升华的自然，这实际上是在摹仿原则之外另设了一条“美”的原则与之抗衡，如夏尔·巴托的《被划归到单一原则的美的艺术》。托多罗夫指出，巴托提出的“摹仿美的自然”的观点实际上是受到了亚里士多德的启发。在《诗学》中，亚里士多德谈到了诗与历史的区别：“诗是一种比历史更富哲学性、更严肃的艺术，因为诗倾向于表现带普遍性的事，而历史却倾向于记载具体事件。”①也就是说，巴托认为，艺术不是摹仿已经存在的自然，而是摹仿艺术家设想的、可能是或必然是的自然。第三等级将摹仿对象再提升了一个层次，从摹仿“美的自然”转变为摹仿自然背后的理想模式，即从实在的自然转向了不可见的理念，从“实然”转向了“应然”。比如，托多罗夫指出，狄德罗在对摹仿进行诠释时就展现出了向柏拉图的靠拢，他将自然本身看作理念模型的摹仿物，而主张艺术家在进行创作时不应摹仿自然表象，而应摹仿那个自然背后的、看不见摸不着的理念模式。

托多罗夫认为，零等级与第一等级没有提供解决方法，而第二等级与第三等级只不过是思想家们对亚里士多德与柏拉图的模糊而无用的回溯，“它们都有相似之处：都对确切说明艺术作品里不能用摹仿原则来解释的现象表现出无能为力。对模式的摹仿只有在说明了模式的构造规则、在对理念本身进行了描写之后才有意义”②。像巴托和狄德罗一样，他们对新设立的、所谓的“美”的原则与理念模式阐释不清，在精确的摹仿与自由的设想之间摇摆不定，因而在摹仿的调整上收效甚微。尽管狄德罗也曾试图以诸如“对艺术内部关系的感知”“纯粹感官上的愉悦”“摹仿古人”等具体原则来补足摹仿的缺陷，但托多罗夫认为，这些所谓的新原则要么说服力不足，要么只是单纯地充当摹仿的奴仆，没有能够很好地协调解决“美”与“摹仿”之间的矛盾与冲突，实际上都不能真正地解决摹仿在当下所遇到的困难、对新的艺术表现作出解释。

---

① ［古希腊］亚里士多德：《诗学》，商务印书馆2009年版，第81页。

② ［法］茨维坦·托多罗夫：《象征理论》，商务印书馆2004年版，第158页。

其次是对摹仿理据性的强调，托多罗夫认为，这些思想家把不同的艺术媒介形式看作不同的艺术符号，而每一种艺术符号都是有理据的，都与其所代表的事物相协调，这实际上是从符号学的角度来思考美学上的艺术摹仿问题。关于诗歌这类语言艺术，他注意到，18 世纪与以前的美学思想大多是从感官的听觉层面来考虑使诗歌语言理据化的方法的，这种观点尤其以迪博教士与莱辛为代表。

迪博教士将诗歌、绘画与音乐这三种艺术媒介放在一起比较。他认为，绘画与音乐这类艺术符号以视觉及听觉的外部感官的形式实现对自然形象与声音的直接摹仿与呈现，艺术摹本与对象之间存在一种可见可感的类似，因而是自然符号；诗歌运用约定俗成的语词符号表现世界、传递思想，文字无论是在听觉上还是视觉上都无法达成对事物的直接摹仿，因而是任意符号。如果以外部感官感知的实在性与确定性为标准，运用视觉呈现的绘画摹仿能力最强，以听觉为媒介的音乐次之，而以文字为载体的诗歌语言的摹仿能力则最弱，与自然的距离最远。因而，迪博教士提出，诗歌语言作为任意符号应当尽力向自然符号靠拢，如果诗歌语言要尽善尽美地摹仿自然，就应当尽量使用象声词与感叹词，着重表现诗歌的音乐性，因为在语言中，只有这类自然符号能够实现对对象听觉的直接摹仿。

莱辛在关于诗画界限的讨论中则提出了另一种观点，他认为，除了象声词之外，使用任意符号的诗歌还能够在另一个层面直接实现对自然的摹仿。在《拉奥孔》中，莱辛指出，艺术所使用的符号应该与它所摹仿的事物相契合："在空间中并列的符号就只宜于表现那些全体或部分本来也是在空间中并列的事物，而在时间中先后承续的符号也就只宜于表现那些全体或部分本来也是在时间中先后承续的事物。"①绘画用存在于空间中的形体与颜色来表现对象，而诗歌却依托于在线性时间中发出的声音，但两者都因使用了合适的艺术符号而实现了摹仿的理据性。所以，即使诗歌不使用象声词，语词凭借自身对线性时间的摹仿就已经实现了摹仿的理据性。

① ［德］莱辛：《拉奥孔》，朱光潜译，商务印书馆 2017 年版，第 90 页。

托多罗夫认为，迪博教士与莱辛这种从听觉感官的层面来确认诗歌的理据性的方法是无效的，也是错误的。他指出，这种观点仍然没有摆脱感官复现的窠臼，感官对自然的保留程度的高低并不能作为衡量艺术尤其是诗歌艺术的标准。即便忽略象声词数量稀少的问题，仅仅强调诗歌的听觉层面也显然与诗歌的理解方式与审美方式背道而驰，“诗并不是音乐那样的‘听觉’艺术(感知它主要不是通过耳朵而是通过眼睛：阅读……)，并且它的摹仿不是通过孤立的声音产生的”①。孤立的、排除了意义的声音的理据性不足以解释诗歌对于自然的摹仿，单凭声音对线性时间的摹仿也无法将诗的语言与非诗的语言区分开来，非诗的语言也能有理据地表达在时间中先后承续的动作题材，对于语词而言，意义的生成与呈现才是不可忽略的。

由此，托多罗夫得出，在18世纪，无论是以美的原则对摹仿原则进行纠偏，抑或是从感官层面上论证艺术摹仿的理据性，均没有取得摹仿诠释上的成功。其实，对摹仿原则的不断调整也正说明了对摹仿原则的无法舍弃，如果艺术与自然、艺术与现实世界、艺术与人类种种普遍的感情一定存在着某种理据性与必然的联系，否则纯然的原创、纯然的个人无法打动人心的话，那么摹仿原则就是一定存在的。重点是，如何将摹仿原则与艺术家的独创性、艺术的自足性——一切浪漫主义艺术的特点调和起来、解决摹仿原则在浪漫主义时代的适配问题？托多罗夫认为，在浪漫主义时期必然存在着更为复杂的实现摹仿的理据性的方式，而这只有象征能够给出答案。

二、浪漫主义诗学：象征与艺术的内部目的性

托多罗夫认为，如果要将浪漫主义美学的整体思想概括为一个关键词、一种新理论，那么象征一词无疑是最合适的，象征概念能够在最大程

① ［法］茨维坦·托多罗夫：《象征理论》，商务印书馆2004年版，第180页。

度上诠释浪漫主义时期形成的新的艺术思想与艺术表现形式。

到了19世纪浪漫主义鼎盛期，随着资产阶级思想的进一步发展，思想家们对摹仿原则的批评也更为直接猛烈，托多罗夫认为，浪漫主义对摹仿的改造更为彻底，这既表现为对摹仿原则的调整，也表现为对美的原则的完善说明。

托多罗夫指出，浪漫主义之前的纠偏与调整都没有给摹仿原则带来真正的挑战，只有到了浪漫主义时期，人们的注意力从摹仿动作及摹仿对象转移到了摹仿的主体，并由此强调主体的能动性，才真正带来了摹仿的革新。他将此称为从坏的摹仿向好的摹仿的转变："坏的一种设法再现表面的形式，好的那种则创造同自然界的物体一样协调、一样封闭的实体。"①艺术家观察与体验的主动性与创造性得到了重视，艺术家不是复现自然，而是摹仿自然的创造力和永恒的规律法则进行创作，因此，摹仿不再是作品摹本与自然的静态比较，而是发生在艺术创作的动态过程之中。自从亚里士多德手里诞生以来，"自然"这一概念就具有了双重意义："这种自然概念的二元性，即使在现代的语言之中，也还是保存了下来，并且容纳到现代的概念系统之中：自然一则意指那看得见、摸得着的世界，而同时又意指着那只能被心灵感触到的力量，我们推测世界便是由它所形成的。"②以对后者的摹仿为前提诞生的艺术作品与自然之间就不再是一种有高下之别的等级关系，而是一种并列的平等关系——二者都是遵循同样的理念原则创造出来的有机统一体。摹仿从感官复现中脱离出来，艺术的摹仿被看作艺术家对自然的构成性原则、自然形式之上的精神的摹仿，而这种原则与形式是存在被艺术家阐释与创造的空间的，并非是某种至高无上的不变真理。这就将复现性的摹仿转变为"发生论的摹仿"，从而为艺术的自足与独存留出了空间。

浪漫主义时期对美的原则的重新阐释与这种"发生论的摹仿"相辅相

---

① [法]茨维坦·托多罗夫：《象征理论》，商务印书馆2004年版，第224页。

② [波兰]塔塔尔凯维奇：《西方六大美学观念史》，刘文潭译，上海译文出版社2013年版，第331-332页。

成。托多罗夫将卡尔·菲利浦·莫里茨视作浪漫主义美学思想的集大成者，他指出，莫里茨的突出贡献正在于他首次将美的自足原则与美的协调性原则这两个原则结合起来，托多罗夫认为，这就是浪漫主义美学的主要特点。他强调，浪漫主义这种对美的诠释与巴托及狄德罗等人对美的论述截然不同，后者不仅仍未放弃摹仿原则的独裁统治地位，而且他们从“摹仿自然”到“摹仿美的自然”的转向只是将“不完美的摹仿”变成了“完美的摹仿”，仍然将艺术置于摹仿物的次等地位，美的独立性没有得到强调。如果说前浪漫主义的摹仿原则强调艺术作品对于外部自然世界的服从与附属，那么美的自足性则强调艺术作品的独立自存，强调艺术内部的关系结构的完整与和谐，艺术作为一个自足的有机体有着自身的价值，美是一种自我完成。艺术家遵循自然精神与自然原则创作出来的作品就同自然一样，是一个不及物的有机整体，它自身可以作为享受的目的，无须服从于外部的目标。

而美的自足性又往往会带来美的协调性，托多罗夫借用莫里茨在“步行”与“舞蹈”之间的比喻来说明美的自足性与协调性之间的关系：“只要脚步不再用于接近某个目的地，这就产生了内部组织：节拍。同样，当语词‘为了自身’而产生，当话语‘回到它的自身’时，就出现了诗，也就是说以某条独立法则的名义进行的内部组织就产生了。”①艺术的自足性催生了艺术内部的协调性与有机整体性，艺术内部越是层次完善、结构清晰，就越是能够充当自身的目的，将艺术自身作为享受愉悦的对象。托多罗夫进一步指出，艺术的这种协调美突出地表现为对诸种对立面的综合，如自然与人为、形式与内容或一般与特殊的绝对统一等。在艺术中，这些对立面之间都存在一种必然的关系，艺术既是人为的创作又是浑然天成的自然表现、艺术以其自身的特殊性显现普遍性、艺术的形式与内容因其有机性而不可分割……总而言之，艺术取消一切对立。在谢林同一性哲学的论述中，他对艺术整一性与综合性的强调很好地诠释了浪漫主义的这一观点：

① ［法］茨维坦·托多罗夫：《象征理论》，商务印书馆 2004 年版，第 203 页。

“任何幂次均是整体的一个名副其实的环节，因为它是普遍者的完满反映，而且将其完全包容于自身。这也正是特殊者与普遍者之结合——我们可见于任何有机体，同样可见于任一诗歌之作；在其中，譬如说，每一单独形象即是整体的辅助部分，而在作品极度完善的情况下，其自身仍然再度是绝对的。”①浪漫主义艺术是一切对立与矛盾的克服，是内部结构与层次无比完善、无比紧密的有机结合体，它以自身显现自身，以自身说明自身，不能被其他任何的语言描述、转译。

同时，托多罗夫指出，古典主义向浪漫主义的转变其实也意味着两门学科的交替：修辞学的消亡与美学的兴起。从表面上看，修辞学和美学似乎代表着不同的研究领域，但二者不仅同样受到外在意识形态价值的影响，还都可以被纳入符号理论的范围，被视作象征概念的不同发展阶段。在古典修辞学时期，社会上仍然存在着一种对于唯一真理、普遍价值的信仰，个体真理尚未得到承认，话语仍然服从于外部的、更高的目的与真理，话语自身尚未成为享受的对象。托多罗夫指出，此时思想与形式、概念与情感、“说什么”和“怎么说”被割裂与对立起来，一方的表现势必以另一方的牺牲为前提，在这种对立关系中，简明清晰地传达思想的表达法被视作至高无上的规范，象征等转义修辞手法作为能指仅仅被视作话语的装饰、附加的情感催化剂，是对话语所指本义的偏离。托多罗夫认为，这实际上是在对两种表达法作出高下之分：一种是为了清晰地表达意义，一种纯粹是为了美化话语使人愉悦。前者被比喻为身体、灵魂，是根本的、真正要追求的东西，后者则被比喻为外衣、装饰，是外在的、应当被贬低与排斥的东西。这样，在思想与话语、能指与所指分裂的前提下，象征还只是一种传统的修辞手段，任何对于思想的呈现与修饰、任何对于概念的情感化表达都是对于话语本义这一绝对规范的遮掩与欺骗，象征处于边缘位置。

① ［德］弗·威·约·封·谢林：《艺术哲学》，魏庆征译，中国社会出版社 1996 年版，第 20 页。

不过，托多罗夫也强调，古典修辞学以对规范本义的偏离为立身之本，但它也只有依附于绝对规范才能存活。一旦唯一的真理被个体的真理击溃，话语所需要遵循的共同规范消失，个体性与多样性本身成为新的规范，古典修辞学这种对于规范的“偏离”也会随之失去意义。当上帝已死、个人至上的价值观成了社会主流意识形态、浪漫主义到来，古典修辞学也就注定随着美学的出现走向灭亡，“修辞学不能接受话语具有自身的存在理由这一思想。而美学只有在大家承认它的对象——美——具有独立存在的价值，在大家认为这对象不会变成诸如真、善、有用等邻近的范畴时才会出现”①。此时，话语的创制不再受规则的约束，每一种话语形式都拥有了存在的理由与权利，话语本身成了自己的目的与愉悦享受的对象，在浪漫主义美学中，象征真正取得了独立的地位。

从本质上来说，艺术与象征都是一种符号、一种对自然的复现形式，是自然本貌与心灵接受之间的中介，托多罗夫指出，在浪漫主义的语境中，象征与艺术达到了前所未有的契合境界，象征可以说是浪漫主义艺术典型的表达范式。通过分析浪漫派对象征与寓意的对比论述，托多罗夫突出了浪漫主义象征的美学独特性，这主要表现在指称符号能指与所指关系的差异上：“在寓意里，能指层即刻就被穿透以便理解所指的东西，而在象征里，能指层保持它自身的价值，保持它的不透明性。”②象征与寓意都能指示意义，都是通过一物指示另一物，不过寓意的指意是直接的，能指本身没有意义，只是与所指的约定俗成；而象征的指意是间接的，象征能指的可感知部分并非客体的感性直观，象征通过另一层类比的引入来表达所指。这说明，在象征结构中，存在一个自足的、不及物的能指层，这一能指层并不意指对象，而是“停留”于自身，在自身展现中突显对象本身。“象征性的东西标志一种‘其中理念可以以任何一种方式被认识的存在’，因而也就是艺术作品所特有的理想和外在显现的内在统一。反之，譬喻性

① [法]茨维坦·托多罗夫：《象征理论》，商务印书馆2004年版，第148页。
② [法]茨维坦·托多罗夫：《象征理论》，商务印书馆2004年版，第256页。

的东西则只是通过指出某个他物而使这种富有意义的统一得以实现。"①象征既"是"，同时又"意指"，它的指意不是外向的而是内转的，在这之中实现了能指与所指、特殊与一般、有限与无限的统一。

这样，象征就与浪漫主义的艺术本质与美的原则完全相符，象征代表的是浪漫主义的审美趣味与美学范式。同时，托多罗夫强调，浪漫主义并不是以美的原则取代了摹仿原则，事实上是，经由象征机制的调和，美的原则与摹仿原则能够和谐地结合起来，从而对艺术作出解释。

三、象征想象：摹仿在浪漫主义的转向

托多罗夫认为，摹仿原则本身并不是铁板一块，而是极具延展性与生发性的艺术原则，摹仿的阐释空间在浪漫主义时期得到了拓宽，而象征则可以视作浪漫主义摹仿的实现形式，为摹仿原则带来新的转机。

事实上，摹仿与艺术本身就是一种"双生"关系，摹仿机制与艺术内核存在高度的一致性。摹仿是随着包括舞蹈、奏乐和歌唱在内的祭司礼拜活动诞生出来的，此后又被用于阐释视觉性的绘画、雕刻艺术与行动性的戏剧艺术等。② 不过，尽管摹仿一直被视作艺术的主要原则，但它本身的具体内涵却从未得到统一，不同的思想家对此有不同的阐释：苏格拉底将摹仿看作事物外表的翻版；柏拉图把摹仿视为对理式的远离；亚里士多德认为艺术摹仿的是事物的普遍本质……应该说，艺术摹仿原则此种阐释的复杂性是由它本身的性质决定的，摹仿是艺术建立自身与世界的联系、将自身纳入传统序列的一种手段，而这种实现形式并非一成不变。不过，只要艺术仍然将实现人与对象的一体性关系作为自己的追求，仍然渴望与世界产生呼应、与接受者产生共鸣，那么不论时代的艺术表现如何变化，摹仿

① ［德］汉斯-格奥尔格·伽达默尔：《诠释学 1 真理与方法 哲学诠释学的基本特征》，洪汉鼎译，商务印书馆 2007 年版，第 106 页。

② ［波兰］塔塔尔凯维奇：《西方六大美学观念史》，刘文潭译，上海译文出版社 2013 年版，第 305 页。

原则并不会消失或断裂，发生变化的只是摹仿的内在结构，它将以新的存在方式继续对艺术作出阐释。

浪漫主义时期，在美的自足性原则与协调性原则的支配下，摹仿出现了新的转向，托多罗夫从符号学的角度对摹仿的结构变化作出了新的诠释。浪漫主义常常以植物的自然生长来比喻艺术作品的内在性、有机性与系统性，强调艺术内部的完整自足与绝对协调，艺术整体与部分的不可分割。托多罗夫指出，这样一个完满的自身无须再去寻求与外部世界的相似关系，艺术并不意在对外部世界的复现，它是世界的一个部分，同时又是世界整体的一个缩影。他认为，这就导致了摹仿的“内转”——摹仿从一种相似关系转变为参与关系、对应关系，摹仿不再发生在符号与外部世界之间，而发生在符号的内部，是符号能指与所指之间的理据性。所谓理据性，指的是艺术能指与所指、形式与内容之间的必然联系，这种联系不是指能指对所指的图像复现，而是能指对所指的无限接近，形式是内容的必然结果，而不是内容的相对复制。“有理据的符号、有机形式和内部形式、诗歌成分间的协调与衔接、诠释学循环换，这些概念都只是同一思想——不可或缺的内部协调性——的几种不同、然而是一致的表现形式。”①因此，艺术摹仿的理据性成了艺术有机性的一种表现形式，浪漫主义艺术摹仿的要义不在于复现，而在于为外部世界寻求唯一的，因而也是最恰当的、无可取代的表达形式。

在这里，托多罗夫的主要讨论对象是诗歌艺术，他提出，若以象征为标准，就可以在语言内部区分诗的语言与非诗的语言，从中可以见出诗歌艺术摹仿的理据性。他认为，日常语言追求表达的清晰准确，语言与所表达的意义之间并不存在自然的联系，能指往往只表示人为约定的本来意义。而诗歌语言则不然，“文学与其它艺术的差别就在于它的转弯抹角的间接复现方式。声音表示意义，但意义又转而成为能指，所指就是被复现

① ［法］茨维坦·托多罗夫：《象征理论》，商务印书馆2004年版，第235页。

的世界。从这意义上说，诗只是第二等的符号系统。”①在象征之中，能指与所指存在一种自然的理据性的关系，但这种理据性并不是通过能指对于所指的机械摹仿与图像复现而产生的，诗歌语言通过自身最突出的特征——一种“转弯抹角的间接复现形式”来实现符号的理据性，而这种间接复现是象征借由人的想象与联想能力实现的。

象征是在能指与所指之间存在着双重替代转换关系的符号，在象征中，原有符号的所指变成了能指：某个具有象征意义的语词不仅表示它本身指代的事物意义，这种指称意义还能够在我们心中唤起另一层内涵意义。托多罗夫指出，在象征的作用之下，丰富的内涵、庞杂的意象被紧密地组织在诗歌语句之中，语词意义之间不断碰撞、转换与替代，比喻与被比喻双方的类似形象不断累积叠加，从而使读者以一种前所未有的方式触碰到对象的本质。韦勒克将感官的个别性与间接的表述方式看作诗歌主要的组织结构，他也指出：“诗歌不是一个旨在以单一的符号系统表述的抽象体系，而是把字词组织成一个独一无二、不可重复的模式，它的每个词既是一个符号，又表示一件事物，这些词的使用方式在诗之外的其他体系中是没有过的。”②托多罗夫强调，象征这种转义手法在主要概念之外激起附加概念、在字面意义之外生发精神意义、在思想之外催生感情，从而使句义无限扩充，我们通过能指层本身就能感知所指的意义，从而使得诗的语言成为对自然最合适、最恰当的表达。象征不再只是具有装饰功用的修辞手法，而是能对听众与读者产生独特的表达效果的诗歌的本质力量。

象征实现这种话语力量的核心机制就是审美想象，托多罗夫以联想为核心来定义象征现象，“只要指出象征联想加在直接意义之上，以及在某些言语应用（如诗歌）中这种联想使用得比别处广泛就行了”③。在诗歌中，象征的广泛运用极大地激发了读者的想象力，这使他们得以超越符号概念

---

① ［法］茨维坦·托多罗夫：《象征理论》，商务印书馆 2004 年版，第 172 页。

② ［美］勒内·韦勒克、奥斯汀·沃伦：《文学理论》（新修订版），浙江人民出版社 2017 年版，第 175-176 页。

③ ［法］茨维坦·托多罗夫：《象征理论》，商务印书馆 2004 年版，第 3 页。

的字面意义，而领会到与概念相关相近的、更深更远的意味，使读者触此而及彼，以一种更曲折但也更生动的方式理解对象概念。托多罗夫强调，想象力是一种具有创造性的认识能力，它不是还原一个如其所是的自然，而是加工创造出另一个自然，后者比前者更完美、更优越。这是因为想象力将有限变为无限，在无限中与有限保持一致，从而把丰富的象征意义收拢、凝练为一个整体。托多罗夫进一步指出，在《判断力批判》中，康德对象征想象感性直观的强调真正开启了象征的现代转向，“（审美想象）将会是理性理念的对立面（对应物），理性理念与之相反，是一个不能有任何直观（想象力的表象）与之相适合的概念”①。诗歌的象征想象创造一种感性直观的表象，它不是对概念的准确的理性表达，但它以超出经验限制及理性思维的能力鼓动心灵，从而无限接近对象本身。说到底，这仍然是一个为概念寻找合适的表达方式的过程，象征的感性想象看似是转向了别的地方，实际上是到达了理性概念所不能到达的位置，“象征所表现的是事物，又不是事物，终究还是事物”。

最后，托多罗夫将这种以事物内部的有机性与协调性为内核的摹仿机制拓展到了包含语言艺术在内的艺术全体，他认为，这也同样应当成为绘画与音乐摹仿自然的美学解释。以绘画为例，即便是最为写实的绘画作品，也不可能完美地复制外物的大小尺寸、形象结构及光影变化，实际上，绘画在一定程度上已经是象征性的艺术了，艺术符号永远也不可能是感官复现意义上的自然符号，摹仿的内涵可以也应该得到拓宽。

结　　语

在象征的概念史中，托多罗夫抓住了从古典主义到浪漫主义的这一重要转折期，敏锐地发现了象征概念在此期间发生的重要变化，更重要的是，他把握住了象征与摹仿的同步性与内在一致性，以象征为把手重新阐

① ［德］康德：《判断力批判》，邓晓芒译，人民出版社2002年版，第158页。

释了艺术摹仿原则在浪漫主义的美学表现。这一方面从符号学的象征层面挖掘了摹仿的新内涵，另一方面也在深受独创性思维影响的浪漫主义时期重新发现了摹仿的身影，浪漫主义不意味着摹仿的消失，而意味着摹仿内涵的变化。

到了后现代，象征与寓意这对矛盾又被重新提及，此时二者的地位已然发生了变化——寓意成了被追捧的对象，而象征则相应地遭到了贬斥。保罗·德曼就对浪漫主义象征进行了猛烈的抨击，他认为，寓意应当取代摹仿，重新成为文学文本的本质特征，他正是想要以寓意的分裂性特质来对抗象征给予人们的、与世界相连接的统一性幻想，强调人与对象世界之间不可弥补的裂隙。在这种前提下，我们再来思考托多罗夫对浪漫主义摹仿的总结论述，或许我们真正应当着意的是，在多大的程度及意义上，我们仍然需要这种浪漫主义的摹仿传统？

校订：徐睿智　陈景月

苏珊·S. 兰瑟的萨菲叙事理论研究

陈 尧*

兰瑟用"萨菲"①表示女性与女性之间的吸引力、性取向、欲望和行为，她指出，这些都代表了与18世纪上层阶级女性有关的东西，这一时期也是她重点关注和研究的时期。在这一时期内，女性同性恋的某些社会形态在文本中是可见的，并与早期现代的"同性恋"(homoerotic)和晚期现代的"女同性恋"(lesbian)有所区别。② 所以，尽管"蕾丝边"和"萨菲"都可以用来指代女同性恋，但兰瑟更倾向在自己的研究中使用后者，"部分原因是该词出现在18世纪……而部分原因仅是因为它的独特效应：它提醒我们，性倾向的表现就像叙事一样，具有历史偶然性"③。同时，"萨菲"一词无论是在18世纪的文本中，还是在兰瑟的研究中，主要被用来描述上层阶级女性，这突出了兰瑟萨菲叙事研究的阶级特殊性。

兰瑟对萨菲叙事问题关注比较早，她在《说方言：〈女性年鉴〉和庆祝语言》(*Speaking in Tongues*: "*Ladies Almanack*" *and the Language of Celebration*, 1979)一文中指出《女性年鉴》(*Djuna Barnes' Ladies Almanack*, 1928)是

---

* 陈尧，华中科技大学人文学院2021级文艺学专业博士研究生。本文系"2022文言樱花会"暨武汉大学文学院第二届研究生学术论坛发言论文。

① 萨菲(sapphic)：女同性恋的，萨菲式行为，萨菲风格的，萨菲体诗歌。来源于古希腊女诗人萨福(Sappho)，她的诗歌多描述同性恋感受，一般认为她出生于莱斯波斯岛(Lesbos)，故"sapphic"和"lesbian"(蕾丝边)成为女同性恋的代名词。

② 见 Lanser, S. S. "Bluestocking Sapphism and the Economies of Desire." *Huntington Library Quarterly*, 65(2002): 1-2.

③ Lanser, S. S. "Sapphic Dialogics: Historical Narratology and the Sexuality of Form." *Postclassical Narratology*, *Approaches and Analyses*. Ed. Jan Alber and Monika Fludernik, 2010: 187.

一则"萨菲宣言"(sapphic manifesto),《女性年鉴》在重写经文、记录女同性恋仪式、沉思女性状况、讲述其守护神穆塞特夫人(Dame Musset)戏谑英雄故事的过程中,既嘲讽了男权价值观和男权制度,又描绘了女性愉悦地转向女性自身的景象。兰瑟总结了《女性年鉴》三种不同的话语模式,每一种都有自己的视角、语气和修辞立场。第一种是哲学的话语模式,探讨社会和哲学问题,呈现了文本中为数不多的沉郁和矛盾。第二种是神话的话语模式,用歌曲、诗歌和戏谑性插图等形成了一系列女性中心主义的神话传说,它试图颠倒男性中心主义的神话,重新创造一种以女性为中心的文化历史。第三种是叙事的话语模式,讲述穆塞特夫人及其小圈子的故事,这是文本中呈现的最露骨的色情和女同性恋的部分。哲学、神话和叙事的三种话语模式不是连续的,而是相互交织和穿插,每一种方式都有其独特的情感倾向,在文本中创造了一种时而沉思、时而幽默、时而奔放的动态感。话语模式的混合使从多个角度探索女同性恋成为可能,进一步深化了女同性恋主义,同时也将越来越多的女性定义为实际或潜在的女同性恋。"尽管年鉴的意图和话语具有私人性,但它创造了一种女同性恋女性主义的神话,甚至通过承认个人和性别具有政治意义,提出了对父权制的激进批判"①。

在另一篇《善待身体:作为阶级行为的女性亲密》(*Befriending the body: female intimacies as class acts*, 1998)中,兰瑟指出,阅读柏拉图、亚里士多德、伊壁鸠鲁、普鲁塔克、伊拉斯谟、蒙田、约翰逊、卢梭、爱默生、梭罗等人的著作,人们会发现,友谊自古以来是男性的特权。但是从1650年开始,由于社会机构的发展,例如女子寄宿学校、城市移民和文化沙龙等,促进了女性友谊的发展。女性开始采用绘画、诗歌、小说和男女书信等方式实践和宣传女性友谊,在一定程度上使女性亲密关系进入了欧洲国家的公共视野。所以当伊莉莎贝斯·马沃的《兰戈伦的女士们》(*Elizabeth*

① Lanser, S. S. "Speaking in Tongues: "Ladies Almanack" and the Language of Celebration." *Frontiers: A Journal of Women Studies*, 4.3(1979): 41.

Mavor's The Ladies of Llangollen，1971）写到18世纪两位女性巴特勒和庞森比违抗家庭出走并“结合”时，她们没有被轻视，反而受到了尊敬。安东尼·弗莱彻（Anthony Fletcher）将这种女性间的相互作用视为建立英国乡绅意识的关键因素，到1700年，绅士们建立了一种阶级认同感，这种认同感建立在一套独特的文化和知识假设之上，这将他们与大众区分开来。① 兰瑟认为，女性亲密关系作为一种身份象征，将女性视为彼此关系紧密且有教养的人，从而树立一种性别化的阶级意识。“到巴特勒和庞森比私奔的时候，女性亲密与阶级的亲密深深交织在一起……女性间的亲密关系也揭示了阶级地位和性别意识形态之间复杂的相互依存关系。”②就如同伯莎·哈里斯（Bertha Harris）将20世纪20年代聚集在巴黎的绝大多数移居国外的女同性恋者描述为自封的精英时所说，对她们而言，“做一个女同性恋者就处于最好的上流社会”③。而巴特勒和庞森比可能是第一批将萨菲主义作为一种阶级行为的女性。兰瑟的萨菲叙事的理论主要探讨了萨菲流浪结构、萨菲叙述结构、萨菲话语结构等问题。

一、萨菲流浪结构

产生于16世纪中叶的流浪汉小说，用自传体的形式叙述主人公的流浪冒险经历及其见闻，以此反映广阔和丰富多彩的社会生活。在《萨菲流浪，性别差异与同性冒险的挑战》（*sapphic picaresque*, *sexual difference and the challenges of homo-adventuring*，2001）一文中，兰瑟总结出一种萨菲流浪（sapphic picaresque）结构。在18世纪上半叶，西欧一些学者提出了一种

① 参见 Fletcher, A. *Gender*, *Sex and Subordination in England* 1500-1800 . New Haven: Yale UP, 1995: 84.

② Lanser, S. S. “Befriending the body: female intimacies as class acts Eighteenth-Century Studies.” . *Politics of Friendship*, 32. 2(1999): 180.

③ Harris, B. “The More Profound Nationality of Their Lesbianism.” *Amazon Expedition*. Ed. Phyllis Birkby et al. New York: Times Change Press, 1973: 79.

“莫莉”(Molly)亚文化，这种亚文化产生了对异性恋男性气概的强烈反对，这为女性同性恋色情开辟了积极空间。但是这种文化很快遭到改写，这表明不仅个人关系，整个社会秩序都要求女性与男性欲望以互补和共生的关系存在。在这一不稳定时期，许多叙事文本体现出某种形式的同性关系。例如，丹尼尔·笛福(Daniel Defoe)的《维尔夫人的幽灵》(*The Apparition of Mrs. Veal*, 1706)中巴尔格雷夫夫人得到了她长期疏远的朋友维尔夫人的爱抚；德拉里维尔·曼利(Delarivier Manley)的《新亚特兰大》(*New Atalatis*, 1709)描述了一个“女性阴谋集团”(Women Cabal)，女性在其中会面，盟誓友好；贾尔斯·雅各布(Giles Jacob)的《赫马佛洛狄忒斯哲学论文集》(或《雌雄同体论》, *Tractatus de Hermaphroditus or a Treatise of Hermaphrodites*, 1718)详细描述了雌雄同体者、具有男性气质的女性以及对男性失望的女性的同性恋冒险经历；伊莱扎·海伍德(Eliza Haywood)的《英国隐士》(*The British Recluse*, 1722)中两个背景截然不同的女性在发现二人被同一个男人冤枉后最终走到了一起；乔瓦尼·比安奇(Giovanni Bianchi)的《不来梅故事》(*Breve Storia della Vita di Catterina Vizzani Romana*, 1744)，讲述了女主人公与其他女性的出轨，等等。

兰瑟所谓萨菲流浪结构主要包含两个要素：首先，以变装或同性友谊为掩护的或者正大光明的女同性恋关系。女同性恋关系在萨菲流浪结构中表现出几个共同特征。首先，最集中的一点，它们呈现的女性亲密关系是一种平等的选择，而不是男性关系的附属品。无论是以情感还是性关系为形式，这种平等关系都让读者更容易接受主人公的性偏好，但这并不意味着这是一个萨菲受到仁慈对待、女性可以不受惩罚地生活在一起的萨菲黄金时代。事实上，她们仍然受到限制或惩罚。其次，女性通常是故事的中心人物，大多数文本要么采用以萨菲流浪者作为第一人称的同故事叙述者，要么采用富有同情心和好奇心的异故事叙述者，以避免负面的道德审视，让萨菲流浪者的行为具有了道德的模糊性。最后，这些文本意味着围绕女性欲望的命名以及定义的某种僵局和失败。这些文本既不能为女性的同性偏好提供一个解释，也不能描述女性亲密关系的特征。它们只是创造了一个思考空间，在这个空间里，性别与性偏好之间的关系不由单一因素决定，甚至没有确定的方法来命名女性同性欲望，它们同男性同性欲望一样，被当作一种神秘的现象，正在变得不可理解，也不可能被固定、预测或掌控。由此，从同性欲望的角度，女性开始作为一种性别与男性并列，对传统的"单性"①(one-sex)性别传统构成了挑战，事实上，这一时期"单性"系统已然开始崩溃。

流浪冒险情节，即包含故事人物的物理空间流动性。萨菲流浪结构避开了故事主人公的家庭关系，转而追求一种家庭之外的流动性。如女主人公"从一个国家流浪到另一个国家，寻找想要的东西"；或者"像风一样变幻莫测，像空气一样自由"，最终似乎被迫像"永动机"一样继续流浪；或者在小说结束时，在彼此的庄园之间来回走动；或者把住处描绘为一列沿着道路行进的马车②。兰瑟指出，18 世纪早期的大多数关于萨菲主义的叙事呈现似乎都与流动性的隐喻有关。"在所有这些文本中，同性情感或同性性行为与某种形式的冒险联系在一起：女性从她们的家庭空间转移到公共空间、借来的空间或运动空间，如道路，好像没有任何家庭框架能够容纳或承受她们。"③萨菲流浪结构中这些关于流动性的隐喻或许暗示了女性想要走出家庭，走出男性充斥的世界，开创另一片自由天地的隐秘渴望。

不过，萨菲流浪结构也许有一些更深层次的意蕴。首先，萨菲流浪结构表明每位女性都可能成为同性恋者。萨菲流浪结构中的女主人公们有时

---

① 尽管西方性别等级制由来已久，但其观念内部有一个从"单性"系统到"双性"系统的转变，前者起源于圣经中上帝取走亚当的一根肋骨创造出夏娃，认为男性是唯一的性别，女性只是男性的一部分，是男性的衍生物，不能算作一种性别。因此女性没有自主的欲望，更不可能有对同性的欲望。在现代解剖学取得显著成绩以前，这种观念占据统治地位。解剖学发现男女只是在生理上存在差异之后，传统性别观念由"单性"系统转向"双性"系统，虽然承认女性作为一种性别，但仍然认为其生理和精神层面比男性低劣，由此衍生出现代意义上的父权制规范。

② 参见 Lanser, S. S. "Sapphic picaresque, sexual difference and the challenges of homo-adventuring" *Textual Practice*, 15. 2(2001): 256.

③ Lanser, S. S. "Sapphic picaresque, sexual difference and the challenges of homo-adventuring" *Textual Practice*, 15. 2(2001): 256.

被视为女性，有时则伪装成男性，她们的流浪冒险和对其他女性的不断追求，把自身塑造得比男性更有男子气概，从而产生一种感觉，即女性可以通过各种不同的，通常是英雄式的方式成功地进行同性性爱诱导，这表明性别和欲望具有不稳定性和导向性。所以女性同性恋性爱可能无处不在，在任何人身上，所有女性都是潜在的女同性恋者。其次，萨菲流浪结构对以父权制为代表的一整套社会制度提出了挑战。萨菲流浪结构与经典流浪汉小说共有的流浪冒险的隐喻具有元文本的作用，它意味着一种意识形态的游荡，游荡于一片女性欲望模式所空出但另一种模式尚未填充的领域。如果像斯图亚特·米勒(Stuart Miller)所说的那样，“流浪汉小说特有的情感效应”是“暂时性的情感混乱”①，那么具有萨菲流浪结构的文本也是“流浪汉”，它们试图摆脱社会对男女结合的期望，创造女性之间平等的空间。另外，萨菲流浪结构把女性亲密关系作为一种可行的选择也预示着新的父权制将以拒绝萨菲流浪的冒险行为、重新定位女性的性爱和情感欲望的方式来重新塑造女性气质。菲尔丁(Henry Fielding)的《女丈夫》(*The Female Husband*, 1746)等英语文本生动地表明了这种实践。但是萨菲文本在萨菲流浪结构的庇护下，以其对法律的规避、对社会规则的破坏和对约束的拒绝等形式，表达了对社会规训女性同性欲望企图的某种抵抗。这表明，在18世纪早期，萨菲主义被认为是一种可能性，也是一个需要父权制解释和遏制的“新”难题。最后，关于萨菲主义与阶级流动以及社会稳定的关系，兰瑟推测，当社会处于特定类型变革的边缘时，萨菲主义就会闯入话语。特别是在启蒙运动影响最大的法国和英国，萨菲主义以诸如萨菲流浪结构等方式爆发为18世纪的话语。实际上，无论是在物质上还是精神上，女性的流动性都是社会、文化和经济活动的一个重要的甚至具有威胁性的因素。在18世纪的英国，女性的阶级流动主要有向上和向下两种方式，女性向上流动是通过婚姻实现的，而向下流动则是通过性越轨行为。萨菲流浪

① Miller, S. *The Picaresque Novel*. Cleveland: Press of Case Western Reserve University, 1967: 132.

结构强调性自由和经济之间的关系，暗示收入对维持女性联盟的必要性。因为如果女性能够与男子分开并舒适地生活，那么作为资本主义(再)生产基础的性别制度必然会受到损害。因此，萨菲流浪不仅强调了性别和阶级的复杂流动性，还强调了女性在父权制中的共谋如何维持经济关系。这也许可以解释为什么对萨菲主义表示出激烈反对的文章经常表达与阶级相关的焦虑。因为它们意识到，如果出身高贵的女性以同性亲密关系的形式走出父权制，英国的国内经济必然会受到危害，难怪早期的萨菲作品被禁止。另外，荷兰、英国和法国作为17世纪末和18世纪欧洲的三大帝国，其文化是萨菲者、变装者以及女性亲密关系的代表，“这种趋同可能意味着，萨菲主义在公共话语领域的出现与一个国家进入经济现代化相关的社会实践之间的实质性关联”①。

二、萨菲叙述结构

在《小说的(萨菲)主题：形式的性史》[*Novel (Sapphic) Subjects: The Sexual History of Form*, 2009]一文中，兰瑟探讨了萨菲叙述(Sapphic Narration)形式，即叙述者如何通过“女性—女性”的对话结构将异性恋故事转换成隐蔽的、合法的同性恋叙述。兰瑟以1534年皮埃特罗·阿雷蒂诺(Pietro Aretino)的《对话》(*Dialogues*，又名Ragionamenti)为例。《对话》是欧洲第一部色情小说，完全由女性之间的一系列对话构成。其中写到一名老鸨向一名奶妈描述她为一对男女安排的幽会，以下话语出自老鸨：

> 我看到她脱光了自己的衣服……天哪，她的脖子！还有她的乳房，奶妈，那两个乳房会腐蚀处女，让殉道者难以自持。当我看到那个可爱的身体，肚脐像一颗宝石在它的中心时，我失去了理智，我沉

① Lanser, S. S. “Sapphic picaresque, sexual difference and the challenges of homo-adventuring” *Textual Practice*, 15.2(2001): 263.

浸在这一特殊躯体的美丽之中，多亏了它，人们做了这么多疯狂的事……但是她的腿，她的脚，她的手和胳膊……她身体的前部使我发狂，但真正使我发狂、惊奇的是她的肩膀、腰部和其他充满魅力的地方。我向你发誓，当我看着她时，我把手放在我身上某个“你知道的地方”，像一个男人没有地方发泄时那样摩擦它。①

在这个对话行为中，老鸨所处的位置就是男人的位置，所以她的视角代替了情夫的视角，她通过告诉第三个女人她看到的赤身裸体的女人对情夫(也是对自己)做的事，成功地把一个异性恋故事变成了同性恋叙事。兰瑟通过考察18世纪类似小说的这种故事和叙述之间的相互作用，把此类小说看作一种女同性恋的共谋。纵观这一时期的西方小说，萨菲小说一直被置于边缘，萨菲也不是小说的中心主题。除了约翰·克莱兰德(John Cleland)的《快乐女人的回忆录》(*Memoirs of a Woman of Pleasure*，1749)以外，18世纪没有一部小说中的人物被公开标记为女同性恋。但是兰瑟希望把小说形式作为小说内容和主题进行考察，以求萨菲主题更多的话语空间。“通过把叙事形式作为性别内容的场地进行解读，我想论证萨菲不仅存在于小说中，它本身就是小说，且更牢固地嵌入小说的叙述(话语)而非事件，或者更准确地说，萨菲存在于叙述与事件两者的竞争关系中。”②

兰瑟的《萨菲对话：历史叙事学和形式的性倾向》(*Sapphic Dialogics：Historical Narratology and the Sexuality of Form*，2010)一文继续完善了关于萨菲叙述形式的理论，她把这种“色情内容通过女性叙述者和受述者(典型的

① Aretino，P. *Aretino's Dialogues*(*Ragionamenti*). Toronto：University of Toronto Press，2005：341-2.

② Lanser，S. S. “Novel (Sapphic) Subjects：The Sexual History of Form” *Novel：A Forum on Fiction*，42. 3(2009)：498.

内故事叙述层)的配合关系过滤"的"主体间性的叙事形式"①概括为萨菲叙述结构(sapphic narrative structure),并从四个方面论述了萨菲主题与叙事形式的关系。第一,萨菲主题与色情作品的关系是互利共生的,萨菲主题常以色情作品为掩护,反过来,早期现代色情作品完全依赖于萨菲叙述声音。以阿雷蒂诺的《对话》为代表的色情小说中,女性叙述者在对异性恋行为的讨论与对话中将女同性恋行为付诸实施。通过女性的叙述过滤掉男女性行为的表征,所有的异性恋行为都有效地转变为女同性恋行为。萨菲叙述结构把所谓的异性恋故事变成了萨菲文本,萨菲对话不仅修改了情节,而且构成了情节。因此,发生在叙事层面上的女性关系的唤醒依赖于一个异性恋故事,而异性恋故事则依赖于萨菲叙述结构,两者相辅相成,结果不仅在形式上是对话的,而且在巴赫金复调理论的意义上也是对话的,具有了多种语义。一方面,异性恋故事变成了同性恋文本,著名的"男性凝视"实际上是女性化的,有效地"颠覆"了这些小说表面上的菲勒斯中心情节。另一方面,对于角色和读者来说,异性恋愉悦仍然存在,只是需要依赖于萨菲式的话语和凝视。因而从形式上来说,早期现代色情与"女性—女性"的萨菲对话叙述结构相互依存。当然不否认这些小说是人为的幻想,主要是为了迎合男人的愉悦而作,但它们进行了一种性别化叙事声音的创新。

第二,萨菲主题推动叙述形式同时也被叙述形式推动,被规训的萨菲叙述结构意味着女性同性情欲自信的增强,这表现为更直接的亲密关系。如果说萨菲文本放弃了由阿雷蒂诺《对话》发明的明目张胆的性窥探而追求更微妙的审慎形式,那么可以说萨菲主题在18世纪的小说中有一个更为常见的隐蔽形式,即通过信件、日记或谈话使两个女人处于一种结构性的性爱关系中,相对而言,这是一种被规训的萨菲叙述结构。例如第二章里提

① Lanser, S. S. "Sapphic Dialogics: Historical Narratology and the Sexuality of Form." *Postclassical Narratology, Approaches and Analyses*. Ed. Jan Alber and Monika Fludernik, 2010: 188.

到的《艾特金森的匣子》，在这种关系中，同性之间的秘密成为表达同性欲望的工具，虽然形式被规训得更为隐蔽，但女性之间的亲密关系却更为直接和公开，这是以女性之间的情欲自信为基础的。因此，在以异性恋为掩护的萨菲文本和以日记、书信为形式的萨菲文本之间，呈现了萨菲主题与叙事形式之间的某种连贯性和能动关系。

第三，关于萨菲主题与小说悲剧结尾的关系，兰瑟探讨了两部更著名的小说，约翰·克利兰(John Cleland)的《芬妮·希尔》(*Fanny Hill*, 1747)和让·雅克·卢梭(Jean-Jacques Rousseau)的《新爱洛伊丝》(*Julie, ou la Nouvelle Héloise*, 1762)，它们嵌入了一种将死亡变成同性婚姻的萨菲叙述结构。其中一位女性角色死亡并不代表故事的结局，当她抱着她的尸体企图温暖她、唤醒她，想要与她在另一个世界相遇时，女性亲密关系没有因为情节的结束而消失，反而得到公开的升华。它们使萨菲叙述结构更进一步：把死亡本身变成表现同性欲望的场合，或者说将死亡变成一种女性同性婚姻。兰瑟发现，对于18世纪的小说阅读，学者们通常致力于巩固异性恋规范，而往往忽略了这类异性恋题材故事结局的萨菲意蕴。

第四，通过叙述(异故事叙述)与事件(异性恋故事)的共谋，萨菲叙述结构在19世纪几乎被抹除了。例如，在简·奥斯丁的《理智与情感》与《傲慢与偏见》中，非传统叙述者对姐妹亲密关系的最强烈肯定发生在这些小说的结尾，在姐妹们安全结婚后，且通常这些女性亲密关系以异故事叙事的形式呈现在故事外叙事层中，所以它们更具有工具性，而不会对异性婚姻情节造成阻碍。萨菲叙述结构在17世纪的文本中表现得最为明显，在18世纪便趋于沉默，到19世纪几乎完全消失。当然，这并不意味着萨菲本身的消失，只是在某种程度上说，女性友谊与婚姻情节的共存标志着异性恋传统的巩固。

另外，萨菲叙述结构这种“女性—女性”的同性对话模式本质上是女性化的，而“男性—男性”的同性对话或主体间性结构并不以同样的方式根植于小说。这样说并不意味着18世纪的小说中没有男同性恋，只是在兰瑟所谓“小说崛起”期间，“男性—男性”色情对话存在更有限。这是因为自柏拉图开创“柏拉图对话”形式以来，两个或多个男性之间的对话形式在随后的文学史上得到广泛使用，并且牢固地处于西方传统的中心。也就是说，在历史上任何时间段，男性叙述者可以公开和男性受述者或者公众读者讨论一般性的或者色情的内容，不会像女性与女性之间的讨论那样受到限制或压抑而需要异性恋的掩护。例如《会饮篇》中六位男性参加酒宴的谈话中，就涉及对男性同性情爱的公开探讨。可以断言，“男性—男性”对话结构的发展轨迹与萨菲叙述结构截然不同。这种差异表明，“18 世纪的小说不仅在欲望的结构和叙事的机制上有性别区分”，而且“叙事本身也具有性别区分的属性”①。这种将叙事形式与性别联系起来的做法，正是兰瑟对女性主义叙事学的进一步拓展。

三、萨菲话语结构

兰瑟在萨菲叙事理论研究中采用了将形式当作内容来研究的方法，在此基础上，兰瑟在《性倾向史》(*The Sexuality of History*)一书中又采用了“大量阅读”(large reading)这一方法。大量阅读指在特定的语料库中寻找重复出现的模式、修辞和倾向，以此来理解文本实践中嵌入的社会意义，从而理解这些文本可能涉及的历史性工作，这一方法可以在文本近距离的详尽挖掘和对文本数据的远距离提取之间保持平衡②。兰瑟正是运用大量阅读方法，研究 1565 年到 1830 年代 260 多年欧洲文本中关于同性的表现，在现代性历史文本的整体中将性倾向和历史的关系作为研究对象，追溯“萨菲”这一松散结构的变化轨迹。可以说《性倾向史》是一部关于福柯 1975 年《性经验史》(*The History of Sexuality*)的“戏仿”，兰瑟通过研究萨菲叙事文

---

① Lanser, S. S. “Sapphic Dialogics: Historical Narratology and the Sexuality of Form” . *Postclassical Narratology*, *Approaches and Analyses*. Ed. Jan Alber and Monika Fludernik, 2010: 202.

② 见 Lanser, S. S. *The Sexuality of History*: *Modernity and the Sapphic* 1565-1830. Chicago: University of Chicago Press, 2014: 21.

本，来研究社会政治文化和萨菲之间的联系。在此，萨菲被理解为妇女之间的情感纽带，不一定包含性本身。兰瑟的关注点由萨菲本身转移到萨菲文本的历史，试图探讨萨菲与社会政治形态的更大联系：就萨菲本身可以被视为一种社会形态而言，《性倾向史》“暗示女同性恋的历史可能从观察公共表现而不是从寻找公共欲望的证据中获得”①。

兰瑟在《性倾向史》一书中提出了主导早期现代时期的三种独特的萨菲表现形式，即萨菲话语结构模式(Configurations of Sapphic Discourse)，分别为变形模式、民族志模式和横向模式。在1600年左右处理萨菲主题的所有文本策略中，最普遍的是变形模式(metamorphic models)，这一模式“在早期占主导地位，但在17世纪末开始衰退，通过身体(身份)或欲望对象的改变，将(实际的)同性关系动态吸收或转化为(表面的)异性关系。”②萨菲文本都依赖于这样一种动态的转化，并且身体、环境或是欲望转化的时间是不可预测的，许多作品的形象都是在一个特定的、令人吃惊的、近乎神奇的时刻发生变化。变形模式通常采取两种不同的形式，第一种形式，通过情节“改变”其中一位女性主角的性别，比如通过神的干预或早期现代身体理论所允许的突然和不可控的生理或外形变化，例如妻子穿上男装，“成为”丈夫；一个女孩的生殖器忽然变为男孩的；一个被认为是男性的情人，在被发现的瞬间，其实是一个生理上的女人。这种情况还出现在女性变为男性的医学描述以及女性变装、改名在社会上重生为男性的故事中。第二种形式，通过情节替换她感兴趣的对象，这种转化不是发生在作为欲望主体的女人身上，而是发生在她渴望的对象身上。通常是一个长相相似的男人，比如说一个双胞胎兄弟，代替了那个被作为对象的女人。在阿里奥斯托(Ariosto)的《奥兰多·弗里奥索》(*Orlando Furioso*, 1533)中，菲奥迪皮娜坚持她对变装的布拉达曼特的热情，即使她知道布拉达曼特是一个女人，布拉达曼特的哥哥理查德必须通过假装自己的妹妹来吸引菲奥迪皮

① Andreadis, H. “Book Review.” . *Early Modern Women*, 11.1(2016): 214.

② Lanser, S.S. “*The Sexuality of History: Modernity and the Sapphic* 1565-1830” Chicago: University of Chicago Press, 2014: 24.

娜。可见，以上两种形式都是以合乎规范的异性恋作为掩护来表现萨菲关系，萨菲关系的性别改变无论被认为是神干预的超自然效果，还是身体自身行为的自然效果，似乎都不能简单地由意志决定。变形模式建立“女人+女人”的逻辑，随后把“女人+女人”转换成“女人+男人”的规范化逻辑，但实质上被改变成男性的女性依旧是真正的女性。变形模式试图提出问题并设想它的解决方案，首先，变形模式将“同”改为以“异”为表征的“同”，在情节层面或者话语层面来说，为萨菲增加了跨性别的内涵。其次，变形模式的性别转换与某种奇妙氛围结合起来，使萨菲具有意想不到的特点，这很容易使萨菲成为一个超越社会秩序预测和控制的形象。最后，这种模式通过改变一个主角的性别来将同性关系变为异性关系，从而达到“管理”同性关系和恢复异性恋规范的目的。

民族志模式(ethnographic models)，“在17世纪末到18世纪中期蓬勃发展，它将萨菲作为一个身体或者文化意义上新发现的场地，以及一个新的人类学兴趣的领域，并经常被用来描述一个民族的轮廓。”①民族志模式在文本中不太常见，法国布兰托姆(Brantôme)的《女士选集》(*Recueil des dames*)②中一些法院案例在描述女同性恋模仿男性，做男人做的事以及像男人一样接近女人时，很好地说明了萨菲民族志模式的早期形式，它带有惊人数量的民族志的特征：历史背景、专家意见、对举报人的依赖、各种生动描述的例子、目击者的说法、多个案例的总结概括，以及某种文化相对主义的姿态。另外，某些地域例如伊斯兰奥斯曼世界的萨菲文本的民族志模式既是身体意义上的，也是文化意义上的。至少从16世纪晚期开始，像巴斯贝克(Busbecq)这样的旅行评论家就强调土耳其浴池是同性恋的场所以及可怕的性乱的场所。兰瑟认为民族志模式是三种模式中最古怪的一种，它将萨菲主题设定为具有抵抗性和颠覆性的，增加了对结构和规范普

① Lanser, S. S. “*The Sexuality of History*: *Modernity and the Sapphic* 1565-1830” Chicago: University of Chicago Press, 2014: 24.

② 法语著作，1991年巴黎伽利玛出版社出版，法国学者马德琳·拉扎德(Madeleine Lazard)称其可以解读成16世纪的《金赛性学报告》。

遍偏离的可能性。如果我们把变形模式和民族志模式放在一起来看，就可以看到变形模式试图恢复规范，而民族志模式强调萨菲与社会规范的不相容性。

横向模式(horizontal models)或水平模式(leveling models)强调1600年左右的萨菲表现具有一种激进的潜力，“通过坚持‘同性’中的‘相同’，体现了一种不可化约的平衡，允许从属者站在主导者的位置上，不是通过反向统治，而是通过解构主导权本身”①。也就是说，横向模式允许女性进行权威、等级篡夺，即一个女人敢于取代一个男人的位置，从而提高她的社会地位。通过将男性排除在外，横向模式把男性和女性从固有的位置上驱逐，建构了一种新的平衡关系，从而解构了男性特权。因此，横向模式的萨菲关系具有了破坏等级关系的可能性，它扰乱并潜在地解构了旧制度，也解构了新制度，它不仅挑战着男人统治，也挑战着女性化和男性化所预示的异性恋规范。横向模式“在18世纪不断增加，无论是好是坏，它认为同性关系是不可或缺的，能在其中看到平等的可能性，并正视它们的概念和实质意义”②。探索这些模式的变化趋势时，兰瑟对横向模式投入了较大篇幅，横向模式也是萨菲作用最激进的领域。兰瑟认为，“横向模式是对家庭和国家秩序最具政治威胁的模式。它将当前的危险和平等主义的诱惑嵌入政治体系之中，这是许多人恐惧的对象，也是其他人渴望的对象”③。这三种模式都表现出萨菲关系与等级关系和权力政治纠缠在一起。

性倾向不是历史工作的重点，它很少被纳入其他文化形式的分析中，在各种各样的话语中的作用被忽略了。而兰瑟认为，性倾向具有社会能动性，他们致力于建构更大的框架来理解、稳定或改变世界。“萨菲和异性

① Lanser, S. S. “*The Sexuality of History*: *Modernity and the Sapphic* 1565-1830” Chicago: University of Chicago Press, 2014: 24.

② Lanser, S. S. “*The Sexuality of History*: *Modernity and the Sapphic* 1565-1830” Chicago: University of Chicago Press, 2014: 24.

③ Straub, K. “Book Review.” *Eighteenth-Century Studies*, 51.4(2018): 481.

恋之间的博弈反过来表达了对现代社会关系和不断变化的制度的关注和焦虑。"①兰瑟没有将萨菲解读为与小说等形式的"兴起"同时出现的狭义的非规范性的主导叙事的例外，而是将其解读为非规范性的一种无时无刻的并发条件。她也没有在文本中寻找女性热爱女性的"证据"，创造性地细读以揭示文本作为萨菲的潜在话语，而是着眼于"女性—女性"关系的表征，将萨菲作为文化定义为"现代"过程的一部分。当然，由于研究对象的局限，兰瑟的萨菲叙事理论研究是一种贵族式的萨菲主义。萨菲流浪结构、萨菲叙述结构和萨菲话语结构将叙事形式作为小说内容来研究，形式表现为文本中的叙事结构，包括流浪情节、叙述转换、话语模式等层面，是对经典叙事学结构分析方法的沿用，内容表现为萨菲倾向或萨菲关系，是对女性主义批评的扩展。萨菲叙事理论是对女性主义叙事学研究方法与研究旨趣的延续，进一步丰富了女性主义叙事学的理论范式。

校订：雷思雨　韩彩琼

① Straub, K. "Book Review." *Eighteenth-Century Studies*, 51.4(2018): 480.

中国古代文学研究

从“彼其之子”看《诗经》的重出现象

武婷婷*

一、“彼其之子”解读

《诗经》中的“彼其之子”这一句式出现在《王风·扬之水》《郑风·羔裘》《魏风·汾沮洳》《唐风·椒聊》《曹风·候人》五首诗共十四句。

首先，我们看一下《诗经》中“彼其之子”的具体描述：《王风·扬之水》：“扬之水，不流束薪，彼其之子，不与我戍申。”①《郑风·羔裘》：“彼其之子，舍命不渝。”②《魏风·汾沮洳》：“彼其之子，美无度。”③《唐风·椒聊》：“彼其之子，硕大无朋。”④《曹风·候人》：“彼其之子，三百赤芾。”⑤

历代学者对于“彼其之子”中“彼其”的意义和用法的解释并不一致，尚未有定论，大致可分为三类：首先是郑玄在《毛诗正义》中表明，“之子，是子也，彼其是子，独守乡里，不与我来守申，是思之言也。‘其’或作‘记’，或作‘已’，读声相似”⑥。在郑玄看来，“彼其之子”指的就是“那

---

* 武婷婷，武汉大学文学院 2019 级中国古代文学专业硕士研究生。本文系 2021 年武汉大学文学院首届研究生学术论坛“古代文学与古代文论”分会场发言论文。

① 李学勤主编：《毛诗正义》，北京大学出版社 1999 年版，第 258 页。

② 李学勤主编：《毛诗正义》，北京大学出版社 1999 年版，第 291 页。

③ 李学勤主编：《毛诗正义》，北京大学出版社 1999 年版，第 363 页。

④ 李学勤主编：《毛诗正义》，北京大学出版社 1999 年版，第 385 页。

⑤ 李学勤主编：《毛诗正义》，北京大学出版社 1999 年版，第 472 页。

⑥ 李学勤主编：《毛诗正义》，北京大学出版社 1999 年版，第 258 页

个人”，“其”字为语助词，无实意，也可写作“记”或者“己”①，陆德明释文也称：“其音记，诗内皆放此，或作‘己’，亦同。”②《韩诗外传》引《韩诗》作“彼己之子”可以证明此观点。

其次，由于《诗经·王风·丘中有麻》有与“彼其之子”近似的句式“丘中有李，彼留之子，彼留之子，贻我佩玖”③。在此处，郑笺解释为“丘中而有李，又留氏之子”④，这里的“留”作“留氏”解，这句话解释为“那个留氏的男子”，有学者将此解释进行类比，认为“彼其之子”也可以解释为指示代词加地名或者姓氏，指“那个己氏的男子”或者“己”同“姬”，指“那个姬姓的男子”，林庆彰、余培林、季旭升等持此观点。但是考察《丘中有麻》，郑玄之所以将“彼留之子”之“留”释为“留氏”，是因为此篇诗旨为“思贤也。庄王不明，贤人放逐，国人思之，而作是诗也”⑤。国人所思贤者，就是本国的留氏大夫子嗟和子国，本诗的前两篇“丘中有麻，彼留子嗟，彼留子嗟，将来其施施”“丘中有麦，彼留子国。彼留子国，将其来食”⑥皆表明所思为留氏的贤人，因此郑玄通观诗旨，将末章之“留”解为“留氏”可通，但是“彼其之子”所出现地方皆无此特点，且“彼其之子”出现在五个国家的风诗中，若均解释为“那个己氏的男子”，但就《汾沮洳》而言，魏国国君非己氏，用“那个己氏的男子”来形容他，不太可能。而若作“姬”字解，五国确实都为“姬”姓，但是先秦时期姓氏区分严格，男子应称氏，女子应称姓，用姓来称呼男子的情况实在不多见，也不可通。

此外，王任赵在《释〈诗经〉中“彼其”》认为“之子”在《诗经》中已是个固定结构“是子”，意为“这个人”，“彼其”为“翩翩貌”。结合《王风·扬之水》诗旨“刺平王也。不抚其民，而远屯戍于母家，周人怨思也”⑦，诗中

---

① 李学勤主编：《毛诗正义》，北京大学出版社 1999 年版，第 258 页。
② 李学勤主编：《毛诗正义》，北京大学出版社 1999 年版，第 258 页。
③ 李学勤主编：《毛诗正义》，北京大学出版社 1999 年版，第 258 页。
④ 李学勤主编：《毛诗正义》，北京大学出版社 1999 年版，第 272 页。
⑤ 李学勤主编：《毛诗正义》，北京大学出版社 1999 年版，第 270 页。
⑥ 李学勤主编：《毛诗正义》，北京大学出版社 1999 年版，第 272 页。
⑦ 李学勤主编：《毛诗正义》，北京大学出版社 1999 年版，第 258 页。

“彼其之子”是在家之人，远戍将士不满自己常年戍守在外，对在家之人充满怨思，《魏风·汾沮洳》“刺俭也。其君俭以能勤，刺不得礼也”①，诗中“彼其之子”指的是魏国国君，因为魏国国君过分俭啬而不中礼，是以作诗以刺之。《曹风·候人》“刺近小人也。共公远君子而近小人焉”②，诗中“彼其之子”指的是在朝的小人，因此以上三篇“彼其之子”指的皆是被刺的对象，用褒义的“翩翩”来解释，不太恰当。综上，诗经中各处的“彼其之子”应该按照郑笺的解释，“其”作语助词无实意，“之子”指“是子”，这句话应作“那个人”来理解，而“那个人”的具体所指则要按照具体语境解释。

二、“彼其之子”与《诗经》重出

除了重视“彼其之子”的具体含义解读，我们更应该注意到“彼其之子”句式在同一首诗内的重出以及在不同国家风诗中多次重复出现背后所蕴含的深层含义，关于前一点，相关研究较多，但多集中在讨论诗歌的“重章”的意义，从诗歌创作的角度加以阐释的较少，而关于后一点，对同一句子在不同风诗中多次出现的情况讨论的就更少了。对于诗内的重章现象，黄焯先生的“重章互足说”是比较有影响力的说法之一，并且对当代学者产生了较大影响，学者对此多有讨论。关于重章互足在解《诗》中的作用，黄先生指出，明白了这一条例，在解读此类诗篇时就不能只着眼于一章一句，而应把前后几章或几句连缀起来互相补足，这样才能真正领会诗意，从而明辨并避免前人因不明此例而竞标新解的误说。关于诗义重章互足的类型，黄先生划分为三类：第一类是“前章句义未完，须待重章足成之者”；第二类是“句义完整，而本章义有未尽，犹待后章补申之者”；第三类是“句义未完，可即于本章求之者”。③ 黄焯先生的理论十分完整，对于研究

① 李学勤主编：《毛诗正义》，北京大学出版社 1999 年版，第 363 页。

② 李学勤主编：《毛诗正义》，北京大学出版社 1999 年版，第 472 页。

③ 黄焯：《毛诗郑笺平议》，林庆彰主编：《民国时期经学丛书》第 6 辑第 24 册，文听阁图书有限公司 2013 年版，第 52-53 页。

诗内重章现象十分有意义。

我们先来看一下此句在同一首诗中的重出有何特点。

《王风·扬之水》

扬之水，不流束薪，彼其之子，不与我戍申。怀哉怀哉！曷月予还归哉？

扬之水，不流束楚，彼其之子，不与我戍甫。怀哉怀哉！曷月予还归哉？

扬之水，不流束蒲，彼其之子，不与我戍许。怀哉怀哉！曷月予还归哉？

此诗的重出，不仅限于“彼其之子”一句，整首诗三章保持着高度的一致性，仅仅在第二句将“薪”改为“楚”和“蒲”，而“薪”“楚”“蒲”三者皆可以指某种木，以及第四句将“申”改为“甫”和“许”字，“申”，平王母家为申国，“许”，二国传称与平王母家申国同为姜姓之国，因此三章句意相同，句型整饬，可以归纳为“扬之水，不流束×，彼其之子，不与我戍×，怀哉怀哉！曷月予还归哉?”句式，而此首诗可以用“前章句义未完，须待重章卒成之者”来解读，此三章之义不可分，共同表明诗序所言“刺平王也，不抚其民，而远屯戍于母家，周人怨思焉”的主旨，次章之甫以及末章之许指诸姜，实际皆为第一章所言申国，即平王母家。以及：

《唐风·椒聊》

椒聊之实，蕃衍盈升。彼其之子，硕大无朋。椒聊且！远条且！

椒聊之实，蕃衍盈匊。彼其之子，硕大且笃。椒聊且！远条且！

与《王风·扬之水》类似，其句式可归纳为“椒聊之实，蕃衍盈×。彼其之子，硕大××。椒聊且！远条且！”只要将相应变动的位置填入句意相同的词，便可将此诗无限扩充。这种句式特点不仅便于记忆和传诵，而且也使得诗歌的创作有规律可循。而此诗也与上文类似，各章之义不可分，相互补足。

相较于《王风·扬之水》的高度整饬的语言，《魏风·汾沮洳》变动稍大：

彼汾沮洳，言采其莫。彼其之子，美无度。美无度，殊异乎公路。

彼汾一方，言采其桑。彼其之子，美如英。美如英，殊异乎公行。

彼汾沮洳，言采其莫。彼其之子，美如玉。美如玉，殊异乎公族。

不仅每章的第一句以及第四句变动末尾一字，首句末二字以及尾句末字也有所不同，但总体而言，三章句式变动不大，仍然有较高度的一致性，并且遵循一定的规律。此诗是第三类“句义未完，可即于本章求之者”，先言“美无度”，接着解释如何“美无度”，即“殊异乎公路”。

另外两首：

《郑风·羔裘》

羔裘如濡，洵直且侯，彼其之子，舍命不渝。
羔裘豹饰，孔武有力。彼其之子，邦之司直。
羔裘晏兮，三英粲兮。彼其之子，邦之彦兮。

以及

《曹风·候人》

彼候人兮，何戈与殳。彼其之子，三百赤芾。
维鹈在梁，不濡其翼。彼其之子，不称其服。
维鹈在梁，不濡其咮。彼其之子，不遂其媾。
荟兮蔚兮，南山朝隮。婉兮娈兮，季女斯饥。

在《郑风·羔裘》诗中，三章句式无明显规律，但都有“彼其之子”一句，而《曹风·候人》各章差别更大，甚至末句都未提及“彼其之子”一句，相较于前三首诗明显的程式化，这两首更像是创作者在创作之时，引用了自己熟悉的脑海中储存的固定句式“彼其之子”而形成，无明显规律可循。此二首诗句义完整，而本章义有未尽，故下章引申而言，各章之间语义不同，存在着明显的递进关系。“舍命不渝”先言羔裘之品质，“邦之司直”“邦之彦兮”申发其之作用。《曹风·候人》首章“三百赤芾”先言在朝之候人数目多远超礼制，下二章“不称其服”“不遂其媾”言其德不配位，末章“季女斯饥”表明候人在朝的后果，句义递进。

按照黄先生的说法，分析句内重章可通，但是我们读诗不应着眼于一章一句，而应立足于整体，结合《诗经·国风》整体而言，这一结论并不能说明同一句式为何得以在不同的国家的风诗中也重复出现。

解决不同诗之间的重出，我们可以推断，在形成固定的文本之前，已经广泛存在口耳相传的固定套语，“彼其之子”作为当时广为流传的套语广泛流传在各个地方，诗人在作诗时，按一定的程式，选取较为恰当的套语连缀成诗，从而使诗歌的创作有规律可循，弱化了创作的难度。因此在同一首诗中，重章现象多次出现，这减轻了诗歌创作的难度。而在不同的诗中，由于套语的广泛流传，不同地方的诗人拥有公共的语料库，在创作诗歌时，他们当然可以自由地选取恰当的词句进行组合，会出现相同的句式也就可以理解了。但由于套语的运用使得诗歌的创作并非完完全全的原生态，因此在连词成诗时，有些句子的选择可能与前后文不能完全吻合，出现一定程度的脱节现象。比如《曹风·候人》“彼候人兮，何戈与殳。彼其之子，三百赤芾”。第一章的“彼其之子”如果按照“那个人”来解释，与后文“三百赤芾 ”无法连接，因此郑笺在解释时，将这一句解释为“彼，彼曹朝也”，因此此句指的是“曹国的朝堂上，有三百个大夫”，而在此诗后两章出现的“彼其之子”又作“那个人”来解读了。不难看出，此句与其他“彼其之子”的解释均不同，这正是因为套语的非原创性导致的诗歌语义脱节。

除此之外，前文中讨论“彼其之子”的含义时，已经提到，三家诗“其”或作“记”，或作“己”，读声相似，这种读声相似而字不同的现象可以进一步说明，诗歌产生之初需要借助常用的套语，且这些套语是以口耳相传的方式加以流传，正是由于口传只能记音，不能准确地表义，因此在口传落实成文本的过程中，各家诗会写作不同的字形，但不管字形如何变化，都读作“jì”。类似的现象在《诗经》的文本中广泛出现，比如《周南·汉广》毛鲁齐作“南有乔木，不可休息”，韩诗作“不可休思”；《邶风·柏舟》毛诗作“耿耿不寐，如有隐忧”，鲁齐韩三家诗皆作“殷忧”；《卫风·鹑之奔奔》毛诗韩诗作“鹑之奔奔，鹊之彊彊”，鲁诗齐诗作“鹑之贲贲，鹊之姜姜”等，在不同版本中类似的同音不同字现象不可胜数。

三、《诗经》中的其他重出

除了上文提到的“彼其之子”这一句在篇内以及《诗经》的不同篇章中多次重出外，《诗经》类似的句式还有很多。比如“扬之水”，在《王风·扬之水》三章中皆有，除此之外，《郑风·扬之水》①两章分别作“扬之水，不流束楚”及“扬之水，不流束薪”，《齐风·扬之水》三章也都提到“扬之水”，“扬之水”作为一个固定模板，在三首诗中均出现于首句，毛郑在解读时将其理解为“起兴之言”。除了句首作为起兴句的重出，句中的重出也有体

① 李学勤主编：《毛诗正义》，北京大学出版社 1999 年版，第 316 页。

现，比如“××于飞，下上其音”，《邶风·燕燕》中有“燕燕于飞，下上其音”①，《邶风·雄雉》中有“雄雉于飞，下上其音”②，再比如“女子有行，远父母兄弟”的句式，在《邶风·泉水》中作“女子有行，远父母兄弟”③，在《鄘风·蝃蝀》中有“女子有行，远父母兄弟”④，在《卫风·竹竿》中作“女子有行，远兄弟父母”⑤，这几首诗均来自同一国，在其他国风中均未提及，因此这两种句式或是当时卫地的习语。除此之外，还有出现于句尾的“驾言出游，以写我忧”，比如《邶风·泉水》中作“思须与漕，我心悠悠，驾言出游，以写我忧”，在《卫风·竹竿》中作“淇水悠悠，桧楫松舟，驾言出游，以写我忧”，除此之外“之子于归”“岂不尔思”句式在风诗中出现四处，“悠悠我思”“岂无他人”出现三处，出现两处的不胜枚举。除了风诗中，雅诗、颂诗也有多处重出的句子，在此不一一赘述。

考察以上提及的重出诗句，不难发现，《诗经》的重出是一个十分普遍的现象，从出处看可以分为诗内重章和诗之间的重出，且重出的句子广泛分布在句首、句中、以及句末。而这些重出的句子大多是含义宽泛，具有普遍适用性的句子，在诗歌的传唱过程中，这一类句子成为当时人的公共语料库，可帮助诗人在创作时加以选取，从而连缀成诗。这可以佐证我们上文提及的诗的最初产生是以口传的方式，口传影响了诗人的创作，这表现在诗人在创作时，会选用自己记忆中的俗语，因此不同国的风诗会出现惊人的雷同，而由于诗人创作的主观性，在运用俗语时会加以改动，因此各个诗中的重出又不完全相同。高度程式化的语言，便于诗歌的记忆，这一点对于口头文学而言至关重要，句式的高度一致使得诗歌仅仅借助听力而不需用文本就可以被记住，这是口头文学区别于书面文学的显著特点。

① 李学勤主编：《毛诗正义》，北京大学出版社 1999 年版，第 121 页。
② 李学勤主编：《毛诗正义》，北京大学出版社 1999 年版，第 363 页。
③ 李学勤主编：《毛诗正义》，北京大学出版社 1999 年版，第 165 页。
④ 李学勤主编：《毛诗正义》，北京大学出版社 1999 年版，第 204 页。
⑤ 李学勤主编：《毛诗正义》，北京大学出版社 1999 年版，第 235 页。

总　　结

《诗经》中的重出问题可以分为诗内的重章以及诗之间的重出，这是《诗经》中普遍存在的现象。历来学者对于《诗经》的重章问题给与了足够的关注，相关的讨论也层出不穷，但是关于不同诗之间的重出问题却极少提及。而对于《诗经》的重章问题，多是关注重章的特点，没有树立全局的观念，鲜少从诗产生的角度对此问题加以解释，往往使得结论只能局部适用。实际上，诗内的重章以及诗之间的重出是同一个问题，这表明《诗经》的产生之初应该是口传的，并且在诗歌产生之前，有大量地套语以口耳相传的方式流传，这些套语就构成当时人的公共语料库，诗人在创作时将语料库加以组合，连缀成新的诗，因此可以解释为何《诗经》中大量地出现一些重复的句子。出此之外，由于公共语料库的非原生性，因此这类句子有时与诗整体并不能完整契合，会出现解释上的不通顺，且由于口传的记音不记义，因此同一句子，在不同的版本中会写作同音异字也是可以理解的了。还应看到，诗中重出的多是一些含义宽泛、无具体所指的诗句，因为只有这类句子才具有普遍适用性，从而使诗人创作时可以为己所用。

我们在解读《诗经》时，应该注意对于诗的总体的把握，树立全局观，不要局限于一章、一首诗，将《诗经》作为一个整体来看，前后比照，有时会有意想不到的效果。其次，跳出前人的思想束缚，多多思考可能性，必要时借鉴西方的理论，并结合具体的文本加以证实，对于权威的说法，仔细推敲，不可盲目接受。

《诗经》的套语现象除了可以帮助我们理解《诗经》的重出现象，它还对“兴”的理论提出质疑，广泛出现于诗歌首句，意义宽泛而与内容不完全相衔接的起兴，或许是套语的广泛运用产生的现象。

校订：王森　徐睿智

文学地理学视域下《诗经·魏风》中的地理意象

杨宗霖*

文学地理学中的地理意象，乃是可以被文学家一再书写、被文学读者一再感知的地理意象①，是一种作者写作与读者阅读感知相结合的地理形态。丰富独特的地理意象具有连接文本内外互动的张力，是文学地理学研究的重要组成部分。与此同时，文本中的地理意象是探究文本背后与地理环境内在关系的重要保证。尤其是对相对于当代社会年代久远的有一定时空跨度的文本来说，现地研究法中所包含的实地考察和田野调查，已经难以从千百年来沧海桑田的环境巨变中发现相关地理意象的本来面目，因而只有依据考古学的研究发现，诉诸相关的材料文献和历代学者对其进行的还原，才能真正了解文学文本真正的地理环境。对于某些有地方志佐证的文本来说，文学地理学研究的开展会有更大的便利条件，地方志与具体文本的相互契合也对还原地理环境有着很好的补充说明作用。

对于《诗经》这样一部我国最早的诗歌总集来说，许多的历史事件和地理环境是难以详细确认的。再加上其赋比兴艺术手法的巧妙运用，更使得还原这一文本产生的地理环境有着极大的困难。由于《诗经》中各个篇目的作者及创作意图并不确定，各首诗歌产生的时间也难以准确界定，因而写作背景和地理环境也各不相同。文学地理学中的“系地法”“现地研究法”都难以在其间进行实际操作，但是诗歌中频繁出现的各类地理意象，还是能

---

* 杨宗霖，华中师范大学文学院2021级文艺学专业硕士研究生。本文系“2022文言樱花会”暨武汉大学文学院第二届研究生学术论坛发言论文。

① 见曾大兴：《文学地理学概论》，商务印书馆2017年版，第326页。

给我们开展文学地理学研究提供很大的便利条件。

《诗经》的注本众多，除了十三经注疏中的《毛诗正义》之外，程俊英、蒋见元作的注本算是比较权威的版本。作者在给《魏风》作注的开头首先对魏地进行了一番概括："魏在今山西芮城东北。土地干涸，物产稀少，人民生活是非常艰苦的。"①而这一推断主要根据朱熹在《诗集传》中所说的"其地陋隘而民贫俗俭"概括而出，这样的推断也在后世广为流传。于是各种各样的注本都先入为主地认为魏地本身的地理特征是客观上造成百姓贫穷的重要原因，再辅之以统治者的穷奢极欲、横征暴敛，由此导致了魏地民不聊生、百姓怨声载道，于是在压迫下创作出的可歌可泣的诗篇，成为《诗经》中讥讽统治者的重要篇目。这整个心理过程的推论被大部分学者所认同，因而"因为魏地'土地干涸，物产稀少'所以'人民生活十分辛苦'"这一刻板印象，已基本上成了一种不需要印证的事实。然而我们细读朱熹的注释，会发现对于魏地的描述是"陋隘"，也就是说魏地相对于其他诸侯国土地较为局促，而且也比较简陋。但由此就得出"土地干涸，物产稀少"这样的结论是不充分的，更可以说他们讨论的并不是一个层面的问题。土地的大小简陋与否，与干涸的土地状态没有必然联系，更与物产关系不大。因而这样的说法应该不仅参考了朱熹的注释，大部分还是依据对《诗经》的文本细读和相关材料的佐证叠加而形成的，是结合了春秋时期魏国的背景而得到的。但是《魏风》的产生时间和对应的历史时期是并不确定的，相关的史料也未必都能举出令人信服的证据，因而这里对地理环境的天花乱坠的设想只能是一种推论。我们不能简单地依据一个笼统历史时期的地理特征来强行套用《诗经》这样艺术性很强的作品。因而笔者通过再次细读文本，发现文本与这样的结论有许多出入的部分，诗歌中百姓的贫穷更主要的原因很可能与研究者概括出的"土地干涸，物产稀少"关系不大，统治者对劳动者的剥削可能是更为主要的原因。

于是笔者试图通过运用文学地理学的研究方法，深入解读诗歌中的各

① 程俊英、蒋见元：《诗经注析》，中华书局2017年版，第223页。

类地理意象，以虚拟性地理意象和实体性地理意象两大类为切入点，提取出各首诗歌中典型的地理意象。与此同时，对虚拟性地理意象与实体性地理意象的交叠进行探究，以便对研究者所概括的魏地这一刻板的地理印象进行再次确认。希望能更好地还原魏地的地理风貌，从而为更好地解读《诗经·魏风》相关篇目的内容意义及其与地理环境之间的联系奠定基础。

一、虚拟性地理意象

虚拟性地理意象是地理意象中较为常见的部分。文学的虚构性除了体现在人物及情节的虚构性上之外，地理环境和风俗习惯的虚构性也是其重要组成部分。大部分虚构的地理环境因素在提高作品似真性中起到重要作用。而且艺术虚构是有很高要求的，与人物和情节配合恰当的虚拟性地理环境才是真正好的虚构，会成为有助于推动情节发展、塑造人物灵魂的关键因素。但也有作品中的地理环境让人一看便知其虚构性，此类虚构环境往往有着较为明显的实际意义，无论是为了夸张还是讽刺，这样的虚构无疑还是追求其虚构的“似真性”。纯粹虚构而无意义的事物，是不会受到读者长久的欢迎和喜爱的。

《诗经》中无疑有着大量的虚构，其作者及写作目的都带有浓郁的神秘色彩。十五国风虽然体裁上属于民歌，但细读其文本，难以想象其凝练雅致、重章叠句的语言是下层人民所作。因而如何正确看待其虚构性的意象是研究的关键所在。笔者在对《诗经·魏风》进行研究的过程中，也关注到了这一问题。因而首先对之前研究者关于其虚构性的探讨进行了分析，又对照各家详注过的文本内容中对相关地理意象的注释。最终将文本中虚构意图较为明显的、注释者基本达成一致，认为其运用了想象、联想、夸张等手法的地理意象，确定为虚拟性地理意象。将前代众多注释者都视作真实存在的、似真性较高的地理意象，分类为实体性地理意象。

总体而言，《诗经·魏风》中的实体性地理意象较多，虚拟性地理意象较少。但少量的虚拟性地理意象所起的作用并不小。综观其中的诗歌，明确被注释者点出是作者想象之景的篇目不多。笔者选取《硕鼠》作为代表，对其中存在的较为典型的虚拟性地理意象进行了深入研讨和剖析。

《硕鼠》共分三小节，句式较为整齐，重合部分非常多，是体现《诗经》重章叠句的韵律之美的典型代表。这首诗三小节的前半部分内容，都是劝硕鼠不要吃叙述者的粮食。后来又指出硕鼠已经在家里养了很久，空耗了许多粮食，以至于叙述者发出了这样痛彻心扉的哀嚎。虽然在之前的研究中，“硕鼠”一直是作为一种象征，但从文本出发也能观察出叙述者家庭的贫困，以至于到后来，他产生了一种对于远方神秘“乐土”“乐国”“乐郊”的向往。① 叙述者试图从“乐土”得到居所，这说明叙述者现实中很可能是居无定所的流民，在硕鼠的肆虐下，现在所处的地方根本没有希望可以寄托，只能盼望着去远方的“乐土”，获得一方新的乐土，那里没有硕鼠的盘剥和压迫，心里才会真的高兴，从而“乐”。接下来的两小节也是这样展开，但内容略有不同，第二节叙述者逃离硕鼠的魔爪之后，要去“乐国”获取自己劳动应得的报酬。这说明在硕鼠的剥削下，叙述者是难以获得自己的劳动报酬的，而且这一小节也侧面反映出不仅是叙述者所在的叙述空间，整个国家都可能笼罩在这种压迫的阴影之下，叙述者的声音也是百姓声音的体现。第三节的目的地又变成了“乐郊”，但那已经没有什么希望了，只能“谁之永号”，通过大声呼号来表达自己的悲愤。经过比较，我们发现“乐土”“乐国”“乐郊”的地理范围是逐渐变小的，而离开硕鼠的控制的希望也越来越渺茫，叙述者的“想象”是很丰满的，但冰冷的现实是没有乐土可去，面对着硕鼠只剩下大声呼号的无奈和伤感。

通过对《硕鼠》三节虚拟性地理意象的简要分析，我们发现这首诗歌的出彩之处不仅在于以“硕鼠”象征“统治者”，传神地表现了统治者对百姓的盘剥和压迫，更为有特色的是虚拟性地理意象的反衬作用，这首诗每一小节的前后都存在着强烈的反差对比。硕鼠的可恶正是导致叙述者想要离开当下地点奔赴远方的客观原因。越是对远方净土的快乐幸福进行描述，就

① 见程俊英、蒋见元：《诗经注析》，中华书局 2017 年版，第 235 页。

越是反衬出叙述者所面临现实的极端黑暗。这几个虚拟性的地理意象看似虚无缥缈，实际上是在对比中更加强烈地印证了统治者的残暴不仁、层层盘剥。但是从这首诗中，我们只能认识到“硕鼠”为象征的统治者对人们的压迫，并没有对魏地的具体地理环境有足够充分的认识，更遑论得出“土地干涸，物产稀少”的结论。因而在这一嘲讽统治者的经典诗篇中，运用文学地理学的分析方法对其诗歌中的虚拟性地理意象进行分析，我们更多地看到的是统治者无道统治的肆虐，而不是客观的地理环境这一单一因素所造成的贫困。

二、实体性地理意象

实体性地理意象是客观存在并且被文学家一再书写过的地理意象①。这一定义的关键由两部分组成：一是“客观存在”；二是“一再书写”。用“并且”进行连接，则说明这两个条件缺一不可。古代作品不同于当代作品，后者的意象真实可感，而前者中的许多意象都需要依据出土文物和相关文献的参考印证。因而对实体性意象“客观存在”的要求是需要多方面查证的，也是十分困难的。于是又加了第二个条件“一再书写”，这就相对来说比较简便一些。只要将同时代的相关作品放在一起进行多番比较，对其中反复出现的地理意义进行分析，再辅之以一定数量的考古发现，就可以确定其为实体性地理意象。我们从这里可以看出，实体性地理意象是主客观两方面共同作用的结果。“客观存在”的事物只有与作家的书写结合在一起才能成为实体性地理意象，这样的辩证关系正是我们运用这一文学地理学方法进行研究时，所必须加以重视的部分。

《诗经》实体性地理意象的确认，相比于其他的史书是更加难以进行的。首先，其诗歌的体裁形式就决定了其有很大的虚构空间，其次，关于《诗经》相关年代的考古发现还不够充分，相关出土文献也大多是围绕《诗

---

① 见曾大兴：《文学地理学概论》，商务印书馆 2017 年版，第 326 页。

经》的各个版本的变化，很少有令人信服的相关史实的佐证。因而大部分研究者的注释都采用索引式的研究方法，将其中的地理意象与《尔雅》或其他材料相互印证，来取得其较为确切的意义。

（一）地景意象

地景意象在源远流长的文化长河中历经千锤百炼，已经拥有了鲜明的审美特征和文化底蕴，形成了含义较为固定的文学景观。对于文学景观的剖析来说，地景意象具体含义的确定是至关重要的，这不仅要根据系地法对具体文本所建构的叙述空间进行再度确认，还要结合不同时代与该文本空间环境相似的文本进行比较。同一个地景意象虽然空间要素大致相同，但在不同时代的文学作品中，其内涵可能有所改变，这与作者独具匠心的创造力和文本生产的时代背景也有着密切的关系，因而地景意象与文学景观的内涵并不存在严丝合缝的一一对应关系，一切要以具体的文本为基础来进行探讨。

《诗经》各个篇目中地景意象出现得不少，但《诗经·魏风》算是比较典型的。如前所述，前代研究者已经将魏地的地理位置进行了初步的确认，其大概在山西芮城东北。这一确认很大程度上要追溯到《魏风》诗歌中典型的地理意象的出现。

1. 汾

《汾沮洳》中涉及的环境意象是《魏风》中最为明确的地景意象，也是《魏风》中较为鲜明地体现出魏地地域色彩的意象。汾河位于山西中部，当年就已经成为魏地重要的河流之一，其在农业生产中所起到的作用不言而喻。《汾沮洳》主要活动都是发生在汾河旁边的。诗中的叙述者在采各种野菜和蔬果的过程中，与达官贵族家的子弟相对比，突出了劳动者勤劳善良的美好品德，也使得我们对于魏地劳动生产者的精神面貌有了更深刻的了解。

诗歌一再提到汾水近岸的地方，从低湿地、旁边的地方到水流弯曲处，以三个小点映射出各个不同位置汾河的地貌特征，突出了不同的地点所采摘的植物是也不同的。在对这首诗中“汾”这一典型的地景意象进行分析之后，我们可以看出在汾河的滋养下，岸边的物产是较为丰富的，劳动人民通过自己的劳动可以获得一定的劳动成果。但贵族的不劳而获是令劳动者厌恶的，他们永远没有劳动人民的淳朴之美。从诗中鲜明的对比和感情色彩出发，我们可以看出贵族对劳动人民的剥削是相对于客观环境要素而言导致人民贫困、怨声载道的关键因素。

2. 河

“河”是《伐檀》中出现的重要地景意象，劳动者被统治者剥削生产劳动成果，就是在河边发生的。这首诗题旨不一，毛序中所说似有美化之嫌。后世的研究者大多从统治者对劳动者的剥削这一层面来探究，诗中统治者坐收渔翁之利的可恶嘴脸令人作呕，这一点我们也可以在诗歌中一次次设问中强烈地感受到。

运用地景意象分析的方法，我们可以发现诗中描绘的是一条大河，河边摆放着伐下的檀木，河水有着清澈的流波。从这里我们也可以侧面看出人民的生活虽然饱受压迫，但自然风光是美好的。微波荡漾的大河在这里更重要的功能不是供人欣赏，而是为农业生产提供灌溉水源。

因而从诗歌文本出发，将两处描绘河水的典型地景意象结合起来研究，我们发现把魏地概括为“土地干涸”，证据是不足的，两首诗中都体现了河水的充足。在这样的水流滋养下，魏地的土地可能狭小，但不太可能干涸，而物产也不太可能稀少。

(二)动植物意象

不仅地景意象在文学地理学研究中有着鲜明的意义，动植物意象在文本中的显现也有着重要的映射意义。文学文本中的动植物常常会在作者笔下呈现出不同于其实际形象的文学意义，形成千姿百态的文学景观，而这些文学景观的内涵会随着时间的推进而不断深化，抽离出动植物本身的含义，与历史文化和政治背景赋予的内涵相契合，发展出更加深邃含蓄的意蕴。

《诗经》中也存在着丰富的动植物意象，这些意象不仅标注了文本生产的地理环境，具有鲜明的文学地理学研究意义，而且通过一些比兴手法的运用，使得某些动植物意象具有了与文本叙述事件相联系的可能。许多动植物意象通过《诗经》的流播在后世文学创作中产生了巨大的影响，成为古诗文中频繁引用、含义较为丰富固定的意象。如桃花在后世就与爱情婚姻联系在一起，这与《诗经·周南·桃夭》中的桃花意象密不可分。“桃之夭夭”是为了引出“宜其室家”的起兴手法，在这里桃花的灿烂就与新婚的幸福美满产生了相关性。“桃”这一意象的内涵自此便流传下来，历久弥新，直到今天“桃花运”等语言表达，仍然有着与爱情婚恋相关的特定含义。

因而运用文学地理学对《诗经·魏风》中的动植物意象进行深入剖析和研讨，对于深入理解前代学者对这几首诗歌的看法有着更为重要的作用。综观这七首诗歌，我们可以发现较有典型性的文学地理学意义上的植物意象三处、动物意象一处，详细分析如下：

1. 动物意象

《诗经·魏风》中出现的动物不算多，但是一首《硕鼠》却是诗三百中较为独特的以动物为题材来讽刺统治者的代表作品。前代学者对其题旨内涵已经有了非常深入的分析。“硕鼠”自古以来作为粮食的天敌，是辛勤耕耘的劳动者需要着重防范的对象，然而由于其强大的繁殖能力，硕鼠一直难以被消灭，依然时常破坏庄稼收成，引起劳动者的哀叹。在这首诗中，劳动者也接连发出“无食我黍”的怨恨之词，甚至无可奈何地将希望寄托于“乐土”那遥不可及的幻梦，盼望着能到一个丰衣足食的神圣之地。前代学者习惯于将“硕鼠”作为统治者的化身，通过生产关系中剥削者与被剥削者地位的不平等来谴责统治者施加在人们身上的重负。因而这一破坏劳动者劳动成果的典型意象也在日后文学创作中被视为横征暴敛的象征。

然而之前的大部分研究是基于“硕鼠”这一本体在现实生活中的印象来

确定其意义，并没有与魏地的自然风土环境充分地结合起来。相关学者在研究过程中省略了“硕鼠”出现在魏地诗歌中的叙述与魏地地理特征的推断之间的内在联系，把“硕鼠”作为一个意象孤立起来，成为抽离其本身意义的统治者的象征。而实际上，当时的交通状况远不如现代发达，魏地又是离王城中心较远的地方，“硕鼠”这一意象的运用，很有可能是由于鼠患的猖獗。如果不存在一定程度的鼠患，当地的百姓或者采诗官也不会将硕鼠与统治者的形象联系在一起。

《诗经》十五国风中有许多讽刺统治者暴虐荒淫的诗作，唯独《魏风》以“硕鼠”为切入点，这无疑说明作者所在地可能存在一定程度的鼠患，但由此推断此地“物产稀少”，证据也是不够充分的。从另一方面讲，如果“硕鼠”仅是作为统治者的象征，造成民不聊生更直接的原因可能是硕鼠对百姓的盘剥，而不是魏地本身就“物产稀少”。即使物产再丰富，被像鼠患一样搜刮的统治者剥削，人民也变得贫穷了。因而在《硕鼠》中，统治者的盘剥是相对于“物产稀少”之外，造成贫困的更为重要的因素。

2. 植物意象

(1)桃

如前所述，《诗经》中不乏以“桃”为典型意象来谋篇布局的诗歌，这些诗歌大多运用赋比兴的修辞手法，对“桃”有着多元化的阐释，但绝大部分是对“桃花”这一最容易生发出来的植物意象所进行的阐发。“桃花”也因此与“灿烂、美丽”相联系，影响了后世大量文学创作。而实际上在《诗经》中，“桃”不仅有着与“桃花”相关的意象含义，《园有桃》便是《魏风》中较有特色的从果实的角度来看待“桃”的。运用文学地理学的研究方法对作为一种物产的“桃”进行分析，是我们对魏地的自然地理风貌进行把握的关键因素。

在以往的研究中，《园有桃》的叙述者大多被认为是“士”，这位没落的士人心怀忧愁和不甘，愤而歌诗，讥讽时政，抱怨自己饥寒交迫，以“桃”作为粮食勉强果腹。程先生的注本将士人的贫寒与春秋时期魏国“勤俭”的治国政策相联系，这无疑是参考了许多春秋时期魏国的文献，但这些由于篇目的详细信息难以确定，终究只是一种索引之后的附会之词。而对于魏国为何勤俭，书中也并未详说。这样的留白与写在《魏风》开头对魏地地理环境的介绍，又形成一种隐含的照应。但这首诗真正的诗旨和其反映魏地的地理风貌还是要通过文本分析得出。

在细读文本之后，笔者发现"桃"这一植物意象在《园有桃》中最为关键的地方，在于文本中的叙述者关注的是其食用的实在价值，与其他诗篇关注桃花的审美价值有着很大的差异。首先，我们可以确认的是，桃是魏地一种重要的物产，只有这样它才能作为一个主要植物意象出现在诗歌题目中。其次，桃在当代作为一种水果，其经济价值不低，甚至高于粮食。类比其时代相近的"二桃杀三士"等相关典故，也可以知道这不是一般百姓可以轻易采购的食材，而在这首诗中，叙述者不仅有桃子吃，还有桃园，更可以看出其所述的事实无疑带有夸张的成分。这一士人即便落破了，也并没有到饥寒交迫的程度。最后，魏地的桃园不仅说明这一地方并不是所谓"物产稀少"，而且还可能存在着一些经济贸易，桃园主人也正是通过贩卖桃子来换取其他物资。因而以桃作为一种食用物产，不仅不能说明魏地"物产稀少"，还能说明魏地可能在商品经济关系下物产是较为充足的。

(2)棘、莫、桑、藚、葛

"莫"作为一种野菜，在《魏风》中的多首诗歌中都有所体现，这说明在魏地这种野菜是生长得较为广泛的，劳动人民日常也在进行着采野菜的生产活动。"棘"则是《园有桃》中重要的植物意象，即当地的植物"酸枣树"①，在诗歌的第二小节出现在替换"桃"的位置上。藚则是《汾沮洳》中的重要药用植物意象。根据各种版本的注释，我们可以了解，他们都是以魏地为代表的北方地区所出产的食物，不仅可以果腹，还体现出浓郁的地域性色彩。

与上述所说的可以食用的植物不同，"葛"在《葛屦》中的出现，说明魏

① 程俊英、蒋见元：《诗经注析》，中华书局2017年版，第228页。

地的物产不仅能满足人民的“饱”，还可以出产这些可以制作衣服的原材料来满足“温”的要求。《十亩之间》中的采桑也说明勤奋的劳动人民有着养蚕缫丝的行为，在土地上开展了大量有利于农业发展的活动。这些具有典型意义的植物意象的交叠出现，更让我们对魏地“物产稀少”产生疑问。多种多样植物意象的出现在一定程度上说明魏地的物产是丰富而繁多的。

(3)黍、麦

虽然之前所讨论的大多是野生植物或者经济作物，但实际上《魏风》中也出现了粮食作物，只是其出场方式是较为含蓄的。如《硕鼠》虽然是从反面对“硕鼠”说不要吃光自己的“黍”“麦”“苗”①，这些从侧面反映出当时其他诸侯国拥有的粮食，在魏地也被广泛种植。虽然受到“硕鼠”的滋扰，但整体上的生产活动并没有被完全打乱，因而也是不足以得出“物产稀少”的结论的。

总之，在文学地理学视域下《魏风》中的动植物意象并不算少，种类十分丰富，其种类甚至都超过了《诗经》其他许多篇目。因而依据确切的诗歌文本，我们不但不能得出“土地干涸、物产稀少”的结论，甚至还可以大胆推断，魏地不仅物产充足，还是一个客观上较为适宜发展农业的地方。

三、虚拟与现实的交叠

虚拟性地理意象虽然与实体性地理意象被划分成有区分度的两类，但二者的关系并不是割裂的。真正优秀的文学作品往往将两者很好地交叠在一起，从而创造出虚实相生的地理环境，让读者产生身临其境之感。这种虚实交叠多体现为文本中既有现实之景，也有叙述者的想象之景，从而在现实与虚构之间形成文本张力。《诗经·魏风》中便有这样的篇目，如《硕鼠》中每一小节的前后两部分就存在着一种类似虚拟和实体的反差，但是其中“硕鼠”的象征性较强，关于实体性地理意象与虚拟性地理意象的交叠

① 程俊英、蒋见元：《诗经注析》，中华书局2017年版，第235-236页。

也在前文有所论述。因而笔者在这里选取了更为典型的篇章《陟岵》试加以分析。

前代研究者大多将《陟岵》的主旨，概括为行役之人在路上思念父母亲人，又无法表达，所以只能站在山上将想象出来的情景描写出来。这里出现的“岵”“屺”“冈”属于叙述者登上的实体性地理意象。而父母和兄弟辗转难眠的情景是在虚拟性地理意象所代表的情境中发生的。整首诗歌的妙处恰恰在于自己对父母兄弟的想念并不直接透露，而是通过自己虚拟的亲人对自己的挂念来表现出来，这一带有对话性的互动使得诗歌活灵活现地表现出行役之苦。

而从文学地理学角度进行分析，我们发现《陟岵》作为一篇将虚拟性地理意象与实体性地理意象相结合的典型篇章，其中出现的各种各样的山地样貌体现出了魏地地理风貌的多样性。虽然诗歌对于山上的其他地理意象没有过多涉及，但其地理风貌也不足以成为“土地干涸，物产稀少”这一结论的佐证，统治者的暴虐仍然是造成普通百姓无端思乡之苦的祸端。

结　　论

综上所述，笔者运用文学地理学的研究方法，对《诗经·魏风》中所有诗篇中纷繁复杂的虚拟性地理意象和实体性地理意象进行了深入分析。在虚拟性地理意象中对以《硕鼠》为代表的诗歌潜藏的强烈斗争性有了初步的了解。又将实体性地理意象所划分的地景意象和动植物意象，与前代学者对于魏地地理风貌的特征进行了对比和印证，发现前代学者在研究《诗经·魏风》时，所概括的“土地干涸，物产稀少”的结论是有待商榷的。而对于相关时期的一些不能确定与《诗经·魏风》产生于同一时期的史料，是不能拿来对时刻变迁着的地理风貌作出这样确凿的结论的。

在文学地理学视域下，“土地干涸，物产稀少”是无法在诗歌文本中得到充分体现的，魏地的贫穷与当地的客观原因联系不大，甚至诗歌中的许多实体性地理意象都体现出当地物产富饶、水源充足的地理特征，而这正是发展农业的有利条件。因而对于魏地人民为何面对富饶的土地发出这样痛彻千年的哀嚎，笔者认为我们更应该从当地统治者的荒淫无道、层层盘剥切入，对这些斗争性很强的诗篇予以更加细致的分析，从历史和政治的角度评价当地统治者的所作所为，从而较为客观地理解《诗经·魏风》中颇有特色的诗歌和相关的地理环境，开展对魏地本来面貌的进一步探索和发掘。与此同时，笔者也发现文学地理学的视域对于古代文学研究也有着重要的参考价值，我们应该充分借鉴文学地理学发展的重要成果，在进行作品分析时对其加以熟练运用，以求探究文本背后的地理面貌与历史史实，从而为更深入地把握文本主旨奠定基础。

校订：王思炜　董薇

自序与内容之矛盾探源
——以唐代历史琐闻类笔记为例

胡彩霞*

一、选题渊源

序在古代是一种非常重要的文体，王应麟在《辞学指南》中将其解释为“序者，序典籍之所以作”①。即“序”这一文体本是用以阐释儒家经典的解经之作，至汉代司马迁作《史记·太史公自序》，感怀身世，著史明志，自序亦由此滥觞，自序中具有较为浓厚的文人自觉意识，祖述身世、说明创作意图与创作过程、补充创作背景，往往对正文内容起提纲挈领的作用，纲举目张，使读者见序而知意。通过自序研究作者创作观之传统由来已久，鲜有自序与内容矛盾者，故而研究时往往互有交叉，或以内容佐论序跋，或以序跋补充内容。

有唐一代，笔记著作丰富，文人将所闻所见编撰成集，若以刘叶秋先生的三分法进行观照，则粗略有人物故事类、考据辩证类、历史琐闻类之别，三类笔记在内容上互有交叉，其中独历史琐闻类笔记多附自序，且序言之求真意旨与内容之神异怪谈多构成矛盾。前人对这一现象早有提及，如刘叶秋评《次柳氏旧闻》言：“李德裕自称所记是‘信而有征，可为实录’

* 胡彩霞，华中科技大学人文学院2021级中国古代文学专业硕士研究生。本文系“2022文言樱花会”暨武汉大学文学院第二届研究生学术论坛发言论文。

① (宋)王应麟：《辞学指南》，见王水照编订：《历代文话》(第一册)，复旦大学出版社2007年版，第1021页。

的，但像记玄宗好神仙，得见仙人张果；僧人三藏咒龙求雨、吴后梦金甲神，等等，皆涉神异，自非实事。”①胡之昀的硕士论文亦论及此现象，“唐代李肇《国史补》序曰：‘言报应，叙鬼神，征梦卜，近帷箔，悉去之；纪事实，探物理，辨疑惑，示劝戒，采风俗，助谈笑，则书之’……而‘号称补史’的《国史补》涉及怪异鬼神的为 31 条”②。前人或是单纯罗列文本现象而侈谈原因，或是将其简单解释为唐人好奇尚异心理在笔记上的流亚，或是认为唐代士人仍保留了鬼神实有观念而以假为真。以上诸说涵盖虽广，终缺少材料支撑与系统推演，本文在补充材料论证的同时，也将从自序功能论角度分析上述矛盾的产生。

参考周勋初《唐代笔记小说叙录》、刘叶秋《历代笔记概述》、方积六《唐五代五十二种笔记小说人名索引》、陶敏《全唐五代笔记》等总录性文献，笔者共整理出 24 种历史琐闻类笔记，兹列如下：

表 1　　**历史琐闻类笔记作品信息统计**

书名	作者	作者身份	除笔记外著名作品
《朝野佥载》	张鷟	著名小说家，曾任鸿胪丞	《游仙窟》
《隋唐嘉话》(记异)	刘悚	历集贤院学士，兼知史官终右补阙	无
《明皇杂录》	郑处诲	尚书郎、给事中	无
《东观奏记》	裴庭裕	史学家，官至右补阙	无
《次柳氏旧闻》	李德裕	杰出政治家，官拜太尉、封赵国公	《会昌一品集》
《开天传信记》	郑棨	庐州刺史	《题老僧》(诗)
《唐国史补》	李肇	中书舍人	《韩林志》

① 刘叶秋：《历代笔记概述》，中华书局 1980 年版，第 76-77 页。

② 胡之昀：《论唐代的笔记杂录》，华东师范大学 2005 年硕士学位论文，第 19 页。

续表

书名	作者	作者身份	除笔记外著名作品
《因话录》	赵璘	左补阙、衢州刺史	无
《大唐传载》	佚名		
《大唐新语》	刘肃	江都主簿	无
《幽闲鼓吹》	张固	金部郎中	无
《杜阳杂编》	苏鹗	(不详)	无
《松窗杂录》	李浚	御史大夫	无
《云溪友议》	范摅	无	无
《桂苑丛谈》	冯翊	无	无
《尚书故实》	李绰	无	无
《刘宾客嘉话录》	韦绚	江陵少尹、起居舍人、义武军节度使	无
《唐阙史》	高彦休	(不详)	无
《剧谈录》	康骈	崇文馆 校书郎	无
《唐摭言》	王定保(五代)	中书侍郎、同平章事	《南宫七奇赋》(亡佚)
《金华子》	刘崇远(五代)	任文林郎、大理司直	无
《开元天宝遗事》	王仁裕(五代)	翰林学士、太子少保	《入洛记》《乘辂集》
《北梦琐言》	孙光宪(五代)	唐陵州判官	花间词

这24种笔记中，共有18种笔记附带序文，这18种笔记都表达了记录传闻、搜集散佚的存史存事目的。见之书名则如《因话录》《剧谈录》《云溪友议》《幽闲鼓吹》《唐国史补》《唐阙史》《明皇杂录》《开天传信记》，见之序言则如：

渐恐年代浸远，知者已疏。更积新沉故，遗绝堪惜。① (《金华子》序)

① (五代)刘崇远：《金华子序》，(清)周广业校注：《玉泉子 金华子》，上海古籍出版社1958年版，第33页。

唯次旧闻，惧失其传，不足以备大君之问，谨录如左，以补史官之缺云。① (《次柳氏旧闻》序)

除去《隋唐嘉话》明言“书以记异”、康骈《剧谈录》在序中说明内容兼有“异闻”与“史官残事”、《云溪友议》与《金华子》并未在序言中表态外，其他14种笔记全部有对实录精神的强调，或自称“××史”，或书名为《传信》，或在自序中点出求实的创作动机，如：

言报应，叙鬼神，徵梦卜，近帷箔，悉去之；纪事实，探物理，辨疑惑，示劝戒，采风俗，助谈笑，则书之。② (《唐国史补》序)

信而有征，可为实录。③ (《次柳氏旧闻》序)

搜求遗逸，期于必信。④ (《开天传信记》序)

至修实录之日，取信于日历、起居注，参而成之。⑤ (《东观奏记》序)

与自序中一以贯之的“实录精神”相矛盾，这些历史琐闻类笔记在内容上又十分一致地涉及神异奇谈，且出现频率极高，唐人的态度太过坦然，我们今日所认为的矛盾他们反倒不以为意。我们今日所认为的虚构与实录对他们而言并非一组对立的概念，在他们的初始创作逻辑中，实录精神与崇异之笔应有一条融会贯通的桥梁，可是前人对矛盾背后的贯通性重视程

① (唐)李德裕：《次柳氏旧闻序》，丁如明校注：《历代笔记小说大观：次柳氏旧闻(外七种)》，上海古籍出版社2012年版，第5页。

② (唐)李肇：《唐国史补序》，见《唐国史补 因话录》，上海古籍出版社1957年版，第3页。

③ (唐)李德裕：《次柳氏旧闻序》，丁如明校注：《历代笔记小说大观：次柳氏旧闻(外七种)》，上海古籍出版社2012年版，第5页。

④ (唐)郑棨：《开天传信记序》，丁如明校注：《历代笔记小说大观：开元天宝遗事(外七种)》，上海古籍出版社2012年版，第71页。

⑤ (唐)裴庭裕：《东观奏记序》，见陶敏主编：《全唐五代笔记》(第一册)，三秦出版社2012年版，第2427页。

度却不够。我们发现，至少在唐代笔记方面，自序研究与内容研究形成了两条独立的传统，自序研究被用来佐证唐人笔记由“因言记事的子之末流”转向“因事记言的史之流裔”，内容研究又往往成为唐人好奇尚异的证据，二者各表一枝，以自序提挈内容的研究传统在唐代笔记中销声匿迹，结果往往难免落入“六经注我”的窠臼。

以上经验至少为我们研究唐代笔记提供了两条思路：一是回归唐代的创作背景来讨论所谓的“实录精神”与崇异之笔，寻求二者的贯通点；二是将自序与内容互为对照互相补充，听作者自身是如何解释自身创作动机的。

二、“实录精神”与崇异之笔

唐代笔记是后人加诸的名词，在文体学意义的笔记出现以前，“笔记”这一概念往往与“小说”含混不清，作为一种目录分类方法，共同用以概括经典之外尚可观之的“小道”。其在萌生发展过程中吸收了子书、史书、神话与志怪资源，作为“多祖现象”的产物，既不能从经典的创作传统中彻底剥离，也不能被彻底纳入经典的范围，呈现出子史之间的过渡状态，周勋初认为其“将叙述客观事实的史学与包含个人感情的文学协调起来，形成一种新的体裁”①。

（一）史家实录传统

如果从笔记两个重要的源头即史统与子统的书写传统来看，一般认为唐代笔记中的实录精神是对史家“实录精神”的继承，而虚构笔法则漫出于诸子之驰骋想象。“实录”概念最早见于《扬子法言·重黎篇》：“或问周官……太史迁。曰：实录。”②《汉书·司马迁传》又曰：“其文直，其事核，

① 周勋初：《唐人笔记小说考索》，江苏古籍出版社 1999 年版，第 29 页。

② 李守奎、洪玉琴：《扬子法言译注》，黑龙江人民出版社 2003 年版，第 162 页。

不虚美，不隐恶，故谓之实录。”①可以看出，在中国正统史学中，“实录”精神有两方面意义，一是文实事核、不加曲隐的笔法真实性，一是劝善惩恶、点明本质的笔意真实性。需要注意的是，史统本就有合理虚构之传统，史家所言的“实录精神”是针对事必核实的笔法与劝善惩恶的笔意而言，但在史书的修撰创作中，适度的虚构也是存在的。傅修延便认为《左传》“喜言神异”且“记述无凭”②，宣公二年鉏麑触槐自杀前的自语更是被历代所诘问，亦不乏纪昀“鉏麑槐下之词，……谁闻之欤”（见《阅微草堂笔记》）之类质疑之词，即使是被赞为“其文直，其事核，不虚美，不隐恶”的史家之彪炳《史记》，亦存有神鬼故事。但是《史记》与《左传》仍旧是史家之正统，其最精粹处不在于虚笔，但是虚笔却可以作为一种创作手法对正史形成文采与描写上的补充，笔记内虽杂有神异之谈，却仍多有足资采择以补史乘之阙的可贵资料。

（二）文学创作的当代性

正如钱锺书所言：“历史的进程里，过去支配着现在，而历史的写作里，现在支配着过去。”③文学创作具有当代性，唐人笔记作品是对当时思想观念、文士趣味、社会环境的体现，此时笔记作者于创作中所提的实录，也必定是在唐代特定背景下的一个概念。实录精神，至魏晋南北朝又有变，六朝信鬼神实有，干宝《搜神记·序》：“考先志于载籍，收遗逸于当时……以明神道之不诬也。”④自此对鬼神、奇异的创作已成为一种书写策略，稗官野史收录的多是杂事异闻，其源出于道听途说，即传闻可录，故而本质就具有“奇”与“变”的特质，在这些自称“史”的笔记中，体现了稗官收录旁文轶事的书写传统，在唐人眼中，“实录精神”亦可以是对传闻

---

① （汉）班固：《汉书》卷62《司马迁传》，中华书局1962年版，第2738页。

② 傅修延：《先秦叙事研究 关于中国叙事传统的形成》，东方出版社1999年版，第205、208页。

③ 见钱锺书：《模糊的镜子》，《人民日报》1988年3月4日。

④ （晋）干宝：《搜神记》，华文出版社2018年版，第1页。

的实录，且保有鬼神实有观念的残余，在他们眼中神怪异事不等于虚假。

唐代社会佛道之风愈炽，幕府夜谈崇奇尚异，修史之风漫涣，又从鼎盛陡陷安史、黄巢之乱而国故零落，盛世修史以润色鸿业，乱世修史以保存国故，唐人的实录精神不仅是对历史事实的收录，还有存英集萃的目的，如《开元天宝遗事》序曰："询求事实、採摭民言，开元天宝之影响如数百余件，去凡削鄙，集异编奇。"①对照文本内容则可见，此处的奇异便不专指鬼神之事，而是泛指当时有名有影响的奇人奇事，有保存当代英华之用，意将存史。

(三)以虚证实

再论创作手法，唐代笔记中有明显以虚证实的趋向。李军均先生言："以《庄子》为代表的小说化寓言叙事，一直绵延于先唐的诸子散文中，从而形成丰富而风格各异的寓言化散文叙事。"②"书法无隐"之实录精神，在唐代笔记中已经不具有纯粹的史性，而是史笔与文笔的结合，呈现出寓言化的真实。李肇于《唐国史补》中评断："沈既济撰《枕中记》，庄生寓言之类……真良史才也。"李肇认为《枕中记》是庄生寓言之类，即于创作手法上有对子书中寓言的仿拟，《枕中记》以黄粱一梦劝喻功名之虚伪，其劝惩之用隐藏在一个记录梦境的故事中，且这个故事具有明显的虚构性，李肇却从这一个故事中归纳出沈既济具有"良史才"，这实际上肯定了以虚证实之可能性，将子家因言记事的传统纳入史料范畴。这也导致了唐代历史琐闻类笔记的一个显著特点，即将历史人物与传奇写法相结合，将一些要素、故事，根据人物在历史上的特点进行结合，形成虚构与真实的平衡。

唐玄宗是一个典型人物，唐代笔记对其事迹多有收录，如李德裕《次柳氏旧闻》中记玄宗好神仙而得见仙人张果、僧人三藏咒龙求雨，此皆是

① (五代)王仁裕《开元天宝遗事》，陶敏主编，见《全唐五代笔记》(第二册)，三秦出版社2012年版，第3156页。

② 李军均：《唐宋传奇小说文体研究》，华东师范大学2004年博士学位论文，第60页。

高力士亲眼所见，作者以为“可为实录”，郑綮《开天传信记》中也叙玄宗于华阴见月神、梦游月宫，异士罗公远在玄宗面前隐形，这些故事中都有神鬼之说、不羁之论，对于是否确有其事，暂且不论，关键是这些条目透露出了玄宗对神仙道术的热情、好道尚异的同时又生性多疑，且为人不择手段。如将张果召进宫后，为了判断张果是不是真正的“奇士至人”，就“饮以堇汁”，使得张果的牙齿“已尽焦且黧矣”。

又有“吴后梦金甲神怀胎”与“太清宫见龙”两条，前一条记录玄宗将吴后赐予太子，后侍寝后言肋下剧痛，“妾向梦有神人长丈余，介金操剑，谓妾曰：‘帝命吾与汝作子。’左胁以剑决而入腹，痛殆不可忍，及今未之已也”(李德裕《次柳氏旧闻》)。后一条记录玄宗与诸王游于太清宫，玄宗“见于殿之东梁”便“顾问诸王：有所见乎?”(赵璘《因话录》)太子答龙头在东梁之上。这两条记录虽涉神异，但实际上仍旧是刘邦斩白蛇起家、唐太宗见青雀入怀等故事之流亚，或借谶言、或传异事，围绕着帝王构画出一套神话网络，这类笔记实际上体现的是统治阶级为巩固自身统治而创造出来的血缘天授思想。

上述四条写唐玄宗的笔记叙事详备，可读性较强，是史笔与文笔的巧妙融合，“史笔是不能隐晦不能偏袒的，文笔却可以显露出作者的偏好——感情上的、气质上的偏好，这种无意的隐晦、有心的记录，也是一种实录精神，它意味着作者不仅限于实事求是，而且忠实于自己内心的判断，将它成功地、隐晦而曲折地表现出来”①。唐玄宗故事的作者身份多为官员甚至是史官，做的是前代历史的整理工作，道听途说，选摘旁逸，然而对其描述往往呈现两极分化，李德裕等股肱之臣以自觉的修史意识与裨益王化的功用追求，润色鸿业，书写的帝王轶事多为证明统治的合理性。而后来文士对统治者奇闻轶事的兴趣则更多出于猎奇，对于帝王的奢侈与冷漠亦有所贬损。

① 丁一航：《〈史记〉到底是不是“谤书”——兼及〈史记〉的“实录”问题》，《名作欣赏》2021年第24期，第54页。

三、沟通子史的异托邦

为进一步说明唐代历史琐闻类笔记的性质，本文想要引入一个异托邦的概念。异托邦是福柯提出的一种空间与时间概念，后被运用到文学批评中来，与乌托邦形成对比，异托邦是实际存在的，只是对其理解需要借助于想象力，异托邦如同一面镜子，一切看似不合理、不可共存的事物都能在它的影像中得到反映。① 唐代笔记中侈谈鬼怪，尤以小说、志怪为甚，鲁迅因此有"唐人始有意为小说"之判断，历史琐闻类笔记虽也记录灵异，但不同于志怪与小说之全然虚构，它尚且没有全然失去对子史的继承。首先，从定义来说，唐代笔记是后人加诸的名词，其实这些被称为笔记的作品是一个时代概念，在文体学意义的笔记出现以前，"笔记"这一概念往往与"小说"含混不清，就连唐人自身也难以厘清，高彦休在《唐阙史·序》中将小说与杂录杂记含混并举，认为"自武德、贞观而后，吮笔为小说小录、稗史野史、杂录杂纪者多矣"②。在唐代，笔记并没有独立完整的定义，但是能知道的是，所有大道之外、小道之中、子史之间的含混存在，便是它所占据的全部空间。而这一空间是一面镜子，无数的可能性借着这片子史之间的裂隙得以生发，"小道可观"与"资暇之趣"并生于此，笔记作为一个异托邦，为子史传统的流动提供了便利。

唐代笔记作品所构建的世界更呈现出明显的异托邦特色，六朝志怪信鬼神之实有，其著录态度庄严，力图还原而少有编造，宋代史料笔记严谨考据，对史料严于推敲，但是唐代历史琐闻类笔记却呈现出独特状态，虽信鬼神实有却多编造，虽言传信补史，却多有夹带。"异托邦有权力将几

① 见[法]M. 福柯：《另类空间》，王喆译，载《世界哲学》2006 年第 6 期，第 54 页。

② （唐）高彦休：《唐阙史序》，阳羡生校注：《历代笔记小说大观：大唐新语（外五种）》，上海古籍出版社 2012 年版，第 233 页。

个相互间不能并存的空间和场地并置为一个真实的地方。”①唐代的笔记作者们在构建文本时，有意无意地构成了人物、地域和事件的错置与虚构，故而文本与历史的关系为虚，但所体现的精神是实，神鬼活动的空间场所从仙山洞窟转移到朝堂、家庭这些与人类现实生活息息相关的空间中，形成一个人鬼共生、真假杂糅的异托邦。异托邦并不意味着没有意义和不存在，相反，它是一种切实的存在，它存在于唐人确信鬼神实有的残念中，在宵话夜征、行卷之风、浪漫幻想并存的唐代，鬼神实有的观念尚未完全退出人们的信仰世界，对奇人异事的搜集在历史琐闻类笔记中几乎成了必备。在文体学意义上的笔记与小说完全分流之前，唐代笔记因其包容性形成了一个杂糅的创作空间，使得实录精神与求异之笔有了沟通的可能性，历史琐闻类笔记是唐代特殊背景下的独特产物。到了宋代，文体学意义上的小说与笔记彻底分流，笔记也呈现出淑世之用、资暇之趣的分歧，一部分笔记因其事必求实而被称作史料笔记，而另一部分笔记则不过聊以消遣、作意虚构，此处不再一一赘述。

四、立言不朽与修史之风

（一）修史之志与尚异心理

“太上有立德，其次有立功，其次有立言，虽久不废。此之谓不朽。”（《左传·襄公二十四年》）叔孙豹提出的“三不朽”实际是对宗法社会下血缘宗族不朽论之突破，自其存世开始，便成为文士大夫砥砺自身的标杆。刘勰《文心雕龙·序志》篇亦云：“形同草木之脆，名逾金石之坚，是以君子处世，树德建言。”古人年命不长，往往消散于岁月飘忽之间，文士常有湮没之隐忧，生逢盛世，倘不能青史留名、立功立言，对于文人来说是一

① ［法］M. 福柯：《另类空间》，王喆译，载《世界哲学》2006 年第 6 期，第 55 页。

种耻辱，笔记中也有这种对于自身立名的焦虑心态，刘崇远便在《金华子·序》言："以坐遇明盛时，而抱名称不闻于世，何疾复甚于斯矣！"①

三不朽中立德是较为形而上的观念，为了达到不朽之功，文人往往采取立功与立言两种途径，所谓立功者，则考取功名、出将入相，立言者则著书立说、修史驰才。本次考察的24种笔记，其作者多为史官或是股肱文臣，其中李德裕更是著名政治家，孙光宪、王定保、赵璘等更有幕府经历，但是他们的官名虽盛，往往仍不足以达到立功的地步，正史对其履历记录较为简略，更有范摅、冯翊、李绰、高彦休四人为没有名位的布衣才士，上引诸众之所以留名至今，归根到底是立言之不朽，梳理可见，除孙光宪、王仁裕、张鷟三人因才学过人而别有作品流传至今，其余诸人皆无知名代表作(数据见本文表1)。从功能角度出发，笔记作品是他们立言不朽的关键。

小说志怪的作者多有散佚，为什么历史琐闻类笔记却能有立言之用呢？

中国自古以来便有重史之传统，往往只有博学鸿词、德名显赫的清贵大儒方能编修国史，编修国史者往往能跻身宰辅，随正史留名，自东汉以来私修史书之风亦大为流行，亦有不少借此留名者，薛元超语曰："吾不才，富贵过人。平生有三恨：始不以进士耀第，不娶五姓女，不得修国史。"②在唐代，由于国力强盛，盛世修史以润色鸿业，修史之风颇盛，但是自东汉以来私修史书诬谩失真，且丛多芜杂，自隋唐起，朝廷对私修之风逐渐多加打压：

> 隋唐以后，私家修史之风日杀，而设馆官修之史，代之而兴，其因有二：一为远因，如后魏崔浩之以修史受祸；一为近因，如隋文帝

① (五代)刘崇远：《金华子序》，(清)周广业校注：《玉泉子 金华子》，上海古籍出版社1958年版，第33页。

② (宋)王谠撰，周勋初点校：《唐语林校证》，中华书局1987年版，第384页。

之诏禁私家修史……盖有志修史之士，不得不转出他途，以展其伟抱宏才。①

《隋书》高祖纪开皇十三年五月，诏人间有撰集国史臧否人物者，皆令禁绝……郑虔天宝初为协律郎，集缀当世事，著书八十余篇，有窥其稿者，上书告皮私撰国史，虔苍黄焚之，然犹坐谪十年，则唐世禁亦甚严也。②

私修史书这条道路被禁绝的同时，唐代社会崇奇尚异之风却愈演愈烈，幕府夜谈之时宵话夜征玄怪之谈，行卷之风盛行时，文备众体的笔记因其兼备史才、诗笔、议论而往往受到青睐，《刘宾客嘉话录·序》言："偶及国朝文人剧谈，卿相新语，异常梦话，退而致记，悉依当时日夕所话而录之。"③由此可见，唐人的谈论已非一般的交谈，而是有意识地对"剧谈""新语""异话"进行交流传播，文人见面时，往往"问今日有何新事"(《玉泉子》第42条)、"询以新事"(《玉泉子》第46条)，而这些"新闻"往往借助文人社交圈进行交换，听者"逢人辄话其异"(《唐阙史》卷下27条)，有着非常惊人的传播能力，"骇谈非论，夕遍京洛"(《唐阙史》卷下47条)。

好奇之心、修史之志已经为唐代历史琐闻类笔记的发生打好了心理基础，安史之乱、黄巢之乱又使唐代倏然由盛转衰，京都两次陷落，战乱之间，国故凋零，之前严禁的私修之风有所松散，有识之士便纷纷起而作述，他们或是受命参与官修，或是自觉整理国故，或是自觉收录异闻，从各个方面对唐代的朝堂旧闻、奇人奇事进行了汇总。

受命补史者如：

---

① 金毓黼：《中国史学史》，上海古籍出版社2020年版，第108-109页。

② 吕思勉：《隋唐五代史》，上海古籍出版社2020年版，第1314页。

③ (唐)韦绚：《刘宾客嘉话录序》，阳羡生校注：《历代笔记小说大观：教坊记(外七种)》，上海古籍出版社2012年版，第93页。

“令访史氏取其事书之。”……唯次旧闻，惧失其传，不足以备大君之问，谨录如左，以补史官之缺云。①

庭裕奉诏之日，惕不敢易，思摭实无隐，以成一朝之书。②

保存国故者如：

中和岁，齐偷构逆，翠华幸蜀，搏虎未期，鸣鸾在远。旅泊江表，问安之暇，出所记述，亡逸过半。③

唐自广明乱离，秘籍亡散。武宗已后，寂寞无闻，朝野遗芳，莫得传播。④

时经丧乱，代隔中兴，人事变更，邈同千载，寂寥埋没，知者渐稀；是以耘耨之余，粗成前志。⑤

收录异闻者如：

因得询求事实、采摭民言，开元天宝之影响如数百余件，去凡削鄙，集异编奇。⑥

① （唐）李德裕：《次柳氏旧闻序》，丁如明校注：《历代笔记小说大观：次柳氏旧闻（外七种）》，上海古籍出版社2012年版，第5页。

② （唐）裴庭裕：《东观奏记序》，陶敏主编：《全唐五代笔记》（第一册），三秦出版社2012年版，第2427页。

③ （唐）高彦休：《唐阙史序》，阳羡生校注：《历代笔记小说大观：大唐新语（外五种）》，上海古籍出版社2012年版，第233页。

④ （五代）孙光宪：《北梦琐言序》，陶敏主编：《全唐五代笔记》（第三册），三秦出版社2012年版，第3264页。

⑤ （唐）康骈：《剧谈录序》，萧逸校注：《历代笔记小说大观：开元天宝遗事（外七种）》，上海古籍出版社2012年版，第141页版。

⑥ （五代）王仁裕：《开元天宝遗事》，陶敏主编：《全唐五代笔记（第二册）》，三秦出版社2012年版，第3156页.

其间退黜羁寓，旅乎秦甸洛师，新见异闻，常思纪述。①

通过对上述背景的梳理，我们可以发现，唐代历史琐闻类笔记的生发同好奇之心、修史之志、存故整理等多方面因素都有关系，不同于官修史书之润色鸿业作用，私人笔记创作拥有了更大的自由度，可以更多地采摘异闻。有志修史之士，虽不能登台阁参与官修史书，却也可以借助历史琐闻类笔记进行创作。唐人为笔记赋予了私家修史的意义，“街谈巷议，倏有裨于王化。野老之言，圣人採择”②，成为了立言的一种成功范例，从而达到“补史官之阙”的作用，开宋代史料笔记之潮流。“宋元明清笔记的特性在于‘传信’，这些笔记的作者几乎都是朝廷大政、百官细行的亲历者，如司马光、欧阳修、王明清……其笔法态度往往严谨不苟，故而后来的文献学家又称之为‘史料笔记’。”③

唐以后的笔记，其序言与内容已经不再有像唐代笔记那样典型的矛盾冲突，虽也偶有出入，但是在数量与内容含神异量上已经可以约略为无。如宋代欧阳修著《归田录》时曾言其创作时曾有意模仿李肇，“余之所录，大抵以肇为法，而小异于肇者，不书人之过恶，以谓职非史官”④，“职非史官”虽是欧阳修自谦之词，但也符合事实。不过欧阳修考证之详密较之李肇更甚，其《归田录》虽亦有三条涉及怪异鬼神，但曾任史官的李肇所著的、号称补史之阙的《唐国史补》却有三十多条鬼怪之谈；且《归田录》与《唐国史补》在内容上虽都涉及国朝制度要闻与妖怪神异之说，但明显唐代笔记妖怪神异之说更多，二者兴趣有较为明显的不同。

---

① （五代）孙光宪：《北梦琐言序》，陶敏主编：《全唐五代笔记》（第三册），三秦出版社2012年版，第3264页。

② （唐）范摅：《云溪友议序》，陶敏主编：《全唐五代笔记》（第三册），三秦出版社2012年版，第1461页。

③ 胡之昀：《论唐代的笔记杂录》，华东师范大学2005年博士学位论文，第19页。

④ （宋）欧阳修撰，林青校注：《归田录》，三秦出版社2003年版，第168页。

(二)名实两端，互相补充

以上我们分析了唐代历史琐闻类笔记的成书背景，从立言修史的传统阐释了实录补史精神与虚构神异之笔能够并存的原因，接下来我们从自序与内容的互补性来看二者的贯通性。一本笔记作品要想成功地流传下来，并且达到立言的效果，往往需要兼具文与质两方面，文采与可读性决定了流传广度，思想高度与社会意义则决定了其是否能被历代保存至今。唐代历史琐闻类笔记便兼顾了这名实两端。

自序对道德的强调、惩戒作用的提倡、文体价值的讨论，对文本起提纲挈领的作用，决定了笔记的历时状态。作者虽自谦自身创作为“小说”，但是却主动强调创作的社会功能，言“迹先王之轨范”、言“有裨于王化”、言“补史官之缺”、言“勉后进子孙”(见本文表2)，是对保存国故责任的主动承担，体现出对立德的靠拢；亦有文人借自序祖述身世，如刘崇远在《金华子》序里直言自己留名的志向，“以坐遇明盛时，而抱名称不闻于世，何疾复甚于斯矣!”①有着较强的创作自觉意识；还有些作品在自序中讲明材料来源，以增加可信度，如《刘宾客嘉话录》便说明自己的创作来自陪侍刘禹锡左右时候的听闻，“投谒故赠兵部尚书宾客中山刘公二十八丈，求在左右学问”。

表2　**创作动机梳理**

笔记作品	自身定位	社会功能
剧谈录	小说家流	思欲叙他日之游谈，迹先王之轨范
云溪友议	以篇翰嘲谑，率尔成文	街谈巷议，倏有裨于王化。野老之言，圣人采择
隋唐嘉话	小说之末	释教推报应之理，余尝存而不论

① (五代)刘崇远：《金华子序》，(清)周广业校注：《玉泉子　金华子》，上海古籍出版社1958年版，第33页。

续表

笔记作品	自身定位	社会功能
唐国史补	史氏或阙则补	纪事实，探物理，辨疑惑，示劝戒，采风俗，助谈笑
次柳氏旧闻	信而有征，可为实录	备大君之问，补史官之缺云
开天传信记	搜求遗逸，传于必信	观其志、宽其愚，是其心也
大唐新语	聊以宣之开卷，岂敢传诸奇人	道可师模，志将存古
东观奏记	非编年之史，未敢闻于县官	摭实无隐，以成一朝之书
北梦琐言	非经纬之作	庶勉后进子孙，俾希仰前事

自序是为立德，强调历时深度，而内容则需立言，强调现实考量。在一个好奇尚异的时代，所载内容具有独特性的作品才能流传，故笔记作品中涉及奇异灵异的部分，一旦他人已写过，便不再浪费篇幅赘述。如《唐国史补》中韦丹救大鼋一事，详写了救鼋过程，后来大鼋报恩，因为“别有传”，故此条笔记并未再写(与奇谈怪事不同，笔记中涉及朝野轶闻的条目往往多有重复，这与借史立德相关)。上文已说过行卷之风下创作的好异心理，作者在序言中往往声明其选录的标准就是“异”，《尚书故实》序曰：“遂募集尤异者”，《剧谈录》序曰：“新见异闻，常思记述”，《逸史》序曰：“乃集闻见之异者”。作者的生活背景与身份也往往影响到怪异程度，一般来说，身份显达的通识博闻之人，其创作内容更丰富且真实度也更高，而远离政治中心的江湖散人，其创作往往来自道听途说，多有揣讹。文采是影响作品能否广为流传的重要原因，因为“言而不能文，君子耻之”(柳冕《答荆南裴尚书论文书》)、“志非言不形，言非文不彰”(独孤及《检校尚书吏部员外郎赵郡李公中集序》)，以上因素都共同呼唤着笔记之奇。

唐代笔记在信与奇之间找到了平衡，修史冲动和好奇之心在历史琐闻类笔记中得到了释放，而立言不朽的传统，促使文人在序中主动靠近实录、征信、劝惩的史笔的同时，也促使文人主动注重内容之异与行文的文采，二者互为补充，兼得文质，自序决定了历史继承性，内容保证了当代流行性，内在精神是沟通圆融的。

总　　结

本文考察唐代历史琐闻类笔记的内容与自序的矛盾，一方面通过对实录精神在唐代演变的探讨，总结出唐代笔记之“以虚证实”的创作手法，以及“多祖状态”影响下，唐代笔记所呈现的子史之间的过渡状态；另一方面将现有的较为松散的自序与内容研究结合起来，探讨这组矛盾背后互相转化的可能性，这一部分往往容易被学界所忽视。通过对自序中创作动机的梳理，我们发现笔记作者们存在立言不朽的自觉意识，为了实现这一目的，往往要借助一些神异记录来增加创作的吸引力。我们现在认为的矛盾，实际是唐代笔记作者为平衡补史之阙与资暇之趣所采取的创作策略，以著作来扬名，在私史被禁绝的状态下唐代历史琐闻类笔记开史料笔记之先河，对宋代笔记影响深远。

校订：刘雨欣　雷思雨

清初词曲的辨体与破体

韩静雯*

词曲的辨体与破体是一个词学与曲学的传统话题。元明以来，曲逐渐兴盛，而词之音乐性逐渐丧失，故明人以曲入词，使词逐渐曲化，存在以曲律自度词之曲，以曲之俚俗之言入词等现象，甚至有些词论将词曲合为一谈。清人对此大加贬斥，以为明之词衰，此为原因之一。吴衡照《莲子居词话》云："盖明词无专门名家，一二才人如杨用修、王元美、汤义仍辈，皆以传奇手为之，宜乎词之不振也。其患在好尽，而字面往往混入曲子。"①陈廷焯《白雨斋词话》中亦云："用修小令，合者有五代人遗意，而时杂曲语，令读者短气。"②本文由此入手探究清初推尊词体和清词复兴背景下的词曲辨体与破体现象。

一、辨体：词为曲源

清初为了区别词体与曲体，很多词论从曲的来源上进行追溯，从文体发展的角度上提出"词降而为曲""词为曲源"的说法，以此证明词曲之间是递变关系。同时这些文论认为词、曲虽因源流相绍而具有相似处，然二者

---

* 韩静雯，武汉大学文学院2020级中国古代文学专业硕士研究生。本文系2021年武汉大学文学院首届研究生学术论坛"古代文学与古代文论"分会场发言论文。

① （清）吴衡照：《莲子居词话》，唐圭璋编：《词话丛编》（第三册），中华书局2005年版，第2461页。

② （清）陈廷焯著，孙克强等辑校：《白雨斋词话全编》，中华书局2013年版，第1201页。

的本质在文体发展过程中已经发生变化。

云间派词人陈子龙《幽兰草词序》云："词者，乐府之衰变，而歌曲之将启也。……明兴以来……且南北九宫既盛，而绮袖红牙，不复按度，其用既少，作者自希，宜其鲜工也。"①陈子龙认为乐府降而为词，词降而为曲，明代词衰源于曲盛。其言暗含一代有一代之文学之意，认为明代词曲趋势呈现曲盛而词衰之状，从侧面来看，陈子龙所言表明在他看来词曲非一也，乃有别也。黄宗羲也赞同词曲递变的观点，亦认为词曲"各有本色，假借不得"②。西泠十子中的沈谦在《填词杂说》中亦云："承诗启曲者，词也，上不可似诗，下不可似曲。"③以上这种"词为曲源"说体现了明末清初词论对于词曲关系的看法，其背后则暗示词曲虽有源流，然二者本质上不同。

在词为曲源的观点基础上，清初词论从诸多方面搜集材料对之进行论证，探究词曲之间递变的关系。毛先舒《词辨坻》云："北曲将开，弦索调先之，董解元《西厢记》是也。南曲将开，填词先之，《花间》《草堂》是也。"④其《南曲入声客问》云："南曲系本填词而来，词家原备有四声，而平、上、去韵可以通用，入声韵则独用，不溷三声。今南曲亦通三声，而单押入声，正与填词家法吻合，益明源流之有自也已。"⑤毛先舒从声韵的角度，以南曲与词都具有平上去通用，惟入声单押的特点，将词为曲源的问题具体为词为南曲之滥觞。朱彝尊《词综·发凡》云："元人小曲如《干荷叶》《天净沙》《凭阑人》《平湖乐》等调，平上去三声并用，往往编入词集。

① （明）陈子龙：《幽兰草词序》，施蛰存编：《词籍序跋萃编》，中国社会科学出版社1994年版，第505页。

② （清）黄宗羲著，陈乃乾编：《黄梨洲文集》，中华书局2009年版，第377页。

③ （清）沈谦：《填词杂说》，《词话丛编》（第一册），中华书局2005年版，第629页。

④ （清）毛先舒：《词辨坻》，孙克强主编：《清代词话全编》（第一册），凤凰出版社2019年版，第134页。

⑤ （清）毛先舒：《南曲入声客问》，任中敏编著：《新曲苑》，凤凰出版社2014年版，第261页。

然按之宋词，如《戚氏》《西江月》《换巢鸾凤》《少年心》《惜分钗》《渔家傲》诸阕，已为曲韵滥觞矣。是集间有采录，盖仿杨氏《词林万选》之例，览者幸勿以词曲混一为讪。"①朱彝尊同样认识到词曲之间于韵上的相似与承接关系，在此基础上进一步发现因词韵曲韵的相似，使得词集在收录时存在词曲混淆的现象。故其重申词虽为曲之滥觞，然词曲各有其体，不可混为一谈。邹祗谟《致远斋词衷》引沈天羽《续词谱》云："词名多本乐府，然去乐府远矣。南北剧名，又本填词来，去填词更远矣。"②邹祗谟赞同沈天羽观点，从词牌与曲牌角度看，词曲之间存在承接关系，甚至有些词牌入曲后并未更换名字。然，对此邹祗谟认为"至词曲之界，本有畦畛，不得谓调同而词意悉同，竟至儒墨无辨也"③。邹祗谟认为词为曲源是通过词牌和曲牌的相似性进行证明的，然其依然坚持词曲有别，虽名字类似，实则本质有别。清初对于词曲递变的过程进行多种探究，说法纷纭，并无定论。对于此，田同之《西圃词说》云："诗变而为词，词变而为曲，历世久远，声律之分合，均奏之高下，音节之缓急过度，不可尽知。"④词曲递变时代较清已远，于时人而言词曲发展的真实情况已无法尽知。由此再回头看清初词论对于"词为曲源"的证明，则发现它们对于此过程的探究论证是将词曲间的相似之处进行勾连而形成的。

清初为了辨别词体与曲体而产生的"词为曲源"及之后进一步的证明探究，其本质是基于词曲相似性的探讨。这种探讨有助于厘清词体与曲体的区别，以证明词与曲虽然相似，但在具体韵、调等方面存在本质不同，这是清初词曲辨体范围下的讨论。此外，"词为曲源"说虽并未明确表明词尊曲卑的含义，但是其时间源流上的排序，一定程度上具有传统文论"格以

① （清）朱彝尊、汪森：《词综》，上海古籍出版社1999年版，第11页。

② （清）邹祗谟：《致远斋词衷》，《词话丛编》（第一册），中华书局2005年版，第649页。

③ （清）邹祗谟：《致远斋词衷》，《词话丛编》（第一册），中华书局2005年版，第649页。

④ （清）田同之：《西圃词说》，《词话丛编》（第二册），中华书局2005年版，第1472页。

代降”色彩，暗含词高于曲之意，为清初推尊词体提供了理论依据。同时有意思的是，这种基于相似性的证明一定程度上也是时人对于词曲辨体不清的一种心声，它的存在也从侧面证明词曲之间破体的可能。

二、单向破体：词曲间的以高行卑

清初对词法与曲法的关系进行了探讨，一部分词人提出词可以为曲，而曲不可以为词的观点。邹祗谟《致远斋词衷》中言王士祯赞同“诗语入词，词语入曲，善用之即是出处，袭而愈工”的观点。① 二人都认为理论上诗可以为词，词可以为曲，但并非所有人都可以达到，唯有能调解词曲不相兼者，融通二体，方可使各文体互通。但二人只言词可以为曲，并未言及曲是否可以为词。

清初，在词曲辨体及推尊词体的背景下，存在明确的不可以曲入词之说，诸多词论对这一观点进行过多角度分析。而这一现象是古代文论的一种传统，吴承学《中国古代文学形态研究》将此概括为中国古代文体的“破体通例”，古人常常认为“在创作近体时可参解古体，而古体却不宜借用近体；……更为具体地说，以文为诗胜于以诗为文，以诗为词，胜于以词为诗”②。蒋寅《中国古代文体互参中“以高行卑”的体位定势》则对于古代文论中的文体互参进一步研究，将这种“破体通例”概括为“以高行卑”③。清初词论在词曲破体角度继承了这一观点，并进一步将之细化。

第一，从具体用字入手。李渔《窥词管见》云：“作词之难，难于上不

① （清）邹祗谟：《致远斋词衷》，《词话丛编》（第一册），中华书局2005年版，第659页。

② 吴承学：《中国古代文体形态研究》，中山大学出版社2000年版，第426-429页。

③ 见蒋寅：《中国古代文体互参中“以高行卑”的体位定势》，载《中国社会科学》2008年第5期，第150-168、209页。

似诗，下不类曲，不淄不磷，立于二者之中。”①李渔坚持词与诗与曲有别，作词之难在于如何与诗、曲二者中寻求中立，对此李渔给出了解决方法，即“摹腔炼吻”。《窥词管见》云：

第二则：诗有诗之腔调，曲有曲之腔调，诗之腔调宜古雅，曲之腔调宜近俗，词之腔调在雅俗相和之间。如畏摹腔炼吻之法难，请从字句入手。取曲中常用之字，习见之句，去其甚俗，而存其稍雅，又不数见于诗者，入于诸调之中，则是俨然一词，而非诗矣。

第三则：词既求不别于诗，又务肖曲中腔调，是曲不招我，而我自往就，求为不类，其可得乎？曰：不然，当其摹腔炼吻之时，原未尝撇却词字，求其相似，又防太似，所谓存稍雅，而去甚俗，正为此也。有同一字义，而可词可曲者。有止宜在曲，断断不可混用于词者。试举一二言之，如闺人口中自呼为妾，呼婿为郎，此可词可曲之称也。若稍异其文，而自呼为奴家，呼婿为夫君，则止宜在曲，断断不可混用于词矣。……一字一句之微，即是词曲分歧之界，此就浅者而言。②

李渔认为词曲之别在于词不如曲之近俗，若以曲入词则会破坏词本身之风格。而此雅俗判别则体现在具体所用字词方面，故可以通过斟酌、辨别词曲之所用字词的方式解决这个问题。毛先舒对于李渔亦颇为赞同，认为“诗、词、曲之界甚严，微笠翁不能深辨”③，然毛先舒并不认可将诗词曲之间的互通全部封闭，而认为文体之间的互通当“以高行卑”，即“诗语

① （清）李渔：《窥词管见》，唐圭璋编：《词话丛编》（第一册），中华书局 2005 年版，第 549 页。

② （清）李渔：《窥词管见》，唐圭璋编：《词话丛编》（第一册），中华书局 2005 年版，第 549-550 页。

③ （清）李渔：《李渔全集》（第二卷），浙江古籍出版社 1992 年版，第 507 页。

可入词，词语不可入诗；词语可入曲，曲语不可入词”①。此外，王士祯《花草蒙拾》亦云：“或问诗词、词曲分界，予曰：……‘良辰美景奈何天，赏心乐事谁家院’定非《草堂》词。”②以汤显祖《牡丹亭》与《草堂》词作比，实则云词曲之别在于雅俗。以雅俗作为不可以曲入词之理由大抵于时人推崇雅词有关。彭孙遹《旷庵词序》云：“填词之道，以雅正为宗，不以冶淫为诲。”③以雅俗将词曲进行区别，实则以曲之俗烘托词之雅，进一步达到推尊词体的作用。

第二，从词调与曲调来看，清初也存在因词调与曲调不同，而认为不可以曲入词的观点。沈雄《古今词话》云：“前人有以词而作曲者，断不可以曲而作词。如《念奴娇》《百字令》……此等调则词，而语则曲也，不可以不辨。竟有词名而曲调者，如《竹枝》……毕竟曲而非词，恐后之集谱者，或以曲调而乱词体也。”④万树《词律》亦云：“词上承于诗，下沿为曲，虽源流相绍，而界域判然，……若夫曲调，更不可援以入词，本谱因词而设，不敢旁及也。……况北曲自有谱在，岂可阑入词谱以相混乎？”⑤因词调与曲调具有相似性，为避免词调与曲调相混，清初词论在前人基础上对词调进行细致考证。吴熊和等人的《中国词学大辞典》“词律”条定义云：“词律有两重含义。一是指词的音律，一是指词的格律。词的音律，乃是与词乐有关的乐律、宫调、曲调谱式、叶乐方式以至歌唱方式等音乐上的问题。词的格律，则是自来作词所遵从的各种词调字数、句式、平仄等体

① （清）李渔：《李渔全集》（第二卷），浙江古籍出版社1992年版，第507页。

② （清）王士祯：《花草蒙拾》，《词话丛编》（第一册），中华书局2005年版，第686页。

③ （清）彭孙遹著，霍西胜点校：《彭孙遹集》，浙江古籍出版社2016年版，第500-501页。

④ （清）沈雄：《古今词话》，《词话丛编》（第一册），中华书局2005年版，第848页。

⑤ （清）万树：《词律》，上海古籍出版社2013年版，第17页。

式上和作法上的问题。”①而当时，词之音乐性已逐渐丧失，清人在坚持词曲各有其体的观点下，逐渐从词乐角度转向格律角度。傅燮词《词觏序》云：“故兹集所载，既不能以声律求合古人，必以今词之句法、字法，求合于古词之句法、字法。至其宫调律吕，愿以俟之知音。”②胡元翎、丁立云《从明“自度曲”现象以观明人“词曲融通”观念》一文认为为了避免词的“曲化”问题，“人就只能越过元明，向宋词文本句式句法学习，向‘声律’寻求音乐依据”③。而这种按谱填词的做法，一定程度上进一步推动词的案头化、格律化发展。

第三，词韵与曲韵也并非一致。李渔《窥词管见》第二十二则云：“曲宜耐唱，词宜耐读，耐唱与耐读有相同处，有绝不相同处。盖同一字也，读是此音，而唱入曲中，全与词音不合者，故不得不为歌儿体贴，宁使读时碍口，以图歌时利吻。词则全是为吟诵而设，止求便读而已。”④李渔从词之现状着手，认为词与曲之区别在于读和唱，一字之音于读和唱时存在不同，故不可混用。邹祗谟《致远斋词衷》云：

> 阮亭常与余论韵，谓周挺斋《中原音韵》为曲韵，则范善溱《中州全韵》当为词韵。……但愚按，《中州》之比《中原》，止省阴阳之别，及所收字微宽耳。其减入声作三声，及分车遮等韵，则一本中原，尚与词韵有辨。……而又云：沈氏词韵，中原音韵，可以参用。⑤

---

① 马兴荣、吴熊和等：《中国词学大辞典》，浙江教育出版社1996年版，第8页。

② 赵尊岳著，陈水云、黎晓莲整理：《赵尊岳集》(第三册)，凤凰出版社2016年版，第1151页。

③ 胡元翎、丁立云：《从明“自度曲”现象以观明人“词曲融通”观念》，载《东北农业大学学报》(社会科学版)2020年第5期，第55-62页。

④ (清)李渔：《窥词管见》，《词话丛编》(第一册)，中华书局2005年版，第559页。

⑤ (清)邹祗谟：《致远斋词衷》，《词话丛编》(第一册)，中华书局2005年版，第662-663页。

沈天羽云：曲韵近于词韵，而支纸寘上下分作支思斋微两韵，麻马祃上下分作家麻车遮两韵，及减去入声，故曲韵不可为词韵。胡文焕词韵，三声用曲韵，而入声用诗韵，居然大盲。将词韵不亡于无，而亡于有，深可叹也。今有去矜词韵，考据该洽，部分秩如，可为填词家之指南。①

《毛氏五韵》目云：柴氏古韵，为晋宋以前古体诗辞之韵。孙愐《唐韵》，为齐梁以后古近体诗词之韵。周德清《中原音韵》，为北曲韵。沈氏词韵，为填词韵。毛氏南曲正韵，为南曲韵，畦畛划然。②

由此来看，王士祯认为词韵曲韵古已有别，且其各有类，故不可混用。然，邹祗谟认为王士祯所列举的韵书没有本质上的区别，并不能分别代表词韵与曲韵。但是邹祗谟同样认同词韵与曲韵不同的观点，认为词韵于今之亡，在于时人作词不加辨别，诗词曲混用所致，故须注重词韵的辨别。沈雄《古今词话》云："曲韵宗《中原音韵》，四声通用，而入声不列，考之唐宋词家，概无是例。至于肱、轰、崩、烹、盲、弘、鹏等字，词韵收入庚、梗韵者，而曲韵收入东、钟韵。浮字收入尤、有韵者，而曲韵收入鱼、模韵，则词韵不通于曲韵昭然矣。"③沈雄和沈天羽都是从具体韵部分合考辨词韵与曲韵的不同。另一类，则如王士祯、邹祗谟所引《毛氏五韵》则以韵书区别词韵与曲韵。鲍恒《清代词体学论稿》认为清代词学家之所以于词韵上用功，乃是因为在词之音乐曲调不复的情况下，词韵则是词之音乐性最明显的体现，也会是词体与诗体的重要区别。④ 有词韵故有利于诗词的辨体，然随意用韵则会导致词曲的混淆，这也是词之辨体需要避

① （清）邹祗谟：《致远斋词衷》，《词话丛编》（第一册），中华书局2005年版，第663页。

② （清）邹祗谟：《致远斋词衷》，《词话丛编》（第一册），中华书局2005年版，第655页。

③ （清）沈雄：《古今词话》，《词话丛编》（第一册），中华书局2005年版，第835页。

④ 见鲍恒：《清代词体学论稿》，人民文学出版社2007年版，第302页。

免的情况，故时人注重对词韵进行具体的考证。

清初存在部分词论，在坚持词曲各有其体观点的基础上，遵循文论中的“以高行卑”的传统，认为不可以曲入词，并从词语曲语、词调曲调、词韵曲韵等方面细致区分二者不同。江合友《明清词谱史》认为这种对于词体规范方面要求的升级来源于此时清词创作的繁荣和词学复兴的需求，从而达到尊体的目的。① 但同时，从这些区别中可以窥探出清词发展的趋势，如崇雅斥俗、词体本色等。

三、完全破体：词曲互通

除不可以曲入词的辨体论观点外，词法与曲法可以互通的破体论观点同样占据词论一部分地位。这种破体观点基于词为曲源和词、曲相似性的前提，其由紧至松，大抵有以曲释词、以曲入词、词曲一致三类观点。

第一，以曲释词。尤侗《名词选胜序》云：“笠翁精于曲者也，故其论词独得妙解。”②尤侗认为李渔之所以论词水平高，在于其曲学功底深厚。其本质则是认为词学与曲学具有互通性，故在研究时可以相辅相成。万树《词律》云：

> 或曰：入声派入三声，吾闻之中原韵务头矣，上之作平何居？余曰：中州韵“不有”者，也作平平。上之为音，轻柔而退逊，故近于平。今言词则难信，姑以曲喻之：北曲《清江引》末一字可平亦可上，如《西厢》之“下场头那答儿发付我”，“我”字上声，“香美娘处分破花木瓜”，“瓜”字平声；《天下乐》“泛浮查到日月边”，“边”字平声，“安排着憔悴死”，“死”字上声。
>
> 入之派入三声，为曲言之也。然词曲一理，今词中之作平者，比

① 江合友：《明清词谱史》，上海古籍出版社2008年版，第113页。

② （清）尤侗：《名词选胜序》，任中敏编著：《新曲苑》，凤凰出版社2014年版，第726页。

比而是，比上作平者更多，难以条举。作者不可因其用入，是仄声而填作上也。且有以入叶上者，不可用去，以入叶去者，不可用上，亦须知之以上二项皆确然可据。故谆复言之不婆舌，勿云穿凿可也。①

万树《词律》在解释“上、入可以作平”之理论时，因以词难以说清，故以曲为例进行解释。万树此种以曲韵释词韵的方式，本质上亦是承认词曲之间存在互通之处，可以互相借鉴与通用。上文所言，万树于词律上认为词曲界限分明，甚至对词律进行大量考证，辨其源流。然其于具体字词之韵上，标准则变得相对宽松了。《词律》中《南歌子》第三体注云：

声音之道，古今递传，诗变词，词变曲，同是一理。自曲盛兴，故词不入歌，然北曲《忆王孙》《青杏儿》等，即与词同，南曲之“引子”与词同者，将六十调式，词曲同源也。况词之变曲，正宋元相接处，岂曲入歌当以入派三声，而词则不然乎？故知入之作平，当先词而后曲矣。盖当时周、柳诸公制调，皆用中州正韵，今观词中，如“不”音“逋”、“一”音“伊”之类，多至万千，正与北曲同，而又何疑于入作平之说耶？②

《南歌子》第三体的注中，万树解释其认为可以借用曲法解释词韵中“上、入可以作平”的现象，是因为词曲之间存在源流关系。刘少坤《清代词律批评理论史》认为，因词本属小道，人们缺乏重视，及曲体兴盛后，词乐逐渐被冷落的原因，清初词乐逐渐丧失。③ 而清初时人，为了理解词体中与词韵、词乐有关内容，不得不向曲体取法，故而存在以曲释词的现象。而词曲同源以致词曲具有相似性则成为以曲释词的理论基础。

第二，以曲入词。将以曲释词，从理论层面付诸实践，即以曲法应用

① （清）万树：《词律》，上海古籍出版社 2013 年版，第 15 页。
② （清）万树：《词律》，上海古籍出版社 2013 年版，第 64-65 页。
③ 见刘少坤：《清代词律批评理论史》，人民出版社 2015 年版，第 33 页。

于作词，则出现了以曲入词的理论。沈谦《填词杂说》云："然诗与曲又俱可入词，贵人自运。"①在沈谦看来，诗与曲入词，理论上并不存在障碍，在实践中是否可以很好运用于个人之修养。尤侗《名词选胜序》云："予独谓能为曲者方能为词，能为词者方能为诗，何者？音与韵莫严于曲，阴阳开闭，一字不叶则肉声抗堕，丝竹随之。词虽稍宽于曲，然每见作者平侧失衔，庚侵杂用，是徒缀其文，未协其声，犹然古风长短句耳。故以诗为词，合者十一，以曲为词，合者十九。若以词曲之道，进而为诗，则宫商相宜，金石相和，沨沨乎皆为《三百篇》也。"②尤侗认为词韵宽于曲韵，故若能熟练掌握曲韵，则作词于协音方面当为合者。这种以曲入词的观点，实际上仍然坚持着词曲各有其体的辨体观，然因曲之入词有可通之处，故在不有碍于词体的情况下，可以允许以曲入词，是一种辨体论基础上的破体。

第三，词曲一致。上述以曲释词，以曲入词其本质都是坚持词曲有别的基础上，一部分地承认词曲之间存在互通性，故有破体之可能。除此之外，清初词论也存在认为当时词曲已然混淆的观点。李渔《闲情偶寄》云：

> 曲与诗余，同是一种文字。……诗余最短，每篇不过数十字，作者虽多，入选者不多，弃短取长，是以但见其美。曲文最长，每折必须数曲，每部必须数十折，非八斗长才，不能始终如一。③

李渔于此认为词曲只有长短上之区别，于文字上并无本质不同，乃为一也。然上文言，李渔在《窥词管见》中认为词曲存在差异，词之腔调相较

① （清）沈谦：《填词杂说》，《词话丛编》（第一册），中华书局2005年版，第629页。

② （清）尤侗：《名词选胜序》，《新曲苑》，凤凰出版社2014年版，第726页。

③ （清）李渔：《闲情偶寄》，《新曲苑》，凤凰出版社2014年版，第206-207页。《闲情偶寄》词曲部云："使全部传奇之曲，得似诗余选本《花间》《草堂》诸集，首首有可珍之句，句句有可宝之字，则不愧填词之名。"由此可知，此处诗余确实指词。

于曲而言更雅，其可体现为具体用词方面。由《闲情偶寄》到《窥词管见》，李渔对于词曲的辨体与破体观点存在矛盾性，可见其词体观存在变化。其《闲情偶寄》关注的重点在曲而非词，其论述目的更多是希望以词论曲，并未过多关注词本身的独立性。而至于《窥词管见》，其于词体的认知较之前更为深入，其对于词体的辨析更为清楚。

董以宁《蓉渡词话》云："严给事与仆论词云：近日诗馀，好亦似曲。仆谓：词与诗、曲界限甚分，似曲不可，似诗仍复不佳。"①董以宁和李渔后期同样认为词曲存在界限，然于其文中可知，当时于作词一事上，词曲混淆已然常事。田同之《西圃词说》云："诗余止论平仄，不拘阴阳。若词余一道，非宫商调，阴阳协，则不可入歌固已。……今词不可入歌者，音律未谙，不得不分此以别彼也。此词与曲之所以分也。然则词与曲判然不同乎。非也。……究之近日填词者，固属模糊。"②而田同之则与前两人观点截然不同，他认为今人分辨词曲乃是将是否可歌作为标准，实则词曲并无本质区别，所以才导致时人词曲相混。通过此三人观点来看，虽然在理论上时人愿意坚持词曲有别的观点，对词进行辨体，然在作词过程中，词曲混淆并非鲜有。

四、辨体与尊体的矛盾：明清易代词学发展的过渡

清初词论一方面坚持词曲辨体观点，强调词体"本色"，向宋词学法，但同时也存在词曲互通的生存环境，甚至有词曲相混的情况。有意思的是，这两种矛盾、冲突的观点却出现在几乎同一时段、同一批词论家身上。如上文中所列举文献中的李渔、万树，他们理论上应该是词曲辨体及本色论的坚守者，但是其词论中却存在词曲双向互渗的观点。至于其他词

① （清）董以宁：《蓉渡词话》，《词话丛编》（第一册），中华书局2005年版，第18页。

② （清）田同之：《西圃词说》，《词话丛编》（第二册），中华书局2005年版，第1471-1472页。

论家与此二人几乎处于同一交游圈内，本质上他们的观点是互通的。胡元翎《李渔词本体论再议》一文已经发现李渔词本体论具有不纯粹性，① 但由前文来看，这并不仅为个人的问题特征，而是明清词学观念转变背景下的群体特征。

对于这种情况，李渔《窥词管见》认为其原因有二，“一则苦于习久难变，一则迫于舍此实无也”②。在当时，一方面，以曲为词的观点及作法于明代流传下来，广为沿用；另一方面，系统的词学研究尚在发展阶段，故时人不得不取法于曲体。而这一现象是基于清初，作词需量大增而产生的。清初词作兴盛，甚至出现大量自度曲。然，清初作词缺乏词学理论予以支撑，故其词作仍延续明词之弊。毛奇龄《西河词话》评明代以来自度曲云：“近人不解声律，动造新曲，曰自度曲。试问其所自度者，曲隶何律，律隶何声，声隶何宫何调，而乃茫然妄作，有如是耶。”③万树《词律》亦云：“能深明词理，方可制腔，若明人则于律吕无所接受，其所自度窃恐未能协律。”由此来看，清初时人虽然希望通过词曲辨体使词脱离元明以来过度曲化而至衰靡的情况，以曲为垫脚石以达到推尊词体的目的，但客观上，在清初词学理论构建尚不完善之时，曲本身于形式、音律方面与词的相似性又使得清初词论在客观方面不得不借用曲学概念释词，作词时也不得不以曲法入词，从而存在词体与曲体之间的破体现象。这种推尊词体和大量作词的需求与词学理论供给的不匹配，虽于清初一段时间内造成词曲辨体问题中的矛盾，但毫无疑问也推动了词学研究。刘深《清词自度曲与清代词学的发展》云：“清词复兴与词律的研究有莫大的关系，而词律研究

---

① 见胡元翎：《李渔词本体论再议》，载《学术交流》2013 年第 2 期，第 158-164 页。

② （清）李渔：《窥词管见》，《词话丛编》（第一册），中华书局 2005 年版，第 549 页。

③ （清）毛奇龄：《西河词话》，《词话丛编》（第一册），中华书局 2005 年版，第 587 页。

又是因自度曲的创作所激发。”①而这种矛盾只存在于一时，随着词学的构建的完善，词谱、词韵、词论等词学研究深入发展，建立作词规范后，这种客观上的破体便逐渐减少，而辨体观下所期望达到的尊体效果则被进一步加强。这两种观点于同一时段，为同一批人所提出，恰恰体现清初是明词曲化向清词本体化的过渡阶段。这些词论，主观上倾向于辨析词曲，推尊词体，而客观上却因受明词余波影响，仍有明代词论之余留。而这种余留的影响，随着词论的发展也将不断消退。

这种情况一定程度也反映出古代词论于过渡阶段具有不纯粹性、延迟性特征。古代词论一面有基于细节观点的整合，但同时在时代风气的裹挟之下也存在整体观念先行而细节支撑后补的情况。明清词学转变恰与之相和，清初词论中关于词与曲的辨体分析是建立在对明词曲化的反思基础上而产生的。故而清词“本色论”先行，而支撑此理论的后续部分仍在不断建设，故需要借助前代创作经验辅助作词实践。清初词体与曲体之间的辨体与破体讨论，上承明词，下启清词，是词体创作在明清之际转型的体现。而其词论中的矛盾之处，亦是两个时代词学观点冲突的体现。而这种现象一定程度上也反映了另一种词论发生方式，即由整体推动具体。

校订：陈祎　刘雨欣

① 刘深：《清词自度曲与清代词学的发展》，载《南京大学学报》（哲学·人文科学·社会科学）2015 年第 6 期，第 136-153 页。

中国现当代文学研究

重读《文学改良刍议》
——兼论胡适对“文学革命发生史”的建构

张　琪*

胡适在《逼上梁山》中牢牢掌握着文学革命的历史叙述话语权，通过把书信、打油诗、白话诗、日记、论文等材料拼接在一起，勾勒出了文学革命的前史。事实经过描述才会成为历史，而描述需要依赖一定的逻辑。本文从《文学改良刍议》入手，不是在“文学革命史”的框架内讨论“文学革命”问题，而是将“文学革命史”本身当成了一个问题。胡适在《逼上梁山》中简洁地描绘了文学革命发生的进程，然而重读《文学改良刍议》这一纲领性文件，梳理“文学革命”形成过程，分析文本内部的断裂与矛盾，考察胡适与陈独秀、钱玄同围绕它产生的讨论，可以发现胡适对文学革命发生史的叙述消弭了《文学改良刍议》的文本裂隙。

一、从“言之无物”到“白话入诗”

胡适在《如何可使吾国文言易于教授》中首次提出活文字、死文字的说法，他认为日用语言之文字是活文字，所以白话是活文字，汉文是半死之文字。正如题目所示，胡适是基于社会教育的思路，寻找教授文言的方法，将文字分为死活，直接目的是变革教学方式，以“活”通“死”。“当此字母制未成之先，今之文言，终不可废置，以其为仅有之各省交通之媒介

* 张琪，武汉大学文学院2020级中国现当代文学专业硕士研究生。本文入选2021年武汉大学文学院首届研究生学术论坛“优秀论文”。

物也，以其为仅有之教育授受之具也。”①在胡适当时的视域中，可以替代文言的只有字母，在大规模推广字母之前，可以借助通俗易懂的白话解释文言，使之便于理解。在此文末尾，胡适提出了“今当提倡文法学，使普及国中”并肯定了《马氏文通》的价值，理由是“文法乃教文字语言之捷径”。在胡适1916年2月所作的《〈诗经〉言字解》中，借助文法学探讨古籍中的字义，并写道：“他日欲求教育之普及，非有有统系之文法，则事倍功半，自可断言。”②同年4月，胡适用进化史观审视文学史，认为“韩退之‘文起八代之衰’，其功在于恢复散文，讲求文法，一洗六朝人骈俪纤巧之习”③，将韩愈主导的古文运动纳入文学形式变革的进程中。骈文、律诗中密集使用骈偶与对仗导致了语言的非连续性，追求押韵有时会导致语序错乱，所以它们常被认为是文法不通。讲求文法使得语言易于理解，文法的意义已经跳出教育的范畴由讲授之“便”开拓出创作之“则”的新维度，最终都指向理解之“通”。陈独秀在回信中对文法的两种理解，无论是词形变化的grammar还是章法句势的修辞学都偏离了胡适的本意，所以胡适在《文学改良刍议》中再次强调“不讲文法，是谓‘不通’”④，钱玄同说明的“通顺其文理以适于应用”⑤是对文法更为恰当的解释。经过胡适自身的调整与陈独秀、钱玄同等人的补充与修正，文法已经由认识汉语规律的语法学转变为了使语义通顺的修辞学。

“康梁的一班朋友之中，也很有许多人抱着改革文学的志愿……在韵

① 胡适：《如何可使吾国文言易于教授》，曹伯言整理：《胡适全集》(第二十八卷)，安徽教育出版社2003年版，第245页。

② 胡适：《〈诗经〉言字解》，曹伯言整理：《胡适全集》(第二十八卷)，安徽教育出版社2003年版，第323页。

③ 胡适：《吾国历史上的文学革命》，曹伯言整理：《胡适全集》(第二十八卷)，安徽教育出版社2003年版，第334页。

④ 胡适：《文学改良刍议》，曹伯言整理：《胡适全集》(第一卷)，安徽教育出版社2003年版，第7页。

⑤ 钱玄同：《钱先生原书》，曹伯言整理：《胡适全集》(第一卷)，安徽教育出版社2003年版，第43页。

文的方面，他们也曾有‘诗界革命’的志愿。”①在1915年8月所作的《临江仙》序言中，胡适评价“今之言诗界革命者，矫枉过正，强为壮语，虚而无当，则妄言而已矣”②。围绕“诗界革命”这一话题，在1916年2月所作的《与梅觐庄论文学改良》中，胡适提出“略谓今日文学之大病，在于徒有形式而无精神，徒有文而无质，徒有铿锵之韵貌似之辞而已”③。这两处评价都强调了“诗界革命”有文胜之弊。按照1916年8月《寄陈独秀》中对“文学改良八事”的分类，即形式上之革命与精神上之革命，胡适提出的“第一，须言之有物；第二，须讲文法；第三，当用‘文之文字’时不可避之”④思路就是形式与精神并重，把“言之有物”放在第一位，体现出他更看重“质”的倾向。在作于1916年2月的《“文之文字”与“诗之文字”》中，面对梅觐庄“仅移‘文之文字’于诗即谓之革命，则不可，以其太易也”⑤的质疑，胡适回应道：“吾所持论，固不徒以‘文之文字’入诗而已。然不避文之文字，自是吾论诗之一法。”⑥胡适当时并没有斩钉截铁地认为“文之文字”是创作好诗的基础，若以文字形式的视角观之，简易的表达恰恰指向“通”，“太易”正说明“文之文字”便于使用，也应当符合胡适对表达效果的期许，但胡适却在此处仅将其限定为“自是一法”。在《五十年来中国之文学》这一文学史的叙述中，胡适评价诗界革命的代表诗人黄遵宪与金和的诗歌“这种诗的长处在于条理清楚，叙述分明。做诗与做文都应该从这一点下手：先

① 胡适：《五十年来中国之文学》，曹伯言整理：《胡适全集》(第二卷)，安徽教育出版社2003年版，第288页。

② 胡适：《临江仙》，曹伯言整理：《胡适全集》(第二十八卷)，安徽教育出版社2003年版，第236页。

③ 胡适：《与梅觐庄论文学改良》，曹伯言整理：《胡适全集》(第二十八卷)，安徽教育出版社2003年版，第317页。

④ 胡适：《与梅觐庄论文学改良》，曹伯言整理：《胡适全集》(第二十八卷)，安徽教育出版社2003年版，第317页。

⑤ 胡适：《“文之文字”与“诗之文字”》，曹伯言整理：《胡适全集》(第二十八卷)，安徽教育出版社2003年版，第318页。

⑥ 胡适：《“文之文字”与“诗之文字”》，曹伯言整理：《胡适全集》(第二十八卷)，安徽教育出版社2003年版，第318页。

做到一个‘通’字，然后可希望做到一个‘好’字”①。当胡适对文学革命做历史性的总结之时，他把好诗的核心由“言之有物”置换成了“通”，“古来决没有一首不通的好诗”，这一结论的形成过程并未被提及。

“诗国革命自何始？要须作诗如作文。”②这句诗是胡适和他的同伴争论的焦点。“作诗”与“作文”的不同，也显示着“诗之文字”和“文之文字”的分野。统观胡适对于以上两者的论述可知，“文之文字”指说话的文字，“诗之文字”指经过第一流的诗人和美术家美化过的文字。胡适在《〈尝试集〉自序》中作过说明，“‘诗之文字’一个问题也是很重要的问题，因为有许多人只认风花雪月，蛾眉，朱颜，银汉，玉容等字是‘诗之文字’，做成的诗读起来字字是诗！……所以我主张用朴实无华的白描功夫……这类的诗，诗味在骨子里，在质不在文！”③胡适要作白话诗的主张并非猝然而发，而是有一个诗中求质、白话入诗、作白话诗的演变过程。在《答觐庄白话诗之起因》一文中，任叔永听从胡适的建议，在《泛湖即事诗》修改稿中避开套语，自己铸词，但并不认可胡适“‘猜谜赌胜，载笑载言’二句，上句为二十世纪之活字，下句为三千年前之死句，殊不相称也”④的意见，所以没有对“载”字的使用进行修改。梅觐庄也认为“夫文学革新，须洗去旧日腔调，务去陈言，固矣”⑤，这说明“不用陈套语”“不摹仿古人”已经成为三人的共识，梅觐庄质问的重点在于“俗语白话”与“古人用字”是否绝对对立，“俗语白话”能否承担起“新字”的重任。胡适在《建设的革命文学论》

① 胡适：《五十年来中国之文学》，曹伯言整理：《胡适全集》(第二卷)，安徽教育出版社2003年版，第293页。

② 胡适：《依韵和叔永戏赠诗》，曹伯言整理：《胡适全集》(第二十八卷)，安徽教育出版社2003年版，第272页。

③ 胡适：《〈尝试集〉自序》，曹伯言整理：《胡适全集》(第一卷)，安徽教育出版社2003年版，第184页。

④ 胡适：《答觐庄白话诗之起因》，曹伯言整理：《胡适全集》(第二十八卷)，安徽教育出版社2003年版，第417页。

⑤ 梅觐庄：《梅觐庄寄胡适书》，曹伯言整理：《胡适全集》(第二十八卷)，安徽教育出版社2003年版，第418页。

中认为白话的文学“有不够用的便用今日的白话来补助；有不得不用文言的，便用文言来补助”①，因为写作实践所需，他进一步扩张了“白话”的内涵，却无意间回应了梅觐庄早前提出的问题。同一篇文章中，胡适也说道“有什么话，说什么话；话怎么说，就怎么说”②，此处的龃龉也体现出胡适原有的白话主张面临难以落实到具体写作实践中的困境。

三个人的讨论从以“活字”入文是否可行推进到以“活字”入诗是否可行。胡适在答叔永的长信中“戏台里喝彩”，用叔永提出的“和谐之音调，审美之词句”③古诗规范来肯定自己的白话诗，这恰恰说明了活文字的使用只是影响了诗歌的内容，并没有在根本上冲击诗歌体式的观念。用旧有标准衡量新生事物，所以胡适创作的白话诗，如《中庸》《孔丘》，依然受到古诗格律、形式的束缚，被朱经农视为“返古”之诗。从白话入诗到作白话诗，从机械地讲求押韵与格律到依据白话的自然节奏，这种观念的转变还需要在胡适回国以后，在白话诗的创作与批评的交互实践中得以完成。

二、《沁园春·誓诗》再考察

1916年4月，胡适先后作了《吾国历史上的文学革命》《吾国文学三大病》两篇文章，前者以“死”“活”文学的更替总结了文学进化的规律，并认为俚语可以造就第一流之文学；后者提出了“无病而呻”“摹仿古人”“言之无物”的三大病，与此前提出的三条主张合并成“八不主义”的五条。在这两个时间点之间，胡适作了《沁园春·誓诗》一词，前后修改约有十次，留有记载的有五版，从中可以窥见胡适思路演变的轨迹，一次次的

① 胡适：《建设的文学革命论》，曹伯言整理：《胡适全集》(第一卷)，安徽教育出版社2003年版，第57页。

② 胡适：《建设的文学革命论》，曹伯言整理：《胡适全集》(第一卷)，安徽教育出版社2003年版，第53页。

③ 胡适：《一首白话诗引起的风波》，曹伯言整理：《胡适全集》(第一卷)，安徽教育出版社2003年版，第423页。

修改显示出他“文学革命”的方向渐趋明朗。在《吾国历史上的文学革命》的末尾，胡适“文学革命何可更缓耶？何可更缓耶？”①的呼唤显得急促，但是推行文学革命，需要可以落实的具体措施，此前提出的三条主张还不够完善。

本文将分别作于1916年4月13日、4月14日、4月16日、4月18日、4月26日的《沁园春·誓诗》命名为第一版、第二版……第五版。第一版中，作者脱离伤春悲秋的旧有传统，上半阙的三四两句，“从天而颂”与“制天而用”形成一组对立关系。人和天的这组关系在胡适的论述中由来已久，1915年2月胡适作的《沁园春·别杏佛》中，便有“愿乘风役电，戡天缩地(科学之目的在于征服天行以利人事)”②之句，强调科技对客观世界的改造作用。在1915年9月作的《送梅觐庄往哈佛大学诗》中有“新潮之来不可止，文学革命其时矣。……以此报国未云菲：缩地勘天差可拟”③之句，令枯馁已久的神州文学生出新气象，和发展科技一样都是报国的壮举，也是“缩地勘天”的功勋。具体到写作层面，创作者能够摆脱情随物移的思维定式，使自身的思想、情绪不被外部环境所决定，这就是最具可行性的“制天”。在这五版修改中，胡适不断把观念细化为写作的准则，第一版的口号宣言逐渐凝练为第五版的具体条例，但是此时“文学改良八事”尚在发展当中，过于具体的方法反而遮蔽了文学革命宣言的煽动性与颠覆性，所以胡适在《尝试集》中使用了最初的原稿。第一版中第三、四句语义重复，下半阙近似口号式的呼喊，斩钉截铁的“文章革命何疑”之后，文章如何革命的问题摆在了眼前。

---

① 胡适：《吾国历史上的文学革命》，曹伯言整理：《胡适全集》(第二十八卷)，安徽教育出版社2003年版，第337页。

② 胡适：《沁园春·别杏佛》，曹伯言整理：《胡适全集》(第二十八卷)，安徽教育出版社2003年版，第254页。

③ 胡适：《送梅觐庄往哈佛大学诗》，曹伯言整理：《胡适全集》(第二十八卷)，安徽教育出版社2003年版，第268页。

第二版中的第三句是第二句语义的递进，“干卿甚事，何必与之为笑啼”①，无病而呻的语义已呼之欲出。第二版下半阕用一个反问句说明了“言之有物”的必要性，到第三版中这个要点就简化成了半个陈述句，同时提出了“但求似我，何效人为”②，即不摹仿古人的主张。前三版后，胡适便作了《吾国文学三大病》一文。从这三版的演进中可以看出，胡适是先提出现象，再通过反问的方式论证，最后再直截了当地说明解决方法，在往复的诘问中累积了三条意见。第三版中的“不师秦七，不师黄九”③意思是与前人风格不同，尽管胡适标注了“余借用其语而意自不同”④，但既不师古，又何必借用人语，与后面的“何效人为”产生矛盾，所以后两版中此处先后改为“文不师韩，诗休学杜”⑤“不师汉魏，不师唐宋”⑥，从不师人到不师古，最后一句从“倘傍人门户，不是男儿”⑦到“待划除臭腐，还我神奇”⑧，古今对立的意味更加明显，第五版的这两处改动也呼应着“一时代有一时代之文学”的进化观念，与《文学改良刍议》中对“不摹仿古人”的阐释相契合。新的文学创作理念需要在彻底否定过往的基础上确立，这与胡

① 胡适：《沁园春·誓诗(四月十四日改稿)》，曹伯言整理：《胡适全集》(第二十八卷)，安徽教育出版社2003年版，第354页。

② 胡适：《沁园春·誓诗(四月十六日第三次改稿)》，曹伯言整理：《胡适全集》(第二十八卷)，安徽教育出版社2003年版，第355页。

③ 胡适：《沁园春·誓诗(四月十六日第三次改稿)》，曹伯言整理：《胡适全集》(第二十八卷)，安徽教育出版社2003年版，第355页。

④ 胡适：《沁园春·誓诗(四月十六日第三次改稿)》，曹伯言整理：《胡适全集》(第二十八卷)，安徽教育出版社2003年版，第355页。

⑤ 胡适：《沁园春·誓诗(四月十八日夜第四次改稿)》，曹伯言整理：《胡适全集》(第二十八卷)，安徽教育出版社2003年版，第358页。

⑥ 胡适：《沁园春·誓诗(四月廿六日第五次改稿)》，曹伯言整理：《胡适全集》(第二十八卷)，安徽教育出版社2003年版，第362页。

⑦ 胡适：《沁园春·誓诗(四月十八日夜第四次改稿)》，曹伯言整理：《胡适全集》(第二十八卷)，安徽教育出版社2003年版，第358页。

⑧ 胡适：《沁园春·誓诗(四月廿六日第五次改稿)》，曹伯言整理：《胡适全集》(第二十八卷)，安徽教育出版社2003年版，第362页。

适“不如斩钉截铁，认作已死，然后敢拔本清原，然后能斩草除根”①的态度一致，也为白话的推行开辟了道路。第五版之后，胡适又作了《白话文言之优劣比较》，“非活的言语也，决不能成为吾国之国语也，决不能产生第一流的文学也”②。前四版塑造了与天地相抗衡的“吾狂”形象，第五版中的“吾狂”具象了起来，与前版“鞭笞天地”相比，“肠非易断，泪不轻垂”与“徒为妇人醇酒丧气失意之诗文者，尤卑卑不足道矣”③意义几乎一致。从第一版的豪言壮语逐渐精简到第五版的句句有所指，文学改良的主张也在思考的进境中逐渐成熟。《吾国历史上的文学革命》、《沁园春·誓诗》(第一版、第二版、第三版)、《吾国文学三大病》、《沁园春·誓诗》(第四版、第五版)、《白话文言之优劣比较》形成了一个除旧更新的文本序列。

三、细读《文学改良刍议》

1916年10月，胡适写信给陈独秀提出了八个“文学革命”的条件，陈独秀在回信中对“讲求文法”和“言之有物”两点提出了意见。不到一个月，胡适写了《文学改良刍议》，八件事的次序发生了较大改动。我们简称以上两版为第一版和第二版。胡适自己解释为“这个新次第是有意改动的。我把‘不避俗字俗语’一件放在最后，标题只是很委婉的说‘不避俗字俗语’，其实是很郑重地提出我的白话文学的主张”④。但是对比前后两份“文学改良八事”的次序，顺序调整的用意显然不像胡适所说得那么简单。《文学改

① 胡适：《国事坏在姑息苟安》，曹伯言整理：《胡适全集》(第二十八卷)，安徽教育出版社2003年版，第293页。

② 胡适：《白话文言之优劣比较》，曹伯言整理：《胡适全集》(第二十八卷)，安徽教育出版社2003年版，第393页。

③ 胡适：《文学改良刍议》，曹伯言整理：《胡适全集》(第一卷)，安徽教育出版社2003年版，第8页。

④ 胡适：《逼上梁山》，曹伯言整理：《胡适全集》(第十八卷)，安徽教育出版社2003年版，第128页。

良刍议》中每一事之后都附有详解，与胡适此前的记录相对照，这些解释又发生了哪些变化？

第一版中，胡适将八事分为形式上之革命与精神上之革命，这种两分法在第二版中被取消了。从《文学改良刍议》可知，无病呻吟指“养成一种暮气，不思奋发有为，服劳报国，但知发牢骚之音，感喟之文”①，这是直指文学内容的情感倾向。陈独秀在答书中说“鄙意欲救国文浮夸空泛之弊，只第六项‘不作无痛之呻吟’一语足矣”②，这体现了理解的偏颇，也昭示着二人思路的不同。在胡适看来，言之有物作为八事的核心，包含思想和情感两个方面，但陈独秀却对文学与思想的结合保持警惕，如果作者先入为主地为作品设置了理念的基点，这就与陈独秀所提倡的写实主义背道而驰。“以文学为手段为器械，必附他物以生存。窃以为文学之作品，与应用文字作用不同。其美感与伎俩，所谓文学美术自身独立存在之价值，是否可以轻轻抹杀”③，这体现了形式与精神的两分和文学之文与说理之文两分的抵牾。在《文学革命论》中，陈独秀认为“所谓载道之文，不过抄袭孔孟以来极肤浅极空泛之门面语耳”④；后又在书信中说明“结构之佳，择词之丽，（即俗语亦丽，非必骈与典也。）文气之清新，表情之真切而动人：此四者，其为文学美文之要素乎？”⑤这个说法认可了文学的情感要素，对思想不置一词。胡适认为言之有物是有“高远之思想”“真挚之情感”，然而这个结论过于空泛，甚至造成了《文学改良刍议》文本前后的断裂。在文章末尾，胡适认为《水浒传》《西游记》《三国演义》这些通俗行远之文学是“传

① 胡适：《文学改良刍议》，曹伯言整理：《胡适全集》（第一卷），安徽教育出版社 2003 年版，第 8 页。

② 陈独秀：《答胡适之》，陈平原主编：《〈独秀文存〉选》，贵州教育出版社 2005 年版，第 235 页。

③ 陈独秀：《答胡适之》，陈平原主编：《〈独秀文存〉选》，安徽教育出版社 2003 年版，第 235 页。

④ 陈独秀：《文学革命论》，陈平原主编：《〈独秀文存〉选》，安徽教育出版社 2003 年版，第 81 页。

⑤ 陈独秀：《答常乃德（古文与孔教）》，陈平原主编：《〈独秀文存〉选》，安徽教育出版社 2003 年版，第 239 页。

世不朽之作""中国文学之正宗"①，然而这些文学是否都有着高远的思想呢？钱玄同来信说"旧小说中十分之九，非诲淫诲盗之作"②。这说明胡适确立的文学正宗在形式上有变革语言工具的冲击力，在思想层面却禁不起推敲。文学与思想应该是什么关系？陈独秀的避而不谈和胡适的泛泛而谈使文学革命的链条缺少了关键的一环，直到周作人提出"人的文学"才为文学内容指出了更加明确的方向。

第一版中的"不摹仿古人，语语须有个我在"③脱胎于"但求似我，何效人为？"④这无疑是精神层面上的意见，但是只有把"我"放在文学发展的坐标系中确定位置，才能厘清"我"与"他"的边界。第二版中，"不摹仿古人"的理论依据是"一时代有一时代之文学"⑤，所以"惟实写今日社会之情状，故能成真正文学"⑥。"吾每谓今日之文学，其足与世界'第一流'文学比较而无愧色者，独有白话小说一项。"⑦以白话小说为模范，这就使"不摹仿古人"兼具内容与形式的要求。两版对比，"八事"的内涵多有细化与调整，形式与精神的两分法便不再适用。重读文本，可以发现第二版的"文学改良八事"，胡适的语气逐渐软化，会细分多种情况判断用典，在"不讲对仗"中补充说明"即不能废此两者，亦但当视为文学末技而已，非

① 胡适：《文学改良刍议》，曹伯言整理：《胡适全集》(第一卷)，安徽教育出版社2003年版，第14和第15页。

② 钱玄同：《寄陈独秀》，曹伯言整理：《胡适全集》(第一卷)，安徽教育出版社2003年版，第24页。

③ 胡适：《寄陈独秀》，曹伯言整理：《胡适全集》(第一卷)，安徽教育出版社2003年版，第3页。

④ 胡适：《沁园春·誓诗(四月十六日第三次改稿)》，曹伯言整理：《胡适全集》(第二十八卷)，安徽教育出版社2003年版，第355页。

⑤ 胡适：《文学改良刍议》，曹伯言整理：《胡适全集》(第一卷)，安徽教育出版社2003年版，第6页。

⑥ 胡适：《文学改良刍议》，曹伯言整理：《胡适全集》(第一卷)，安徽教育出版社2003年版，第7页。

⑦ 胡适：《文学改良刍议》，曹伯言整理：《胡适全集》(第一卷)，安徽教育出版社2003年版，第7页。

讲求之急务也”①。这个结论似与作者自述“我把‘不避俗字俗语’一件放在最后，标题只是很委婉的说‘不避俗字俗语’，其实是很郑重地提出我的白话文学的主张”②相悖，但这种表面的矛盾之下暗含着胡适建构文学革命史的深层逻辑。细读第二条“不摹仿古人”和第八条“不避俗语俗字”的阐释，发现它们的逻辑是相通的，都提出了文学进化的观念，以一反一正的表达，分别从消极和积极两个向度肯定白话文学的地位。胡适之所以在此后的文章中有意忽略第二条，屡次提及第八条，是因为前者在“破”，后者在“立”。在文学创作面临诸多问题的情况下，文章革命正当其时，提出“不摹仿古人”并不难，难的是不摹仿之后要怎么做？相比之下，第八条更具建设性与革命性。另一方面，《文学改良刍议》发表之后，“白话文学”成为争议的焦点，胡适也总结道：“文学革命的目的是要用活的语言来创作新中国的新文学——来创作活的文学，人的文学。”③胡适将自己的贡献总结为文字工具的革新，那么主张更为具体，操作性更强的、与白话关系更密切的第八条“不避俗语俗字”自然成为胡适论述的重点。在《文学改良刍议》中，两个事项的内容几乎一致，第八条的语气却比第二条委婉得多。胡适因美国朋友的反对而胆子变小了固然是因素之一，但是在1916年8月胡适在日记中尚写道：“白话作诗不过是我所主张‘新文学’的一部分……能有这八事的五六，便与‘死文学’不同，正不必全用白话。”④胡适将中国文学叙述成向白话文学进化的历史，目的是给“新文学”提供历史合法性，可是在私人日记中，胡适仍停留在使用白话的合理性这一层次。胡适将“不避俗语俗字”放在第八条固然是一种写作策略，但也体现了从合理性迈向必

① 胡适：《文学改良刍议》，曹伯言整理：《胡适全集》(第一卷)，安徽教育出版社2003年版，第14页。

② 胡适：《逼上梁山》，曹伯言整理：《胡适全集》(第十八卷)，安徽教育出版社2003年版，第128页。

③ 胡适：《〈中国新文学大系·建设理论集〉导言》，曹伯言整理：《胡适全集》(第十二卷)，安徽教育出版社2003年版，第257页。

④ 胡适：《“文学革命”八条件》，曹伯言整理：《胡适全集》(第二十八卷)，安徽教育出版社2003年版，第439页。

然性的犹疑与艰难。

《文学改良刍议》发表后，钱玄同来信认为"胡先生主张采用白话，不特以今人操今语，于理为顺，即为驱除用典计，亦以用白话为宜"①，"若骈散之事，当一任其自然"②，可见使用白话可以解决滥调套语、用典、对仗、摹仿古人等问题。胡适与钱玄同等人的交流推动着白话的使用由合理性走向必然性。因此，胡适是在阐释第二条时就郑重地提出了白话文学的主张，但站在历史的后端回看，《文学改良刍议》的最大贡献在于推动了文学语言的变革，这与第八条的字面意思最为契合，所以当他总结文学革命的历史之时，着重论述了第八条，强化了自己创新的壮举。

文胜之弊是胡适思考的起点，言之无物是文学衰微之大因，因此"须言之有物"理所当然地成为第一事。这种关注文学内容的思路在其他事项中亦有显现。在"不用典"中，胡适对用典一再细分，从广义用典、狭义用典到用典之工、用典之拙，最终将批判的矛头指向"用典之拙"。"用典之弊，在于使人失其所欲譬喻之原意。若反客为主，使读者迷于使事用典之繁，而转忘其所设譬之事物，则为拙矣。"③在胡适看来，用典工拙的区别在于典故是否能传达作者的原意，这是沿着"言之有物"这一理路得出的结论。但是获得允准的工巧用典与胡适推崇的白话文学产生了矛盾。一方面，胡适沿着语言工具进化的路径确立白话文学为中国文学的正宗；另一方面，他又依着"言之有物"的要求对过往的表达规则有所依循，这两条错位的路径之间产生了真空地带，所以"未悬太白，先坏长城。世无鉏霓，乃戕赵卿"④这样的语句获得了胡适的肯定，着实出人意表。

① 钱玄同：《寄陈独秀》，曹伯言整理：《胡适全集》(第一卷)，安徽教育出版社2003年版，第22页。

② 钱玄同：《寄陈独秀》，曹伯言整理：《胡适全集》(第一卷)，安徽教育出版社2003年版，第23页。

③ 胡适：《文学改良刍议》，曹伯言整理：《胡适全集》(第一卷)，安徽教育出版社2003年版，第12页。

④ 胡适：《文学改良刍议》，曹伯言整理：《胡适全集》(第一卷)，安徽教育出版社2003年版，第12页。

四、文学革命的历史叙述

《文学改良刍议》发表后，引起了许多讨论，胡适在《逼上梁山》《中国新文学运动小史》等文章中重述了文学革命的历史。在《建设的文学革命论》中，“文学改良八事”稍有调整，被定名为“八不主义”。《逼上梁山》中写道：“但他见了我的《文学改良刍议》之后，就完全赞成我的主张……独秀之外，最初赞成我的主张的，有北京大学教授钱玄同先生。”①《中国新文学运动小史》中有言：“白话文的局面，若没有‘胡适之陈独秀一班人’，至少也得迟出现二三十年……这个思想不是‘产业发达，人口集中’产生出来的，是许多个别的，个人传记所独有的原因合拢来烘逼出来的”②；“但我们在国外讨论的结果，早已使我认清这回作战的单纯目标只有一个，就是用白话来作一切文学的工具”③。综上所述，胡适在叙述文学革命的历史之时，重点讲了三个方面：一是强调文学革命发生的偶然之因；二是《文学改良刍议》的核心内容是用白话来作一切文学的工具，这是向来论文学的人不曾自觉的主张；三是陈独秀和钱玄同都赞成他的《文学改良刍议》。

“最后之因”和“个别之因”的史观之争，起源于1923年陈独秀与胡适在科学与人生观论战中围绕“唯物史观”的往复辩论。④ 胡适以故事的形式组织各种材料，将《文学改良刍议》建构为文学革命的起源，但是个人的回忆往往会有种种夸张、遗忘和涂抹。陈独秀、钱玄同等人的意见对胡适白话文学主张的补充与修正、《文学改良刍议》文本内部的矛盾与断裂、白话

① 胡适：《逼上梁山》，曹伯言整理：《胡适全集》(第十八卷)，安徽教育出版社2003年版，第131页。

② 胡适：《〈中国新文学大系·建设理论集〉导言》，曹伯言整理：《胡适全集》(第十二卷)，安徽教育出版社2003年版，第279页。

③ 胡适：《〈中国新文学大系·建设理论集〉导言》，曹伯言整理：《胡适全集》(第十二卷)，安徽教育出版社2003年版，第280页。

④ 袁一丹：《新大陆的旧文苑——重构文学革命的前史》，载《文学评论》2019年第6期，第69页。

文学的合理性到必然性这一转变过程的模糊与游移，这些局部的、非连续性的、不合法的、被放逐遗弃的知识，反对着胡适构建的平滑的、同一的、有着活文学与死文学这样鲜明二元对立的文学革命的理论体系。本文用谱系学的方法，重读《文学改良刍议》这一纲领性文件，回到当时的历史语境，考索其思路的形成过程，同时又从"话语的历史"这一层面进入胡适建构的起源叙述，指出了"起点"的不可靠性。

校订：王淼　韩彩琼

“公民写作”的命名与知识分子立场的重构
——以韩少功1990年代的散文为中心

潘　灏*

作为“知青一代知识分子”①的代表，韩少功历经当代中国数次社会巨变，他的写作历程则不可避免地与民族国家命运紧紧缠绕在一起，传递出同时代知识分子所共有的某些观念或情绪。李敬泽曾这样评价韩少功：“他把认识自我的问题执著地推广为认识中国的问题。”②在他的创作中，知识分子既是他的身份标识，亦是他观照中国的方法立场，构成他作品里或隐或显的主体视角。进一步说，从20世纪70年代末的“伤痕文学”“反思文学”再到80年代的“寻根”热潮，韩少功的小说创作有意识地把认识自我的问题，推展为认识知识分子与他者关系的问题，并试图从这些关系的变化中还原出一个“真实中国”的模样。自20世纪90年代以降，面对变迁的时势与人事，韩少功将重心转向散文写作，表露出积极调整自我姿态的精神意向，试图通过文学与文化实践寻找现实联结感的具体途径，以重新调整作为知识分子自我在社会中的位置。

然而，21世纪初，韩少功在一次访谈中表示，更愿意用“公民写作”，

* 潘灏，武汉大学文学院2021级中国现当代文学专业硕士研究生。本文入选2021年武汉大学文学院首届研究生学术论坛“优秀论文”。

① 这里主要采用许纪霖对20世纪中国知识分子的代际划分，大致指出生于1945—1960年之间的知识分子，在具体名称上有所调整。见许纪霖：《中国知识分子十论》，复旦大学出版社2015年版，第84页。

② 李敬泽：《为文学申辩》，作家出版社2009年版，第217页。

而非外界加之于他的"知识分子写作"来评价自己①，似是对20世纪90年代写作立场迟来的自我命名与确认。在这一语境中，对"公民"身份与写作之关系的强调，似乎已超过了"知识分子"的自觉意识。这并不是韩少功第一次将公民与写作联系在一起。早在1987年，他就曾关注作家的公民身份："作家首先是公民，其次才是作家，有时候作家有比文学更重要的东西。"②这至少说明，"公民写作"的命名并非偶然和随意为之，在更早的80年代，韩少功的思想脉络中已经出现了明确的公民意识。此前，相关研究文章多注重于论述这一命名背后蕴含的公共表达意识，也即通过韩少功已有的创作实践，去印证公民写作的"准确性"；对这个概念本身的形成过程，却鲜有涉及。然而，更进一步的问题在于：公民写作在何种语境中被提出？从"知识分子写作"到"公民写作"之间，这一侧重点的转换是如何发生的？以及，韩少功强调的公民精神，对他原有的知识分子立场产生了什么样的影响？

选择以韩少功90年代的散文作为论述材料，则主要出于以下两点考虑。首先，市场经济体制忽而降临，对社会生活、文化氛围等方面产生深远影响，使得创作者所面对的现实语境趋于复杂；而在韩少功的思想脉络中，这一时段恰好位于其萌生公民意识之后，以及正式提出"公民写作"之前，因而对作家个体和社会现实均具有特殊意义。其次，这还与韩少功本人对不同文体的定位有关。他曾说："想得清楚的写散文，想不清楚的写小说。"③在韩少功这里，散文承担的功能明显有别于小说。自《夜行者梦语》(1993)发表后，在将近六年的时间里，他少有小说产出，却接连有《世界》《心想》《完美的假定》等一系列散文问世，似乎标示着创作重心已发生

① 杨柳：《韩少功：写到生时方是熟》，《中国文化报》2002年10月16日第3版。

② 韩少功、施叔青：《鸟的传人》，韩少功：《大题小作》，上海文艺出版社2017年版，第199页。

③ 韩少功：《精神的白天与夜晚——与王雪瑛的对话》，《在小说的后台》，山东文艺出版社2001年版，第149页。

一定程度的倾斜。由此看来，此时期的散文创作不仅仅是趣味使然，更凝结着韩少功对社会精神问题的集中思考，能够有效反映出他在此一时期的思想立场之转变。因此，本文将结合这些具有现实介入感的散文作品，试图梳理韩少功从公民意识的萌生到走向"公民写作"的命名所经历的几个思想阶段，从而理解这个概念被提出的整体语境。在厘清其内在意涵的基础上，进一步探讨"公民写作"对于知识分子调整精神姿态、完成立场重构的意义。

一、"仓促的拒绝"：夜行者的茫然絮语

20世纪90年代初的中国充满动荡与机遇，这主要体现在商品经济形式的出现，从物质及制度层面催生出前所未有之大变局。知识界亦受其影响，面临着重新调整社会角色的重大挑战。一时间，投身市场怀抱者有之，踏入学院象牙塔者亦有之——80年代中期集结在启蒙主义旗帜下的"知识共同体"，正逐渐驶向分岔的轨道。此时的韩少功却已经历过一遭商海浮沉的试炼。创刊于1988年的《海南纪实》由一战成名走向被迫"停刊整顿"，直至最后因利益分配问题而分崩离析。这本杂志短短两年间的命运起伏宣告着韩少功民主实验的失败，对他的心灵产生了极大的震动，使他比大多数作家更早、更深刻地体认到市场经济对知识分子灵魂的腐蚀力量，从而唤起了他在新的时代语境中对知识分子道德品质问题的重新思考。

经历了从重振理想的喜悦到认清现实残酷的又一个轮回之后，《海念》(1991)宣示着韩少功以坚守理想的姿态迈入90年代。这篇散文开始于海边散步的随想，随后以第二人称"你"为对象，在絮絮独白间交代起"陷入谣言的重围""期待民众的公道"①等困境，明显带有《海南纪实》解散一事的现实印记。"你在遥远山乡的一盏油灯下决定站起来，剩下的事情就很

① 韩少功：《海念》，《海念》，海南出版社1996年版，第162页。

好办。即使所有的人都在权势面前腿软，都认定下跪是时髦的健身操，你也可以站立，这并不特别困难。"①这一句的出现，骤然冲散了萦绕在文章中的郁结情绪，像是一则坚定的理想宣誓：通过对知青生命体验("遥远山乡")的回溯中汲取能量，韩少功再度拾起热情与勇气，直面复杂莫测的社会现实，宣称要坚定地站在时代激流中央，凭一支思考的笔对"强大的潮流及时录下斥伪的证词"②，只为守护那"无须告人的梦想"③。在这里，散文就成为比虚构故事更直接有力的战斗方式。实际上，在同时期的知识分子中，并不缺乏抵抗的声音，如张承志等作家通过"抵抗投降"来表达拒斥文学商品化的姿态。对此，韩少功在《灵魂的声音》(1991)里从文学精神的角度肯定他们的意义，即"反抗精神叛卖的黑暗，并被黑暗衬托得更为灿烂"④。但对韩少功自己来说，他的写作出发点实则缘于"关注公共事务是每一个公民的权利，非知识分子独有"⑤的观念。落实到创作实践层面，则表现为此时期一系列具有较强社会批判性的散文，彰显出知识分子使命意识的同时，更被赋予了现代公民为公共事务发声的精神内涵。

此后的《夜行者梦语》《无价之人》《个狗主义》等多篇散文，均针对市场经济时代普遍盛行的道德败坏、精神贫乏的社会乱象进行剖析。其中《夜行者梦语》(1993)这篇标志性文章，以漫谈的方式延伸出对于"虚无"等概念的辨析，将批判锋芒集中指向了后现代主义引发的价值观崩塌："人们不再为上帝而活着，不再为国家而活着，不再为山川和邻居而活着，不再为古人和子孙而活着，不再为任何意义任何法则而活着。"⑥这一连串表述说明，韩少功对于一些学者鼓吹的西方"后现代主义"理论充满怀疑，认为其提倡的"怎样都行"的虚无态度必须对而今的精神乱象负责任。这是

① 韩少功：《海念》，《海念》，海南出版社1996年版，第163页。

② 韩少功：《海念·后记》，《海念》，海南出版社1996年版，第356页。

③ 韩少功：《海念·后记》，《海念》，海南出版社1996年版，第357页。

④ 韩少功：《灵魂的声音》，《海念》，海南出版社1996年版，第79页。

⑤ 夏榆、韩少功：《我的写作是"公民写作"》，夏榆：《物质时代的文化真相》，文化艺术出版社2006年版，第102页。

⑥ 韩少功：《夜行者梦语》，《海念》，海南出版社1996年版，第143页。

因为，首先，将后现代主义仓促植入中国土壤，可能带来误读和偏差——诞生于战后西方社会的后现代主义理论，其不言自明的批判对象本是资本主义体制，在中国“后”学家手上却被引为抨击政治专制的利器。针对这种错位，韩少功严肃地提醒人们注意：“个人从政治压迫下解放出来，最容易投入金钱的怀抱……个人从金钱的压迫下解放出来，最容易奔赴政治的幻境。”①其次，人性的易变与不变之处也使他本能地警醒。变幻莫测的时代潮流中，总是少不了机会主义者四处钻营的身影，“怎样都行”的旗帜无异于为投机行为进一步提供理论根据。如此一来，濒临破碎的不仅是普世道德观念，就连80年代建立起来的“启蒙”神话和与之构建的民族国家想象也轰然崩毁，摆脱了责任约束的失范行为在绝对价值体系的废墟上重获新生——“真理的末日和节日就这样终于到来了”②。不过，在给出这样的悲观判断之后，韩少功的论述角度忽而转到后现代主义一侧，为其敲响警钟。他认为，暂时取得胜利的“后”学家们不必高兴得太早，“最虚无的态度，总是特别容易与最实用的态度联营”③，后现代主义也概莫能外，学者在其身上寄予解放思想的希望，投入实践中难免会沦为一些人攫取利益的工具。而当社会热潮退却，不再具备利益价值的主义被曾经的拥护者抛弃，或被权力阶层收编，则只是时间早晚的问题。此之谓后现代主义“最脆弱之点，最喜剧化的归宿”④。

应该说，在当时讨论后现代主义的诸多文章中，《夜行者梦语》的观点称得上是相对全面而深刻的，能够看到他人所疏漏之处，不管对支持者还是反对者都有所启发。不过，值得注意的是，韩少功在末尾留下的理想主义余韵，与主体部分的激烈批判构成了不相平衡的状况。文章最后一段，韩少功写道：“我宁愿眼前一片寂黑，也不愿当梦游者。”⑤面对后现代主

① 韩少功：《夜行者梦语》，《海念》，海南出版社1996年版，第145页。
② 韩少功：《夜行者梦语》，《海念》，海南出版社1996年版，第143页。
③ 韩少功：《夜行者梦语》，《海念》，海南出版社1996年版，第148页。
④ 韩少功：《夜行者梦语》，《海念》，海南出版社1996年版，第149页。
⑤ 韩少功：《夜行者梦语》，《海念》，海南出版社1996年版，第149页。

义盛大而虚无的狂欢，他态度坚决地亮出自己的立场，拒绝喝下“高效致幻剂”，坚持在价值真空的灵魂黑夜中艰难摸索着前行。“何况，光明还是有的。上帝说，要有光。”①在这充满文学感染力的语句背后，似乎隐约暗示着这位要睁开眼睛、直面黑暗，且用那双黑暗的眼睛去寻找光明的反对者，心中犹有理想留存。但是，文章到这里戛然而止，他看上去也不清楚希望在何方，不肯或不能透露关于其理想的一星半点涵义，只是用如此曲折而委婉的方式，来表达自己不愿随波逐流、放弃理想的道德姿态。这种形式的残缺或多或少影响了表达效果，使得整篇文章看起来更接近于情绪的宣泄，而未能针对关乎全体社会成员的公共事务提出客观、犀利或具有建设性的意见。

正面理论建树少于负面批判解构，实是韩少功此时期散文创作的主要特征。诚然，要求作家给出解决社会问题的具体措施，是不合情理的，那是社会学家应该负责的事情。问题在于，这种只注重剖析社会精神现象的散文，往往受到形式和题材的束缚，比如，《无价之人》(1993)集中抨击文学商品化的弊端，最后却将正面论点落在一句话中：“人无论有多少缺陷，仍是我们这颗星球无价的尊严和慰藉。”②这显示出他有意识地将终极价值取向往人本论的意义上靠拢的努力，实际上仍未脱离对80年代人道主义思想资源的借重。在时移势迁的90年代市场化经济语境中，以人道主义为代表的启蒙思想资源究竟能否完全支撑起社会批判的基础，还需要打上一个问号。韩少功此时期的散文里，类似的例子还有不少。这些装裹在“真实”“真理”等抽象概念之下的“理想”，大部分时候涂满了含混模糊的色彩，难以分辨出本来的面目，似乎也无益于推进对社会现实问题的深度认识。

这或许说明，一方面，进入散文创作领域不久的韩少功，还需要一段时间来适应文学体式和审美要求的转换；另一方面，置身于90年代初知识分子普遍的迷茫情绪中，他还没能完全把握住“权力”和“资本”这两个批判

① 韩少功：《夜行者梦语》，《海念》，海南出版社1996年版，第149页。

② 韩少功：《无价之人》，《海念》，海南出版社1996年版，第128页。

对象的根本特点，缺乏知己知彼的思想基础，更不用说找到有效的话语资源，对这两股意识形态纠缠牵拉而成的社会现状进行命名。由此展开的批判，正如他后来自我反思的那样，很大程度上只是一种“仓促的拒绝”①，还未能击中市场经济问题的实质。所谓“夜行者梦语”这一措辞本身就标示出一种犹疑和不自信的倾向。在这里，从“铁屋子”里醒过来的人，并无意于效仿他的文化前辈，用高声呐喊来驱散寂寞、慰藉勇士；他只是在茫茫灵魂黑夜中，提起马灯踏上独行之路，经过沉睡着的大众身边时，发出一些表示抗议的絮絮“梦语”。

以韩少功强调的公民身份来看，90年代初期创作的一系列散文，在公共事务上或许只做到了态度的关切，而于实际发挥的作用方面尚有欠缺，反映出他在转向“公民写作”的初期，切实经历了一番调整原有思想立场、寻找话语资源的艰难探索。这并不是要否定此时期创作的意义，相反，正是在这艰难的探索历程中，他所追求的公民精神与知识分子立场相结合的理想意义才得到凸显——作为知识群体的一分子，同时也是社会成员之一，前者如何处理自身站位与时代语境的关系，将直接关系到后者面向公共议题的发言能否唤起最大限度的良性能效。

二、“过程价值论”：知识分子社会定位的确认

韩少功虽未直接参与1993年那场遍及全国的人文精神大讨论，但因为相近的批判对象（市场经济和后现代主义），以及相同的精神趣味（张承志和史铁生），无论在当时还是后来的一些论者眼中，他都被归入以“抵抗投降”姿态支持和响应了“人文精神失落”论调的作家阵营当中。

这种“定性”大体上没错，不过也有过于简化的一面，遮蔽了其中许多分歧。比如，尽管韩少功与发起讨论的王晓明等学院派知识分子共享着某些理论前提和感性情绪，但他们在批判的具体路径上存在明显的差别。王

① 韩少功：《我与天涯》，《人在江湖》，人民文学出版社2008年版，第176页。

晓明在对话开篇的表述很有代表性，他认为“文学危机”主要表现之一是文学商品化的趋势，而文学同行纷纷下海经商的转向，更促使他意识到文学地位的弱化，据此得出了最核心的判断：“文学的危机实际上暴露了当代中国人人文精神的危机。……我们已经对发展自己的精神生活失去了兴趣。”①由文学进一步推论出整个人文精神领域出现危机，在这一逻辑中，作为文学研究者的王晓明显然下意识地将文学放在精神文化领域的中心位置，而文学地位遭遇的挑战，无疑直接指向了他对人文知识分子群体边缘化的忧虑。这道出了人文知识分子在当时普遍拥有的真实感受，因此不难理解为什么这场谈话会掀起全国知识界的热烈反响。然而，对于文学界同仁的隐痛，韩少功却并未表现出太多激愤或落寞之感。他在一次访谈中忆及此事，审慎地指出知识分子的边缘化地位“是一个冒充大问题的小问题”②，使他更感兴趣的问题实质在于做出改变，即：如何在多元嘈杂的社会语境中重新找到知识分子发言的位置，结合“公民精神”赋予的启示，完成知识分子立场的调整与转换。对这一重要命题的追寻，贯穿了韩少功整个 90 年代的创作历程。

《世界》(1994)似乎标示着一个新阶段的来临。这篇散文从他在 1991 年间的访法见闻入手，拨开民族主义情绪、自我“东方化”的奇观，以及语言品质问题的缠绕，将权力和资本确认为批判对象的两翼，揭示出二者合流作恶的虚伪面目，展开“左右开弓”的批判。这就在很大程度上超越了此前单纯反对“极左”专制或市场经济，以至于倒向其中一方的浅薄层次。另一方面，文章对“真理”的定义有了更切实际的把握。韩少功写道，于作家而言，相信真理，首先意味着“修辞立其诚”，即坚守语言的真实、诚恳品质，拒绝“与下贱的语言合流”③。为此，他甚至愿意付出失去听众的代

① 王晓明等：《旷野上的废墟——文学和人文精神的危机》，载《上海文学》1993 年第 6 期，第 63 页。

② 韩少功：《九十年代的压力与选择——与荷兰学者雷马克谈话要点》，《在小说的后台》，山东文艺出版社 2001 年版，第 139 页。

③ 韩少功：《世界》，《海念》，海南出版社 1996 年版，第 325 页。

价，"即使面对空空如也的座位，我仍然这样说"①。

随着上述两层意思的确立，韩少功对于知识分子在社会中的定位有了进一步认识，进而集中体现在《完美的假定》(1996)关于理想的论述里。这篇散文的第五节提出，理想只是一种"完美的假定"，从来难以变成真正的现实，总是居于社会边缘地位，不受实用主义者的重视。但是这"不是它的悲哀，恰恰是它的社会价值所在，恰恰是它永远与现实相距离并且指示和牵引一个无限过程的可贵前提"②。因为理想一旦离社会体制太近，成为一种强加于人的准则，那就容易把"事情做坏"③，十年"文革"的血泪遭遇已经强而有力地确证了这个道理。

在此基础上，不妨将《完美的假定》里关于理想的表述，理解为对知识分子与社会之关系的譬喻。为了保护理想或知识分子自身的独立性，有必要与社会现实保持一段"批评性的距离"④，留出反身观照自我的空间。如此说来，知识分子在社会中安放自我的意义正在于：相对边缘，但有绝对必要的存在价值。而这种独特的价值，是通过知识分子为公共事务积极发声来实现的。在他的表述中，比起声音的响亮度，"关心发出何种声音"⑤更应该成为知识分子真正重视的命题。无论占据的社会位置是中心还是边缘，都不能真正阻止知识分子对社会精神生活产生影响。于是，能否始终保持独立表达的状态，以及选择站在什么立场上、为谁说话，成为他对自我、对整个知识分子群体早日成熟与强大的殷切期盼。

进一步地，他在《世俗化及其他》(1997)这篇访谈文章里，提出了"过

① 韩少功：《世界》，《海念》，海南出版社1996年版，第337页。

② 韩少功：《完美的假定》，《海念》，海南出版社1996年版，第354页。

③ 韩少功：《夜行者梦语》，《海念》，海南出版社1996年版，第139页。

④ 韩少功：《精神的白天与夜晚——与王雪瑛的对话》，《在小说的后台》，山东文艺出版社2001年版，第145页。

⑤ 韩少功：《九十年代的压力与选择——与荷兰学者雷马克谈话要点》，《在小说的后台》，山东文艺出版社2001年版，第139页。

程价值论”①的说法——重视发声的过程而非目的，正是他为知识分子的边缘化问题寻找到的最佳方法论。概而言之，如果说真理犹如船只停泊的港口，那么航行就如同致力于寻找真理和重建精神规范的过程。即使费尽周折才到达的港口仅仅是航程中的一个暂时休整地，而非最终目的地，这段艰难的探索历程仍然具有其不可抹灭的意义与价值，因为“真理和理想正是体现在这种心智求索的过程当中，而不是某个目的性的结论里”②。在这个意义上，他逐渐向“公民写作”的立场靠拢：既然目的不再是唯一评判标准，那么知识分子占据的社会位置究竟是中心抑或边缘，也就变成了一个不成问题的“伪问题”。相比之下，韩少功认为，站在什么立场上、发出何种声音，才是有责任担当的知识分子应该关心的“真问题”。事实上，韩少功的上述回答，正是建立在公民意识的逻辑基础之上。因为被知识界一向看重的话语权力，在现代公共事务发言领域却往往被平等、普泛地赋予每一位参与者，而当绝对的“中心”被取消，自然也不存在与之对立的“边缘”。通过对公民身份的强调，韩少功成功将知识分子如何在世俗化社会中自处的精神难题，转换为一名合格的现代公民如何参与社会、改变社会的实践性问题，从而摒弃了让知识分子重掌文化话语权的精英立场。

正因如此，尽管韩少功与人文精神讨论中的学院派知识分子都拥有重建精神规范的相同诉求，也都具备正视危机、承担危机的高度责任意识，但他最终没有走向“创造一个新的人文精神”③那样的激情呼吁。显然，所谓“新的人文精神”，其定义权和阐释权掌握在知识分子手中，这背后仍隐含着讨论者试图让包括自己在内的知识群体重返社会中心位置、重掌文化话语权的迫切渴望。由此，韩少功开拓出一条这样的道路：站在普通公民

① 韩少功：《世俗化及其他——与萧元的对话》，《在小说的后台》，山东文艺出版社2001年版，第161页。

② 韩少功：《世俗化及其他——与萧元的对话》，《在小说的后台》，山东文艺出版社2001年版，第161页。

③ 王晓明等：《旷野上的废墟——文学和人文精神的危机》，载《上海文学》1993年第6期，第70页。

立场上，用平等的眼光来记录和书写社会现实问题。90年代中期以后，韩少功的散文明显对前期过于“道德理想主义”的思想倾向有所调整，开始尝试客观地剖析权力和资本对社会精神产生负面影响的过程，并使用形象化的、生动的文学语言，力图使这些缠夹的复杂命题得以自然地呈现。而1995年末“临危受命”，接手《天涯》杂志的改版工作，更在文学创作之外，为韩少功提供了一个以思想介入现实、改造现实的实践机会，丰富了他为“公民精神”贡献的现实注解。

汪晖对人文精神大讨论有一段著名的批评。他认为，仅仅在概念和概念间来回打转，没有参与和导向具体社会实践过程，是人文精神话语最终无法挣脱自身困境的关键原因。① 学院派知识分子在这场讨论中所缺乏的，恰恰构成韩少功用以应对市场经济时代新挑战的方式——进入生活实践，直面内在于社会物质和精神现象的“真问题”。从这里出发，韩少功一路向前，继续以思考与创作的方式探索作为公民的知识分子在社会实践中新的可能性。

三、“好人主义”：公民精神的凝结

在韩少功回忆《天涯》的文章中，有这么一段记述他与汪晖的交往：

> 他当时来海口参加一个长篇小说的讨论会，坐在角落里几乎始终一言不发，那是我与他的第一次见面。他看了我的文章以后淡淡地说：“你似乎认为世界上只有好人而没有好的主义，这恐怕有问题。”②

汪晖此语，直接点出了韩少功此时期思想立场中尤为关键的部分。在

① 汪晖：《中国的人文话语》，《死火重温》，人民文学出版社2000年版，第374页。

② 韩少功：《我与天涯》，《人在江湖》，人民文学出版社2008年版，第181页。

二人在对彼此都知之不深的情况下，这样的批评眼光堪称凌厉，甚至于韩少功一直到写作这篇文章的时候，仍申明自己坚持“主义易改，本性难移”①的主张，恰而从侧面印证了汪晖当年评价的准确性。

这里的“主义”是对理论体系的代称。面对利益至上等价值观造成的精神庸俗化、扁平化等现状，包括汪晖在内的一批学院派知识分子意图借助理论体系的能量来完成精神世界的重建。在“好人”还是“好主义”之间，韩少功却倾向相信前者，与汪晖等人的努力方向拉开了距离。韩少功对“好主义”的不信任，其根本原因在于对“主义”能否根治现实问题缺乏信心。早在《夜行者梦语》(1993)中，他就一语中的地指出：“蹩脚的理论家最常见的错误，就是不懂得哲学差不多不是研究出来的，而是从生命深处涌现出来的。”②他在随后的《心想》(1995)中完善了理论的评价标准，在他看来，理论的实践品格占据着最重的分量，只有那些与个体生命实践紧密相连，由思想者“用生命将其一一重新贯注心血”③的理论，才是具备现实穿透力的、能够解决时代“真问题”的“好主义”。如果用一句话来总结韩少功所谓的理论的实践品格，那就是：要从生命里长出来，要能解决实际问题。

《主义向人的还原》(1997)则延续了这个话题，从产生、特性、使用者等角度全面分析了理论存在的问题。首先，从主义的生产机制来看，由现象抽绎成理论的过程实是“去小言得大言的不断简化过程”④，这种简化得来的方法究竟对复杂现实具有多大程度的普适性及有效性，不免使人深感怀疑。其次，韩少功认为主义至多能革除制度之弊，无法触及问题的核心，即背后的人性。“人是目的而不是手段”⑤，被人创造出来的任何主义

① 韩少功：《我与天涯》，《人在江湖》，人民文学出版社2008年版，第181页。

② 韩少功：《夜行者梦语》，《海念》，海南出版社1996年版，第140页。

③ 韩少功：《心想》，《海念》，海南出版社1996年版，第304页。

④ 韩少功：《主义向人的还原》，《进步的回退》，春风文艺出版社2002年版，第58页。

⑤ 韩少功、王尧：《韩少功王尧对话录》，苏州大学出版社2003年版，第20页。

都只是工具，到了本性各异的使用者手上，既能被创造或消解，也可能被滋养或腐蚀。80年代人道主义思想资源留下的启示在这里成为立论的逻辑起点，其后提供论据支撑的，还有20余年亲身经历给他带来的切肤之痛。从少年时代的"极左"动乱，到青年时代的学潮运动，再到中年时期《海南纪实》的解散，与当代中国历史进程息息相关的历次波折都让韩少功深感人心向背之残酷，同时悲哀地发现，对立双方的文化心理结构往往呈现出同质化特征，并没有多少本质区别。品质低劣的人，完全可以因为利益立场的变迁，而在不同时期的各种主义、立场之间转换自如，其核心目的都是为了攫取更大的利益而已。

主义的复杂一面还在于，有时候，即使是正派的人也可能为符合一时潮流的合理观念所蒙蔽，对某种主义不加批判性思考地接受，以至于在时移势迁之际，往往因此前在主义上贯注的情感，无法客观地考察这些观念与历史、现实土壤之间的变化关系，进而完成反身批判和自我更新，实际上却仅仅依凭一种道德本能的惯性捍卫着他们曾经深信不疑的主义。韩少功自己就是一个鲜活的例子。他在90年代的一系列文章、访谈中，对此作出过深切的反思。他认为，在80年代中期，包括自己在内的很多知识分子都是"启蒙主义公式"的拥护者，遵循一种由西方、市场、资本主义、政治民主等名词之间的等式链条构建出的所谓"现代化想象"，再依据此种观念结构，完成对传统、中国、社会主义、"文革"这后一条等式链条的清除。① 对于他们来说，这就是改革开放的应有之义。这种简化的思维模式已经在90年代初受到很大的挑战，市场经济孵化出的现实情况之复杂，完全超出了二元对立式启蒙主义公式链的有效解释范围，使相当一部分知识分子感到不知所措。因思想话语失效产生的普遍茫然情绪，使当事人韩少功不禁反思：他从前只把启蒙公式"看作自由独立的抉择"②，是否完全忽

① 见韩少功：《反思八十年代》，《在小说的后台》，山东文艺出版社2001年版，第192-193页。

② 韩少功：《熟悉的陌生人》，《在后台的后台》，人民文学出版社2008年版，第99页。

视了利益立场在其中潜移默化的影响？现在看来，所谓“自由意志”中究竟有多少自由的成分，其实是很值得怀疑的事。在这一意义上，韩少功的反思结果恰好印证了贺照田对90年代思想论争的判断：“我们许多自以为在根本上根除弊害的改弦易辙，实际上仍难免于这些未被真正意识的结构性要素的拨弄，甚至出现和最初逻辑设想完全相悖的结果。”①

20世纪80年代崇拜理论的特定思想氛围，可能妨碍知识分子在公共事务上作出正确的判断，进而酿成错误而不自知的苦果。韩少功作为其中的亲历者，能清醒地反思到这一层，在批判中完成自我更新实属不易。或许，正因亲身体验过遮蔽与解蔽的况味，韩少功才要由衷地呼唤“主义向人的还原”②——看到主义背后的最本真的“人”。在他关于人的全部思考中，最稳定、最清晰的圆心毫无疑问地指向了人性的质量：道德与良知，同情心与责任感……这张人性清单还可以开得很长。概而言之，每一个体自身的秉性如何，比其表面上支持什么样的思想观点更值得信任。在他看来，唯有如此看待主义与人的关系，才能回返到具体的生命实践当中，真切而本然地“理解人的全部可能性”③。

结合上述，如果对汪晖的判断进行适当补充，或许可以说，韩少功并非完全不相信“好主义”的存在，只是这不会超过他对“好人”的信任程度。南帆将这种观念总结为“好人主义”④，这一概念基本符合韩少功的思想倾向，但是，更值得进一步追问的是，韩少功在这里赋予了“好人”什么样的具体意涵？我们可以联想到严歌苓的《芳华》(2017)，这篇小说讲述了一个革命年代近乎完美的“道德模范”军人，如何一步步沦为市场经济时代“多余人”，最终遭人遗忘的故事——这就是说，空有善良品质、崇高道德的

① 贺照田：《时代的认知要求与人文知识思想的再出发》，《当代中国的知识感觉与观念感觉》，广西师范大学出版社2006年版，第80页。

② 韩少功：《主义向人的还原》，《进步的回退》，春风文艺出版社2002年版，第57页。

③ 韩少功：《完美的假定》，《海念》，海南出版社1996年版，第355页。

④ 南帆：《诗意之源——以韩少功二十世纪九十年代的散文为中心》，载《当代作家评论》2002年第5期，第74页。

好人并不能够有效地应对市场化语境产生的种种复杂社会问题。那么，至少可以肯定的一点是，韩少功所理解的"好人"，显然不仅仅指向此种普世意义上的道德层面。

尽管韩少功几乎从未正面阐释过"好人"的定义，但他在90年代所有的思考与实践，实际上正是向这一精神期许不断迈进的过程。若要归纳韩少功此时期展现出的精神意向，自然不能忽视他始终强调的"公民"身份，即对社会现实的高度关注，以及在相关公共领域的参与和介入。由此，所谓的"好人"，首先至少应该是认同现代公民精神的主体。此外，正如他在回忆文章中提到的，饱经生活磋磨的知青老朋友那沧桑的脸，使韩少功感到，作为主持者的他有义务推动《天涯》杂志站出来打破强势潮流的"一言堂"现象，为被遗忘的弱势群体发声①。公正、平等、道义等源于知青时期的革命理想内涵，灌注进现代公民的社会参与意识、责任担当，共同凝结成市场经济时代的公民精神形态——这或许是理解"好人主义"的可能性角度之一。

值得注意的是，对公民精神的执着追求，与韩少功持有的知识分子立场并不矛盾。在他的理解中，所谓知识分子，应该是一群兼具"扎实的术业专攻"和"深切的公共关怀"的人②，在这里，对知识分子身份的自我要求，相应地转化为一名现代公民的基本素养。而这恰好与萨义德对"公共知识分子"的定义不无相似之处，其核心都是高度关注社会公共事务，坚持一种"向"公众以及"为"公众发言的立场③。可以说，在韩少功看来，所谓公共知识分子，就是公民与知识分子这两种身份融合共通所铸就而成的新的思想主体。而由此引申出的"公民写作"，不如理解为知识分子作家的一种立场调整：由公民精神的注入，探索出自我在社会中所处位置的新样

① 韩少功：《我与天涯》，《人在江湖》，人民文学出版社2008年版，第157页。

② 韩少功、王尧：《韩少功王尧对话录》，苏州大学出版社2003年版，第207页。

③ [美]萨义德：《知识分子论》，单德兴译，生活·读书·新知三联书店2016年版，第31页。

态，从而对创作的公共性和独立性提出新的要求。在韩少功的主持下，以“道义感、人民性、创造力”①为宗旨的《天涯》着眼于市场经济体制、乡村建设、生态保护等社会公共问题的讨论，能够突破知识圈子的局限，深入广大普通读者群，搭建起90年代后期一个自由的思想交流平台，就是此种公民精神与知识分子立场结合后的最佳注解。

如果说90年代以降的市场经济语境放大了人类的利己本能，为弱肉强食的“丛林法则”提供生长的温床，使知识分子阵营的急速分化成为常态，那么韩少功恰恰要逆势而动，询唤一种以“利他性”为基础原则的现代公民精神，来告慰那些沉溺于生存竞争与世俗享乐中的大众：我们的社会本可以变得更好。如此一来，韩少功踏上了一条不同于学院派知识分子的分岔小径。人文精神大讨论参与者曾为社会开出“重建精神规范”的疗治方案，到了韩少功这里，则不再具有乞灵于“人文精神”重现的意味，而调整为如何在知识分子阵营中培养、锻造出更多合格的现代公民的实际问题。他们之间最截然的分别，或许正在于知识分子彻底走下文化启蒙者的“神坛”，不再处处标识自身的文化领导地位，而以一名理想公民的标准来指引自己的写作，以身作则地示范和开掘这条道路所蕴藏的丰富可能性。

结　　语

在一个精神日益贫乏的时代，知识分子何为？诗人荷尔德林写道：“像酒神的神圣牧师/他们在神圣之夜踏遍每片土地。”②韩少功不曾有如此诗意的宣示，但正是在90年代耻言理想、蔑视道德的特定语境中，面对思想共识的日渐缺位，他围绕“公民写作”展开的积极探索更显得尤为可贵。所谓“公民写作”，即是坚持以现代公民精神为指引，凸显知识分子作为公民的责任担当，在写作实践中坚定地询唤道义感、独立性以及深切的公共

① 蒋子丹：《〈天涯〉杂事琐记》，《书城》2016年第9期，第51页。

② ［德］荷尔德林：《面包和葡萄酒》，顾正祥译注：《荷尔德林诗选》，北京大学出版社1994年版，第146页。

关怀，寻求公民精神与知识分子身份相结合的理想形态。同时，摒弃以往高踞大众之上的“启蒙者”姿态，淡化文化精英意识的影响，由此在骤然巨变的市场经济时代，完成知识分子立场的重构，以平等、独立的态度来思考和回应社会现实问题，参与到公共事务的发声及实践中去。对于韩少功这样一位拥有人文学科背景的职业作家来说，能够摆脱专业眼光的局限，参与政治、经济乃至生态环境等重大议题的讨论，其“跨界”的热情与勇气已值得肯定；而在日渐规范的学术体系之外，他着手改造《天涯》，争取为各界学者及更广大的公民群体搭建起一个探讨公共事务的思想交流平台，更在一定意义上超出了个人写作所能发挥的社会效益。

进入21世纪，可以看到从90年代延续下来的某些思维惯习仍然潜伏在集体精神氛围里，时而在公共讨论中显现出原形，并日益影响着这种讨论的维度、视域和有效性。比如，近年来，“纯文学”和大众文学之争、“重提现实主义”等话题，再度成为文学领域热议的焦点，就此而言，也许我们从未真正走出90年代喧嚣嘈杂的语境，亟需整理和激活20世纪留下的精神资源，为文学创作和批评注入新的精神能量。回望不远的过去，韩少功从80年代初步萌生公民意识，历经90年代对公民精神的探索，于21世纪初正式提出“公民写作”的命名，并持续以写作和文化实践丰富其内涵指向，为我们展示出一名现代公民兼写作者如何重建现实联结感、参与感的有效途径，值得后来者学习和汲取。

校订：刘方圆　王思炜

以“冒犯”写“冒犯”

——《小说稗类》的另类书写

王宇辰*

台湾作家张大春的论文集《小说稗类》带来的阅读体验是奇异的。从编排上来看，本书由二十八篇论文和附录构成。首篇《有序不乱乎？——一则小说的体系解》(以下简称《有序不乱乎？》)可视为全书的总序，附录可视为以由以上二十八篇所勾画的小说观为基础，对“中国小说叙事传统”展开的个案分析。然而，此外的二十七篇论文似乎是以一种无逻辑、无主题的平行结构林立。是以，《小说稗类》在阅读体验上所造成的奇异性在于，一方面，读者可以毫无障碍地从任意一篇文章展开阅读；另一方面，全文读罢，非但不能建立起一个清晰(更遑论自足)的理论体系，在阅读过程中持续冒出的种种“轻盈的迷惑”反而刺激着读者反复玩味其中。借用张大春自己在谈论小说的“指涉”时的一个比喻，或许可以形象地说明这种奇异的阅读体验：作者顾自向一片混沌中射出了只只箭矢，读者需得尾随其发，在箭矢落地之处细细摸索着靶位的范围。

《有序不乱乎？》作为全书的首篇承担着“序”的功能，开篇便颠覆了小说“有序不乱”的现代性经验。首篇为后续的诸篇提供了一个混沌的场地，作者得以在一片混沌中“登场”，于一片混沌中“放箭”。首篇是如何制造混沌的？制造了怎样的混沌？为作者“放箭”确立了怎样的立足点？对于尾随其发的读者而言，其重要性不言而喻。

---

* 王宇辰，武汉大学文学院2020级中国现当代文学专业硕士研究生。本文系2021年武汉大学文学院首届研究生学术论坛“现代文学与西方文论”分会场发言论文。

如果尝试着对《有序不乱乎?》的观点进行符合一般思维习惯的梳理、提炼和重组，概括如下：

> 小说在人类文明史上产生影响就在于一股“冒犯的力量”。中国文学史上第一位小说家庄子的趣味正与这种“冒犯”的精神相契合，庄子开辟了“编造故事(虚构)以模糊知识疆界”的先河。出于捍卫主流知识、增加历史叙述可信度等种种需要，史家亦将虚构的手法引入了历史书写。如果小说史是一个抑制冒犯力量的过程，那么将意味着这是一个“减法”的过程。

首篇《有序不乱乎?》对于《小说稗类》这本论文集而言，总领全书，承担着“序”的功能。其重要性首先在于，其中包含着张大春基本且独有见地的小说观。如果从中国叙事艺术的发展过程中摸索其本然的形态，便会惊奇地发现，除了那个由20世纪西方小说为准绳构建起的“有序不乱”的体系外，在中国文明史的内部，还有如稗类般粗粝却具有野性的叙事艺术形态，它们被搁置在文明的记忆深处，不应该被忘却，因为其中蕴藏着叙事艺术丰富的可能性。因其丰富且极具野性，张大春不能，也不屑于再为之搭建一个整饬的体系，转而为之找到了一个基点，即是“冒犯”，冒犯正统知识，冒犯每一个当下所默认的“真实”，甚至冒犯道德、人伦、风俗、礼教、正义、政治、法律，等等。张大春的小说观可谓一种冒犯的小说观。

这种奇异的小说观从前文那段并不高明的复述中便可略知一二，但是，如果仅仅关注到成文后的观点，那么将错失行文间独特的文笔意趣。首篇《有序不乱乎?》另一方面的重要性在于，从中或可一叶知秋，探知到《小说稗类》一书独特的书写形式。其行文与常规以论文形式呈现的文学批评有很大的不同，而更接近于一个精心编织过的“小说”，一个符合张大春小说观念的“小说”、一个从多个层面上进行“冒犯”的“小说”。张大春的书写形式可谓一种“冒犯”的书写形式。

质言之，作者在以自己观念中的小说创作方式表达自己的小说观。这是经过梳理、提炼和重组之后的文字不幸失去的部分。

一、书写以解体系

在书写效果层面，正如小说对中国文明史上构成一股冒犯的力量，《小说稗类》所传达的小说观同样对主流文学观构成了一股冒犯的力量。在任何一个接受过基础教育的人的观念里，都存在许多对于“小说”这一文学形式基本的认知，对于从事文学研究的人，这一认知体系将会更加丰满、坚固、严密。诸如，优秀的小说严格由因果律构成的情节推动，一位名叫契诃夫的伟大作家教诲过“开头有一把枪，最后一定会响”；优秀的小说传达出的深刻的思想、生活的智慧，我们称之为主题；优秀的小说描写环境，塑造人物，构成一个密切配合服务于主题的有机体……

张大春首先把犹疑的目光投向这一由小说史和小说理论构成的体系。如果有人企图依靠这一体系来培养小说家，那无疑是荒诞的，因为“世间没有一个按图施工、照《爱弥儿》教养长大的活人，恐怕更不会有一个按图施工、依小说与小说理论的体系培育出来的小说家”①。那么这一“巨大的、纷陈的、复杂的、繁琐的甚至看似零落错乱的”②体系，其意义在哪里呢？当一个小说爱好者自然而然地产生诸如此类的困惑：小说在人类文明史上曾产生过什么样的影响？我所爱好的(无论是阅读过的或者创作过的)小说又在小说史上产生过何等何样的影响？③ 就必将与这个体系碰面。

如果与这一体系的碰面是小说爱好者自然走向的归途，那么是否也就意味着这一零落错乱的体系或许正是生发于历来小说爱好者的困惑呢？此外，虽然众说纷纭的理论从未断绝，由小说文本构成的世界仍然是一片庞然的混沌，这是对所有整饬体系的挑战。当我们不再从既有的文学史和理论体系中寻求真理或指导，那么重新与混沌的小说文本世界相遇，在此基

① 张大春：《小说稗类》，广西师范大学出版社 2004 年版，第 2 页。
② 张大春：《小说稗类》，广西师范大学出版社 2004 年版，第 3 页。
③ 见张大春：《小说稗类》，广西师范大学出版社 2004 年版，第 3 页。

础上重构体系也就具有了可能性。

张大春找到了这种可能性，进而获得了在混沌的小说文本世界中摸索新的体系的第一块拼图——另类知识。于是，善编故事对抗主流知识的庄子，可以被追溯为中国文学史上的第一位小说家；于是，《庄子》《史记》《西京杂记》可以撑大由西方小说为范本确立的“小说”定义的边界。

因此，《小说稗类》的书写本身就是对主流文学观的冒犯，“一则小说的体系解”可以理解为“为小说解体系”。

二、标题以破主题

当我们把关注点放在文章的标题以及文章中的小标题时，会发现张大春的命名方式同样是很独特的。“有序不乱乎?”“是谁告诉史太公的?”是质疑和追问；“第一块拼图”“一个减法”是具有象征意味的名词性短语；“一句话的答复”是对下文的定性；“就会有少儿不宜”是一个没有前提的推论；“多有冒犯之处”是一个没有问题的答复；“按图施工”“鄙夷那个洗耳朵的人”同样是指向不明的只言片语，不够完整，但是足够有趣。

“标题”一词在《现代汉语词典》中的解释为“标明文章、作品等内容的简短语句”①。对于议论文而言，根据我们一直以来所受的训练，一个优秀的标题可以是论点式的，也可以是论题式的，前者更胜一筹。“论点式标题”一般使用祈使句、判断句来表达浓缩、提炼过后的中心论点，以态度鲜明，简洁利落为佳。然而，张大春的论文集《小说稗类》显然不屑臣服于这一标准之下。

《小说稗类》的行文中不乏表述精准的观点，张大春对标题的拟定显然不能归咎于能力不足或是思维混乱，而恰恰于此处彰显着冒犯的力量，一种对于“主题”有意为之的冒犯。

张大春在《寓言的箭指向光影之间——一则小说的指涉论》一文中提出

① 商务国际辞书编辑部：《现代汉语词典》，商务印书馆2019年版，第49页。

了一个有趣的看法。一般而言，我们认为一则故事通过虚构产生寓意，然而张大春认为，由一则虚构的故事生发出的寓意可以有千千万万的可能性，不是虚构服务于寓意，反而恰恰是一个确定的、被广泛接受的寓意，使得虚构变得真实、可信。“寓意未必要表述一个真理，它的存在即是让读者承认荒怪故事因具备了意义而拥有了可能性而已。”①“寓意”为故事射出的箭矢提供了靶向，但箭矢不是瞄准靶向射出的。具体而确定的“寓意”应该产生于尾随其发的读者，而非射箭的作者，作者要做的就是把箭射出而已。

从语言学的角度来看，语言的“能指”和“所指”之间的对应具有不存在任何逻辑关系的任意性，但是任何一种语言必须在一个约定俗成的场域之中发挥作用，这是语言最大的自由和最大的不自由。所谓“约定俗成”就意味着语言的指涉是流变不居的，是具有时空的差异性的。如果将一段文字的主题纲举目张地提炼出来，再浓缩为一个简洁凝练的标题，那么这势必将歪曲或是遮蔽了这段文字可能生发的其他意义，是对文字的升华抑或是戕害？是对读者的帮助抑或是束缚？所以，不为文字“定义”，是对文字丰富性的保全，也是一个书写者谦卑的姿态。

三、行文以非逻辑

张大春通过标题的拟定，刻意回避为自己的文字提供“寓意”，而将语言的最终指涉留给了读者。那么，张大春对标题的拟定仅仅在声张一种“冒犯”的姿态吗？恐怕并非如此，《小说稗类》自有其思维延伸的方式。

以《有序不乱乎？》为例，首先，我们来关注一下以小标题划分的文段与文段之间切换的理路。在“按图施工”中，张大春写道：“世间没有一个按图施工、照《爱弥儿》教养长大的活人，恐怕更不会有一个按图施工、依

① 张大春：《小说稗类》，广西师范大学出版社 2004 年版，第 43 页。

小说与小说理论的体系培育出来的小说家。”①围绕“小说”所建立起的体系与卢梭在《爱弥儿》中为“教育”建造的体系具有如此多的相似性：同样面对着一个庞大而混沌的对象，虽然体系既成，却同样在操作层面上对于“教养活人”或是“培养小说家”无济于事……还有一点重要的相似性是，二者在试图追寻为各自所面对的“混沌世界摸索出一个体系的可能性”②时，都必须拥有第一块拼图，在卢梭是“依循自然”，在张大春是“另类知识”。这一点重要的相似性构成了由第一部分“按图施工”向第二部分“第一块拼图”的切换。

由第二部分“第一块拼图”的“另类知识”，张大春联想起中国文学史上第一位以“编造故事以模糊知识界圣贤地位”为趣味的人——庄子，一位兴致勃勃地通过虚构冒犯正统知识以寻求另类知识的人，张大春在这个层面上把他定位为“小说家”，如此实现了由第二部分“第一块拼图”到第三部分“鄙夷那个洗耳朵的人”的切换。

有提供另类知识的“小说家”，就有捍卫正统知识的“史家”，由此张大春实现了从第三部分“鄙夷那个洗耳朵的人”到第四部分“是谁告诉史太公的?”的切换。当然，这一标题就蕴含着反讽的意味。史家为了论说与捍卫正统知识，将小说家用以冒犯正统知识的虚构手法引入了历史书写之中。司马迁开创了一个历史书写的传统。

此后，即使是在历史书写中，这种虚构所带来的冒犯的力量为“另类知识”的渗入创造了可能性——无论史家是否意识到，也无论史家是否承认。刘歆对《史记》细节的增补(当然是虚构的)就是一个例证。虚妄之事真的能承担起“增加可信度”的功能吗?如果虚构的手法不再提供另类知识，是否一种暴殄天物?由张大春“一个减法”的标题可以生发出种种疑惑，带着这种疑惑，也就实现了由第四部分“是谁告诉史太公的?”到第五部分“一个减法”的切换。

---

① 张大春：《小说稗类》，广西师范大学出版社2004年版，第2页。

② 张大春：《小说稗类》，广西师范大学出版社2004年版，第4页。

虽然“庄子之后，中国小说的发展经历了漫长的‘减法’”，但在“减法”尚未充分褫夺小说活力的时代，小说仍具有如同“稗子”般野蛮生长的自由，“它只需要第一块拼图”①。由“第一块拼图”，张大春又重新联想起卢梭的《爱弥儿》，并指出卢梭认为：“社会上的问题，儿童既不能明白，就不要使他注意；但于知识的关系上……是不可不知道的。那么，不必示以道德，而先使其注意转向工匠和机械的技术。”②由此，引出卢梭绝不允许十五岁的爱弥儿阅读的一部小说——阿普列尤斯的《变形记》。至此，由第五部分“一个减法”到第六部分“就会有儿童不宜”的切换也就实现了。

“就会有儿童不宜”中所提到的阿普列尤斯为何要在小说中糟践苏格拉底？因为“小说所能冒犯的还不只是知识而已”③。第七部分“一句话的答复”其实是对第六部分末尾所提出问题的回复，毫无疑问，切换于此处实现了。

最后一部分“多有冒犯之处”是对第七部分“一句话的答复”中所表达的“小说不仅冒犯知识”的补充。最后一个切换，也自然地完成了。

尝试用合乎逻辑的方式描述这一非逻辑的切换形式是困难的，但是对于我的论述而言，这一段冗长且不明晰的分析又是不可或缺的。我们发现，这种文段与文段之间的切换形式，相较于典范的现代论文，也具有一股稗子般自由生长的力量。

不依靠因果推导的逻辑关系去结构论文，而是仅仅抓住一个无关宏旨的基点，任凭思维延伸，摇曳。如果我们也抓住这样的一个基点，往上追溯，《水浒传》中一百单八将的出场正是如此实现的——一个好汉与另一个好汉在人生中无关宏旨的一个交汇点，便可将故事的重心抛向另一个好汉，也就完成了人物的出场。再往上追溯，《诗经》中的“关关雎鸠，在河之洲”难道不也是如此切换到“窈窕淑女，君子好逑”的吗？

张大春在《金鹧鸪是什么？——一则小说的主题曲》中，于中国诗学中

① 见张大春：《小说稗类》，广西师范大学出版社 2004 年版，第 10 页。
② 张大春：《小说稗类》，广西师范大学出版社 2004 年版，第 11 页。
③ 张大春：《小说稗类》，广西师范大学出版社 2004 年版，第 12 页。

的“兴”处大着笔墨。“兴：举起、提升、情趣的洋溢”，重要的是后半句“高度理解而浮出的联想”①。除了因果逻辑，人类大脑思维延伸的方式具有无尽的丰富性，基于对一个事物高度的理解，这种难以被人类自己认识和归纳的思维延伸便发生了，这是我所理解的此处的“联想”。“兴的目的(如果有的话)不在准确，而在提供一个准确的范围。”②不追求准确，而是划定范围，其实是为思维的自由延伸留有了空间。

对于这一点的发现，不禁让我“联想”起张大春对于小说“情节”的思考。在“福斯特在摇摆——一则小说的因果律”中，张大春说：“情节借由内在因果律的裁夺而规避掉它无法与时间作等速再现的角力，叙事艺术开始有它自己的时间，打造符合于作品自身的计时器，拥有了丈量万物的新尺度。(至于人类，则从来没有在那样的时间里活过，哪怕只是一微秒。)”③张大春将基于因果律的情节视为小说处理“无法再现现实时间”的一种策略。既然是策略，那么就有探讨其他可能性的空间。于是，张大春发问：“小说难道不能发明一种并不怎么合逻辑但却较适合本身天赋的结构法？”④

张大春将他对于小说“情节”的质疑也带入了《小说稗类》的书写，他以一种“飞鸿踏雪泥”的方式任由思维自由地延伸，有意或是无意之间，造成了对于亚里士多德因果律的遗产的冒犯。

结　　语

在《小说稗类》之中，无论是对于文学史和文学理论构成的既有体系的审视，以及重新摸索的冲动，还是拟定标题显现出的对文字主题的解放，抑或是对于基于因果律的情节的反叛，都呈现出一股“冒犯的力量”。这种

① 张大春：《小说稗类》，广西师范大学出版社2004年版，第248页。
② 张大春：《小说稗类》，广西师范大学出版社2004年版，第248页。
③ 张大春：《小说稗类》，广西师范大学出版社2004年版，第35页。
④ 张大春：《小说稗类》，广西师范大学出版社2004年版，第36页。

力量与张大春在《有序不乱乎?》中所提出的基本判断——小说在人类文明史上产生影响就在于一股“冒犯的力量”——惊人地产生了呼应。《小说稗类》在以“冒犯”的形式写“冒犯”的力量。

且不论这种文笔意趣是否是张大春有意为之,《小说稗类》中独有见地的小说观都渗透着作者对自然和人生谦卑的姿态,或许这是张大春不断冒犯“正确知识”不竭的动力,基于这一点生发出了《小说稗类》的小说观,也生发出了《小说稗类》书写小说观的方式。

校订:潘灏　王森

比较文学与世界文学研究

《礼记·乐记》关键词“声”“音”“乐”的英译研究

韩彩琼*

在当今全球化时代，中西文化的交流愈发密切，“中国文化同样面临与异域文化的冲突、对话、交流和融会，面临对传统文化的重释和阐扬”①。其中，中国文化元典关键词作为中国文化核心观念的负载体，对于理解和传播中国文化具有重要价值。而目前中西文化交流中，元典关键词内涵的精神特性的传播仍然面临着困难的局面，具有不可定义性、高度语境化、跨学科或超学科特性的中国文化元典关键词②在另一种语言中无法找到直接对应的单个词语，导致了文化简化、文化欠额等不足③。而自从

---

* 韩彩琼，武汉大学文学院2020级文艺学专业硕士研究生。本文系2021年武汉大学文学院首届研究生学术论坛“古代文学与古代文论”分会场发言论文。

① 李建中、胡红梅：《关键词研究：困境与出路》，载《长江学术》2014年第2期，第69页。

② 见李建中：《元典关键词研究的中国范式》，载《河北学刊》2020年第2期，第2页。

③ 文化简化：文化关键词内涵丰富，在另一文化中没有完全对应的词语。翻译时，如果套用译语文化中的某个概念来翻译源语文化关键词，会造成文化简化，从而误导读者。这种导致文化简化主义的翻译方法就是词典式翻译中的近似翻译，使用这种方法翻译文化关键词会导致源语核心文化内容遭到遮蔽。文化简化是使用文化同化这一翻译策略的结果。文化欠额：许多文化关键词是由普通词语升华而成的。若只是作为普通词语，在进行词典式翻译时，如果属于对应词，可以采用意译法，使用译语中相应的词语来表达；如果属于不对应词，可以采取音译加注的方法。然而，某些普通词语升华为文化关键词之后，便具有丰富而独特的民族文化内涵，在其他语言中不会再有真正的对应单位。也就是说，所有的文化关键词都变成了不对应词汇。这时，对文化关键词仅作词典式翻译(如意译、音译加注等)，就会造成文化关键词大部分语义流失，导致文化欠额。参见杨仕章：《文化关键词翻译研究》，载《解放军外国语学院学报》2016年第39卷第1期，第132页。

21世纪初以来，“受马克思主义文化批评家、英国文化学者雷蒙·威廉斯的影响，国内学界兴起‘关键词’热”。① 国内学界对于关键词的研究已经形成了可观的学术成果，为关键词的翻译问题的研究奠定了基础。

《礼记·乐记》是中国文化元典重要组成部分，对我国先秦时期的礼乐思想作了系统的总结②，明确提出了“乐”所包含的三个层面：声、音、乐，是古代音乐美学理论的重要关键词。作为中国古代音乐理论的重要著作，《礼记·乐记》也受到了西方汉学界的关注。根据《牛津音乐教育手册》③、国内相关学者的研究④以及笔者本人的检索，《礼记·乐记》在西方学界被引用次数较多的译本主要有以下三本：1885年出版的理雅各翻译的《礼记》全译本⑤，是马克斯·缪勒(Friedrich Max Miller)主编的《东方圣典》(Sacred Books of the East)丛书中的第27和第28本，亦为该丛书中《中国圣典·儒家经典》(The Sacred Books of China: The Texts of Confucianism)分系的第3分册和第4分册，是欧洲第一个《礼记》全译本⑥；1976年出版的考夫曼(Walter Kaufmann)翻译的《礼记》全译本⑦，收录于他主编的中国

① 李建中、胡红梅：《关键词研究：困境与出路》，载《长江学术》2014年第2期，第66页。

② 见陆学凯：《〈礼记·乐记〉与先秦礼乐思想》，载《北方论丛》2003年第2期，第128页。

③ “有关《乐记》的完整英文译本，请参见理雅各(1885/2003)和考夫曼(1976)。此外，顾史考(1995)还翻译了《乐记》的一部分。”参见 Bowman, Wayne D., and Ana Lucia Frega, eds. *The Oxford Handbook of Philosophy in Music Education*. New York: Oxford UP, 2012: 264。

④ 参见黄卓越主编：《海外汉学与中国文论 英美卷》，北京师范大学出版社2018年版，第567-571页；武越：《〈乐记〉的英语译介研究：动机与多样性》，载《新疆艺术学院学报》2019年第1期。

⑤ James Legge. *The Sacred Books of China: The Texts of Confucianism: Part III-IV The Li Ki*. Trans. Oxford: Clarendon Press, 1885.

⑥ 见黄卓越主编：《海外汉学与中国文论 英美卷》，北京师范大学出版社2018年版，第567页。

⑦ Kaufmann, Walter. *Musical References in the Chinese Classics*. Detroit: Information Coordinators, 1976, pp. 31-56.

古代音乐资料集《乐经论》(Musical References in the Chinese Classics)中①；1995年刊载的顾史考(Scott Cook)的《礼记·乐记》单篇英译②，以《〈乐记〉：导论、翻译、注释与解说》(*Yue Ji* 樂記—Record of Music：Introduction, Translation, Notes, and Commentary)为题刊载于《亚洲音乐》(Asian Music)期刊。而译本对于“声”“音”“乐”等关键词的翻译体现着东方与西方的冲突及融合，具有“汉语关键词在中西互译的过程中所产生的语义变迁甚至是词义悖逆”③的现象，译者也提道：“这篇文章的主要问题在于如何理解各种音乐术语，以及如何将它们翻译成英语。”④本文拟通过分析《礼记·乐记》中的重要文化关键词“声”“音”“乐”在英译过程中的意义转移、添加、替代等翻译策略，探究异质文化语境中中国文化关键词翻译面临的困境和可能性。

一、“声”“音”“乐”三分探源

《乐记》开篇便对“声”“音”“乐”提出了三分的界说：“音之起，由人心生也。人心之动，物使之然也。感于物而动，故形于声。声相应，故生变。变成方，谓之音。比音而乐之，及干戚羽旄，谓之乐。”⑤“声”“音”“乐”三分涉及中国音乐学史上最基本的概念与分类，也是中国古代音乐批

① 见黄卓越主编：《海外汉学与中国文论 英美卷》，北京师范大学出版社2018年版，第568页。

② Cook, Scott. “*Yue Ji* 樂記—Record of Music：Introduction, Translation, Notes, and Commentary.” *Asian Music*, 26.2(1995)：1-96.

③ 李建中、胡红梅：《关键词研究：困境与出路》，载《长江学术》2014年第2期。

④ Cook, Scott. “*Yue Ji* 樂記—Record of Music：Introduction, Translation, Notes, and Commentary.” *Asian Music*, 26.2(1955)：26.

⑤ 王文锦译解：《礼记译解》(下)，中华书局2014年版，第525页。

判的基本方法。① 然而，具有中国文化独特内涵的音乐术语成为翻译中的不对应词汇，给翻译带来了困难，《乐记》译者顾史考提道："在这个翻译过程中，最困难的决定是如何将三个用来表示音乐不同阶段的术语翻译成英语：声、音和乐。"②其他译者也在译本中表现出对于这个三个术语的翻译的复杂、模糊态度：理雅各初始翻译为 sound（声）、modulation of the voice（音）、music（乐），在后文中有时又将"声"翻译为 voice，"音"译为"airs"等；考夫曼将"sound""music"对应到不同的术语上，"sound"时而指"声"，时而指"音"，"music"时而指"音"，时而指"乐"。

我们应返回历史语义现场，甄别不同翻译方式存在的误读或悟读现象乃应尽之义。③ 从先秦时起，"声""音""乐"三分便成为中国音乐批评的重要术语，并代表了一种富于特色的批评方式。④ 如"烦手淫声"（《左传·邵公元年》）、"郑声淫"（《论语·卫灵公》）、"恶郑声之乱雅乐也"（《阳货》）等说法都将"声""音"与贬义结合。而与"乐"相关则形成了雅乐理论，如"夔，命汝典乐"（《尚书·舜典》）、"先王以作乐崇德"（《周易·豫·象传》）、"以乐德教国子"（《周礼·春官·大宗伯》）等。除了在惯例用法上体现，从汉代起，"乐""音""声"三分观念也影响到文献整理和书目编纂，如《汉书·艺文志》的乐类主要与雅乐有关；另一个影响的表现是诸史乐志

---

① 王小盾：《中国音乐学史上的"乐""音""声"三分》，载《中国学术》2001 年第 3 期。其他关于"声""音""乐"三分的研究参见刘伟生：《〈礼记·乐记〉"声""音""乐"辨》，载《船山学刊》2002 年第 4 期；王晓静：《"声""音""乐"——先秦文献中的音乐思想考察》，南京大学 2013 年硕士学位论文；等等。

② Cook, Scott. "*Yue Ji* 樂記—Record of Music: Introduction, Translation, Notes, and Commentary." *Asian Music*, 26. 2(1955): 19.

③ 本文主要专注于"声""音""乐"三分基础上的关键词英译研究，主要关注在具体语境下的横向翻译问题研究，对于纵向字义考证梳理较少，相关研究成果较多，例如：李建中主编：《乐》，《中国文化 元典与要义》（下），北京师范大学出版社 2016 年版，第 508-510 页；林桂榛、王虹霞：《〈乐记〉之"乐"》，《光明日报》2019 年 11 月 23 日，第 11 版；班小舒：《先秦儒家"乐"的观念研究》，哈尔滨工业大学 2019 年硕士学位论文；等等。

④ 王小盾：《中国音乐学史上的"乐""音""声"三分》，载《中国学术》2001 年第 3 期，第 55-73 页。

往往按其内容而改换名称，如从《隋书·音乐志》到《新唐书·礼乐志》，突出了音乐的雅俗之辩。①

而《乐记》中对于“声”“音”“乐”的划分是自然分类和社会分类的两种分类方式交织的结果。如《乐记》第一句：“音之起，由人心生也。人心之动，物使之然也。感于物而动，故形于声。声相应，故生变。变成方，谓之音。比音而乐之，及干戚羽旄，谓之乐。”②这里从自然音响角度出发，“声”是交织后的“音”，而“乐”则载歌载舞后的“音”，都具有自然属性。而后文的“乐者，通伦理者也。是故知声而不知音者，禽兽是也。知音而不知乐者，众庶是也。”则从社会等级角度出发，指出“乐”具有伦理属性，为“声”“音”“乐”的三分增加了社会伦理的维度。

关于《乐记》中的“声”“音”“乐”三分以及各自的具体内涵，后人也有过相关注疏。郑玄曰：“宫、商、角、徵、羽，杂比曰音，单出曰声。”“乐之器，弹其宫则众宫应，然不足乐，是以变之使杂也。”“干，盾也；戚，斧也，武舞所执也。羽，翟羽也；旄，旄牛尾也，文舞所执。”③孔颖达疏曰：“言‘声’者，是宫、商、角、徵、羽也。极浊者为宫，极清者为羽，五声以清浊相次。”“云‘杂比曰音’者，谓宫、商、角、徵、羽清浊相杂和比谓之音。”“然则初发口单者谓之声，众声和合成章谓之音，金石干戚羽旄谓之乐，则声为初，音为中，乐为末也。”④这里都相对明确地指出了“声”“音”“乐”三分的界限和内涵。

然而，《乐记》中对于“声”“音”“乐”的使用也存在着一定的交叉，如“故《商》者，五帝之遗声也，商人识之，故谓之‘商’；《齐》者，三代之遗声也，齐人识之，故谓之‘齐’。明乎《商》之音者，临事而屡断；明乎

---

① 王小盾：《中国音乐学史上的“乐”“音”“声”三分》，载《中国学术》2001年第3期，第55-73页。

② 王文锦译解：《礼记译解》(下)，中华书局2014年版，第525页。

③ 孔颖达疏：《礼记正义》，《十三经注疏》，北京大学出版社2000年版，第1251页。

④ 孔颖达疏：《礼记正义》，《十三经注疏》，北京大学出版社2000年版，第1252页。

《齐》之音者，见利而让”①，便时而将《商》《齐》称为“音”，时而称为“声”。如果按照“宫、商、角、徵、羽，杂比曰音，单出曰声”②来解释，则应该称为“声”而非“音”。有学者认为这是由于《乐记》并非经一时一人之手形成，所以“声”“音”“乐”三分明确存在于《乐记·乐本篇》，但其后篇章并非一定遵守三分理论。③

二、“声”“音”“乐”的英译诠释

中国音乐批评的特色术语“声”“音”“乐”在翻译中一直存在困难，《乐记》译者顾史考提道：“在这个翻译过程中，最困难的决定是如何将三个用来表示音乐不同阶段的术语翻译成英语：声、音和乐。英语中没有任何单一的对应词足以表达这些术语所涵盖的意义范围，但同时有必要为每个术语提出一个单词，以便在整个翻译过程中始终如一地表达这些术语。”④而文化元典关键词研究具有不可定义性和高度语境化等特点，《乐记》中对于“声”“音”“乐”的含义的使用前后也不尽相同，因此需要将“声”“音”“乐”放置于具体语境中来发现其英译过程中的意义转移、添加、替代等翻译策略以及翻译困境。

《乐记·乐本篇》：“凡音之起，由人心生也。人心之动，物使之然也。感于物而动，故形于声。声相应，故生变，变成方，谓之音。比音而乐之，及干戚羽旄，谓之乐。”⑤这里对于“声”“音”“乐”下了一个相对明确的定义：“声”是初始自然之声，“音”是交织后的“声”，而“乐”则载歌载

① 王文锦译解：《礼记译解》(下)，中华书局2014年版，第563页。

② 孔颖达疏：《礼记正义》，《十三经注疏》，北京大学出版社2000年版，第1251页。

③ 胡潇：《〈声无哀乐论〉“声”“音声”“乐”诸概念的理解与认识上的分歧——兼及对三个颇具争议问题的思考》，载《音乐研究》2017年第2期，第110页。

④ Cook, Scott. “*Yue Ji* 樂記—Record of Music: Introduction, Translation, Notes, and Commentary.” *Asian Music*, 26.2(1955): 19.

⑤ 王文锦译解：《礼记译解》(下)，中华书局2014年版，第525页。

舞后的“音”。对于这一段的翻译详见本文表1。

表1　　《乐记》关键词“声”“音”“乐”的用例举隅及英译1

用例举隅1	凡音之起，由人心生也。人心之动，物使之然也。感于物而动，故形于声。声相应，故生变，变成方，谓之音。比音而乐之，及干戚羽旄，谓之乐。①
理雅各译	All the modulations of the voice arise from the mind, and the various affections of the mind are produced by things/external to it. The affections thus produced are manifested in the sounds that are uttered. Changes are produced by the way in which those sounds respond to one another; and those changes constitute what we call the modulations of the voice. The combination of those modulated sounds, so as to give pleasure, and the (direction in harmony with them of the) shields and axes, and of the plumes and oxtails, constitutes what we call music. ②
考夫曼译	All sounds come from states within the heart, while states of the mind are caused by things without. States of the mind caused by external phenomena manifest themselves in sound. Tones (different pitches of sound; Chinese: yin M7418, "sound"; LC: "modulations"; Wilhelm: "Toene") are caused by their interaction; if they are subject to fixed rules, they are called tones. The combination of (several of) these tones for the purpose of providing enjoyment, and applied to the use of shields, axes, feathers, and tassels (in ceremonial dances) 110 is called music. ③

① 王文锦译解：《礼记译解》(下)，中华书局2014年版，第525页。

② James Legge. *The Sacred Books of China*: *The Texts of Confucianism*: *Part III-IV The Li Ki*. Trans. Oxford: Clarendon Press, 1885: 92.

③ Walter Kaufmann, Walter. *Musical References in the Chinese Classics*. Detroit: Information Coordinators, 1976: 32.

续表

顾史考译	In all cases, the arising of music (yin) is born in the hearts of men. 52 The movement of men's hearts is made so by [external] things. They are touched off by things and move, thus they take shape in [human] sound (sheng). Sounds respond to each other, and thus give birth to change. Change forms a pattern, and this is called music (yin). The music is brought close and found enjoyable, and reaches the point of shields and axes, feathers and pennants, and this is called Music (yue).①

对于这一段的翻译，不同的译者展现出不同策略。理雅各在本段中统一了“声”“音”“乐”的翻译：sounds（声）、modulations of the voice（音）、music（乐）。考夫曼则根据自身对于原文含义的理解来改变同一个术语在不同地方的翻译，如在“凡音之起，由人心生也”中将“音”翻译为“sounds”，“感于物而动，故形于声”中将“声”翻译为“sound”，其他地方则将“音”译为“tones”，“乐”译为“music”。顾史考为了避免各种术语的混杂，对于这三个音乐术语的翻译有自己专门的交代和定义：sound（声）music（音）Music（乐），并且在文中以括号的形式保留了中文发音的注释。

综观以上翻译，译者在本句中都将“声”译为“sound”，sound 指能听到的各种声音，虽然这些声音本身可能具有最基本的意义形式或表达内容，例如人类的尖叫或动物的叫声，但它们只被孤立地认为与其他声音没有任何关系，能相对较好地译出原义。

而在“音”的翻译上，则有较大差别，理雅各将“音”译为“modulations of the voice”，考夫曼将“音”译为“sounds”或“tones”，顾史考则将“音”译为“music”。“voice”指说话或唱歌的人通过嘴巴发出的声音；“tones”指某

① Cook, Scott. “*Yue Ji* 樂記—Record of Music: Introduction, Translation, Notes, and Commentary.” *Asian Music*, 26.2(1955): 24-25.

人声音的质量，尤其是表达特定情感，通常译为“语气”；“music”则指以令人愉快或令人兴奋的方式排列的声音。那么判定哪种对于“音”的翻译是合乎原义的，还需要明确原句中“音”的含义。郑玄曰：“宫、商、角、徵、羽，杂比曰音，单出曰声。”①孔颖达疏曰：“言‘声’者，是宫、商、角、徵、羽也。极浊者为宫，极清者为羽，五声以清浊相次。”“云‘杂比曰音’者，谓宫、商、角、徵、羽清浊相杂和比谓之音。”“然则初发口单者谓之声，众声和合成章谓之音，金石干戚羽旄谓之乐，则声为初，音为中，乐为末也。”②可见“音”主要指向相互结合的“声”，而“music”能够较好地译出原义，“voice”指向自然人声，定语“modulations”则体现出“音”规则排列的特性，“tones”则包含了语气感情的因素，而原文“音”则带有较少的情感价值判断，“tones”的翻译与原文含义相距较远。

在“乐”的翻译问题上，理雅各和考夫曼将“乐”译为“music”，而顾史考则选择译为开头字母大写的“Music”。“music”英文原指以令人愉快或令人兴奋的方式排列的声音，但“音”也指交织后的“声”，将“乐”译为“music”存在无法与“音”相区分的问题。而顾史考选择译为“Music”有其考量：“音乐发展的最后阶段是乐。如果我们坚持所谓的‘具体’方面的术语，我们会注意到，乐是一种多媒体艺术形式围绕音乐，其中也包括诗歌，歌曲和舞蹈……术语‘音’被视为有序的‘声’，因此它是人类情感的载体，远比单一的声音更具表现力。然而，‘音’并没有显示出王者的美德；当它显示出来的时候，它就变成了‘乐’。……由于这些原因，我将在整个文本中把‘乐’称为‘Music’，因为它仍然像‘音’一样，是一种音乐艺术形式，但它被视为这种艺术形式的一个更高级的阶段。”③这显示顾史考对于“乐”的

① 孔颖达疏：《礼记正义》，《十三经注疏》，北京大学出版社 2000 年版，第 1251 页。

② 孔颖达疏：《礼记正义》，《十三经注疏》，北京大学出版社 2000 年版，第 1252 页。

③ Cook, Scott. “*Yue Ji* 樂記—Record of Music: Introduction, Translation, Notes, and Commentary.” *Asian Music*, 26. 2(1955): 21.

自然分类上的诗乐舞一体和社会分类上的伦理价值都有一定的关照，将"乐"译为"Music"可谓用心良苦。然而，用变形的"Music"来显示中国文化关键词"乐"的独特内涵并非惯常用法，容易给普通读者带来理解上的困扰，翻译的整体流畅性和可读性也受到一定影响，正如顾史考强调的翻译原则："总的来说，读者可能会发现译文读起来没有理雅各的好，但这背后是有原因的。我已决定尽可能接近原文的措辞，以便原文中存在的任何模棱两可之处将大部分保留在翻译中。"①

《乐记》第二处代表性的关于"声""音""乐"的语句为："乐者，音之所由生也，其本在人心之感于物也。是故，其哀心感者，其声唯以杀。"②对于这一段的翻译详见本文表2。

表2　　《礼记·乐记》关键词"声""音""乐"的用例举隅及英译2

用例举隅2	乐者，音之所由生也，其本在人心之感于物也。是故其哀心感者，其声噍以杀。③
理雅各译	Music is (thus) the production of the modulations of the voice, and its source is in the affections of the mind as it is influenced by (external) things. When the mind is moved to sorrow, the sound is sharp and fading away. ④
考夫曼译	(Therefore) music is the result of (diverse) changing sounds and the root of music rests in the (changing) states of mind as it is moved by things external. When the heart is sad, the sounds are harsh and unsupported (dying away).⑤

① Cook, Scott. "*Yue Ji* 樂記—Record of Music: Introduction, Translation, Notes, and Commentary." *Asian Music*, 26.2(1955): 24.

② 王文锦译解：《礼记译解》(下)，中华书局2014年版，第525页。

③ 王文锦译解：《礼记译解》(下)，中华书局2014年版，第525页。

④ James Legge. *The Sacred Books of China: The Texts of Confucianism: Part III-IV The Li Ki*. Trans. Oxford: Clarendon Press, 1885: 92-93.

⑤ Kaufmann, Walter. *Musical References in the Chinese Classics. Detroit*: Information Coordinators, 1976: 32.

续表

顾史考译	Music (yue) is that which arises from music (yin). Its root lies in the touching off of men' hearts by [external] things. For this reason, for he whose heart is touched off to sorrow, his sound (sheng) is exhausted and decaying. ①

对于这一段的翻译，理雅各和顾史考对于“声”“音”“乐”的翻译与前一段一致：理雅各译为 sounds(声)、modulations of the voice(音)、music(乐)，顾史考译为 sound(声)、music(音)、Music(乐)。考夫曼仍将“乐”译为“music”，但却对“声”和“音”未加区分，都译为“sounds”，改变了原文的整体含义。

《乐记》第三处代表性的关于“声”“音”“乐”的语句为：“凡音者，生人心者也。情动于中，故形于声。声成文，谓之音。”②对于这一段的翻译详见本文表 3。

表 3　《礼记·乐记》关键词“声”“音”“乐”的用例举隅及英译 3

用例举隅 3	凡音者，生人心者也。情动于中，故形于声。声成文，谓之音。③
理雅各译	All modulations of the voice spring from the minds of men. When the feelings are moved within, they are manifested in the sounds of the voice; and when those sounds are combined so as to form compositions, we have what are called airs. ④

① Cook, Scott. "*Yue Ji* 樂記—Record of Music: Introduction, Translation, Notes, and Commentary." *Asian Music*, 26.2(1955): 27.

② 王文锦译解：《礼记译解》(下)，中华书局 2014 年版，第 525 页。

③ 王文锦译解：《礼记译解》(下)，中华书局 2014 年版，第 525 页。

④ James Legge. *The Sacred Books of China: The Texts of Confucianism: Part III-IV The Li Ki*. Trans. Oxford: Clarendon Press, 1885: 93.

续表

考夫曼译	All sound comes from within man's heart. The feelings within, when affected, express themselves in sounds. When the sounds are formed according to the law of order, music is created. ①
顾史考译	All music (yin) arises in the hearts of men. Emotion is stirred within and thus takes shape in sound (sheng). Sound forms patterns, and this is called music (yin). ②

在这部分的翻译中，顾史考的翻译仍为 sound(声)、music(音)，理雅各和顾史考的翻译有所不同。理雅各大部分情况遵循 sounds(声)、voice(音)的翻译，在“声成文，谓之音”中将“音”翻译为“airs”。“airs”为老式“调”的说法，常用于一首乐曲的标题，比如指一首曲子，用法如“Bach's Air on a G string”(巴赫的 G 弦乐章)，可见理雅各在这里的翻译注意到了“音”具有曲调，与以往理雅各将“音”译为“modulations of the voice”不同，“voice”指说话或唱歌的人通过嘴巴发出的声音，需要加“modulations”修饰来强调“音”的曲调特性，相比之下“airs”更加简洁。但是将“音”翻译为“airs”虽突出了“乐”的曲调特性，却缺少了和“乐”的区分。

考夫曼的翻译更多依据其自身对于句子的理解，分别译为：“All sound(音) comes from within man's heart. The feelings within, when affected, express themselves in sounds(声). When the sounds(声) are formed according to the law of order, music(音) is created. ”“音”时而被译为“sound”，时而被译为“music”，同时未区分“声”和“音”，都被译为“sound”，且无相关说明性文字，模糊了原文的措辞和“声”“音”“乐”的多重意蕴。

① Kaufmann, Walter. *Musical References in the Chinese Classics*. Detroit: Information Coordinators, 1976: 32.

② Cook, Scott. “*Yue Ji* 樂記—Record of Music: Introduction, Translation, Notes, and Commentary.” *Asian Music*, 26.2(1955): 29.

顾史考在这一节的评论中专门讨论了“声”“音”“乐”的区分：“‘音’是已经形成模式并达到一定程度的秩序的声音。因此，虽然它来自声音，因此最终来自人们对外部现象的心灵反应，但这种更先进的听觉表达形式自然不会像声音那样产生于简单的、无名的刺激，而是产生于同样获得组织感的外部现象——政府和行政部门所看到的整个人类事务状况。……声音已经发展到‘音’，但还没有达到‘乐’的阶段。”这表明译者对于“声”“音”“乐”的区分予以较多的关注，较好地实现了文化关键词翻译的“研译法”①。

《乐记》第四处代表性的关于“声”“音”“乐”的语句为：“郑卫之音，乱世之音也，比于慢矣。桑间濮上之音，亡国之音也，其政散，其民流，诬上行私而不可止也。”②对于这一段的翻译详见本文表4。

表4　《礼记·乐记》关键词“声”“音”“乐”的用例举隅及英译4

用例举隅4	郑卫之音，乱世之音也，比于慢矣。桑间濮上之音，亡国之音也，其政散，其民流，诬上行私而不可止也。③
理雅各译	The airs of Kang and Wei were those of an age of disorder, showing that those states were near such an abandoned condition. The airs near the river PQ, at the mulberry forest, were those of a state going to ruin. The government (of Wei) was in a state of dissipation, and the people were unsettled, calumniating their superiors, and pursuing their private aims beyond the possibility of restraint. ④

① 研译法：在中华文化关键词系统尚未正式确立、许多文化关键词的内涵也未得到充分揭示的背景下，文化关键词的翻译还包含着对文化关键词进行研究的任务。也就是说，为了翻译某一文化关键词，需要先揭示该文化关键词的内涵，然后再将研究的结果翻译成外语。我们把这种研究性翻译方式称作研译法。研译法以一般的翻译方法为基础，注重对所译对象进行研究并作出阐释。参见杨仕章：《文化关键词翻译研究》，载《解放军外国语学院学报》2016年第1期，第133页。

② 王文锦译解：《礼记译解》(下)，中华书局2014年版，第527页。

③ 王文锦译解：《礼记译解》(下)，中华书局2014年版，第527页。

④ James Legge. *The Sacred Books of China*: *The Texts of Confucianism*: *Part III-IV The Li Ki*. Trans. Oxford: Clarendon Press, 1885: 94.

续表

考夫曼译	The music of the states of Cheng (M363) and Wei (M 7089a) reflected a period of (such) confusion and the people were close to ruin. The melodies of the (people of) Sang-chien (M 5424. 19) in the mulberry forest near the river Pu (in the state of Wei) showed that the people (there) were close to ruin. The government was corrupt, the people were restless and they slandered their superiors and acted selfishly without any control. ①
顾史考译	The music of Zheng and Wei is the music of a chaotic age. It borders on dissoluteness (man 慢). The music from among the mulberries atop the Pu River is the music of a lost state. The administration was disorganized and the people dispersed. Superiors were slandered and private ends were carried out, and it could not be stopped. ②

在这部分的翻译中，译者对于"音"字出现了不同的译法，理雅各仍将"音"译为"airs"，考夫曼则将"郑卫之音"的"音"译为"music"，"桑间濮上之音"的"音"译为"melodies"，顾史考将"音"都译为"music"。那么如何翻译这些处于不同语境的"音"，这就涉及对于"郑卫之音"和"桑间濮上之音"的理解。郑玄注："濮水之上，地有桑间者，亡国之音于此之水出也。昔殷纣使师延作靡靡之乐，已而自沉于濮水，后师涓过焉，夜闻而写之，为晋平公鼓之。"③《汉书·地理志下》载："卫地有桑间濮上之阻，男女亦亟聚会，声色生焉，故俗称郑、卫之音。"④可见"郑卫之音"和"桑间濮上之音"的"音"具有同义⑤，指当时郑国和卫国的一种民间新乐，因此应将

① Kaufmann, Walter. *Musical References in the Chinese Classics*. *Detroit*: *Information Coordinators*, 1976: 33.

② Cook, Scott. "*Yue Ji* 樂記—Record of Music: Introduction, Translation, Notes, and Commentary." *Asian Music*, 26. 2(1955): 32.

③ 高明、涂白奎:《古文字类编(增订本)》，上海古籍出版社 2008 年版，第 1528 页。

④ 何琳仪:《战国古文字典》，中华书局 1998 年版，第 1665 页。

⑤ 关于"郑卫之音"和"桑间濮上之音"的研究，参见冯洁轩:《论郑卫之音》，载《音乐研究》1984 年第 1 期，第 68-85 页；陈宗花:《"郑卫之音"问题研究综述》，载《人民音乐》2003 年第 11 期，第 36-41 页。

二者的“音”译为相同英文。而考夫曼将“郑卫之音”的“音”译为“music”，“桑间濮上之音”的“音”译为“melodies”，两种英译指向不同，“music”指以令人愉快或令人兴奋的方式排列的声音，而“melodies”则指向曲调旋律，尤指几种乐器或声音谱写的一段音乐中的主要曲调，侧重点有所不同。

《乐记》第五处代表性的关于“声”“音”“乐”的语句为：“凡音，生于人心者也。乐者，通伦理者也。是故知声而不知音者，禽兽是也。知音而不知乐者，众庶是也。唯君子为能知乐，是故审声以知音，审音以知乐，审乐以知政，而治道备矣。是故不知声者，不可与言音。不知音者，不可与言乐。”①对于这一段的翻译详见本文表5。

表5　《礼记·乐记》关键词“声”“音”“乐”的用例举隅及英译5

用例举隅5	凡音，生于人心者也。乐者，通伦理者也。是故知声而不知音者，禽兽是也。知音而不知乐者，众庶是也。唯君子为能知乐，是故审声以知音，审音以知乐，审乐以知政，而治道备矣。是故不知声者，不可与言音。不知音者，不可与言乐。②
理雅各译	All modulations of sound take their rise from the mind of man; and music is the intercommunication of them in their relations and differences. Hence, even beasts know sound, but not its modulations; and the masses of the common people know the modulations, but they do not know music. It is only the superior man who can (really) know music. On this account we must discriminate sounds in order to know the airs; the airs in order to know the music; and the music in order to know (the character of) the government. Having attained to this, we are fully provided with the methods of good order. Hence with him who does not know the sounds we cannot speak about the airs, and with him who does not know the airs we cannot speak about the music. ③

① 王文锦译解：《礼记译解》(下)，中华书局2014年版，第528页。

② 王文锦译解：《礼记译解》(下)，中华书局2014年版，第528页。

③ James Legge. *The Sacred Books of China: The Texts of Confucianism: Part III-IV The Li Ki*. Trans. Oxford: Clarendon Press, 1885: 95.

续表

考夫曼译	All sounds originate from within. Music has close relations with the ethos of the time. Therefore, those who are aware of sound, but do not know the tones are animals. Those who know the tones, but not the (actual) music are ignorant. Only the noble and distinguished persons comprehend music. In order to understand this, one has to know the tones. This knowledge enables one to discern the melodies. One has to know the melodies in order to comprehend music, and music in order to discern and guide (the nature of) government. If we are aware of these things we approach correct order. Whoever does not understand the tones, cannot discuss melodies, and whoever is ignorant of melodies cannot know music. ①
顾史考译	All music (yin) arises in the hearts of men. Music (yue) is that which connects with [ethical] human relationships and principles (lunli). For this reason, those who know sounds (sheng) but do not know music (yin)—these are the birds and the beasts. Those who know music (yin) yet do not know Music (yue)—these are the common masses. Only the superior man (junzi) can know Music (yue). For this reason, sounds (sheng) are investigated to know music (yin), music is investigated to know Music (yue), Music is investigated to know administration, and the Way of Governance is complete. For this reason, those who do not know sounds (sheng) can not be spoken with about music (yin); those who do not know music can not be spoken with about Music (yue).②

① Kaufmann, *Walter. Musical References in the Chinese Classics.* Detroit: Information Coordinators, 1976: 33.

② Cook, Scott. "*Yue Ji* 樂記—Record of Music: Introduction, Translation, Notes, and Commentary." *Asian Music*, 26.2(1955): 33-34.

这部分中“声”“音”“乐”多次出现，顾史考如前文所述，采用统一的翻译原则：sound(声)、music(音)、Music(乐)，而理雅各和考夫曼的翻译则有较大差异。理雅各在这部分对于“声”“音”“乐”的处理较为复杂，将“声”都译为“sound”，将“乐”都译为“music”，而“音”的处理主要有三种情况：凡音(modulations of sound)，生于人心者也；知音(modulations)而不知乐者；审音(airs)以知乐。“modulations of sound”指向变调的自然声音，这些声音本身可能具有最基本的意义形式或表达内容，例如人类的尖叫或动物的叫声；“modulations”指向各种调式，侧重音调；“airs”为老式的“调”的说法。理雅各关于类似翻译方法也有过交代：“我所呈现的‘the modulations of the voice’(声音的调制)在文本中是一个汉字‘音’，Callery译为‘air musical’(空中音乐剧)，而King Hsian解释为‘the five full notes of the scale’(五个完整音符)的意思。”①

考夫曼在这部分对于“声”“音”“乐”的处理也同样较前文复杂。“声”的译法有两种：是故知声(sounds)而不知音者，禽兽是也；是故不知声(tones)者，不可与言音。“音”的译法有三种：凡音(sounds)，生于人心者也；是故知声而不知音(tones)者，禽兽是也；审音(melodies)以知乐。“乐”的译法统一，都被译为“music”。对于以上英译含义的内涵前文已作说明，且在本部分中《乐记》原文对于“声”“音”“乐”的使用基本遵循了开篇的定义：“凡音之起，由人心生也。人心之动，物使之然也。感于物而动，故形于声。声相应，故生变，变成方，谓之音。比音而乐之，及干戚羽旄，谓之乐。”②理雅各和考夫曼的翻译对于“声”“音”“乐”的多种翻译方式很大程度上改变了原文的措辞，原文的阐释空间由译者固定化，原文中存在的模棱两可之处已经很大程度上被磨灭，但同时增加了文本的可读性和流畅性。

---

① James Legge. *The Sacred Books of China: The Texts of Confucianism: Part III-IV The Li Ki*. Trans. Oxford: Clarendon Press, 1885: 92.

② 王文锦译解：《礼记译解》(下)，中华书局2014年版，第525页。

三、信与雅：中国文化关键词英译的阐释与策略

在“声”“音”“乐”的翻译问题研究中主要存在两种翻译策略：一是尽量接近原文措辞，保留原文中的模糊和中间地带，用加括号或者注释的方式解释或标注原文，但是翻译的整体流畅性和可读性也受到一定影响，容易给普通读者带来理解上的困扰；二是根据不同语境和本国文化语言习惯，不拘泥原文措辞而根据本土语言习惯灵活翻译，但是原文的用语方式已经改变，原文的阐释空间由译者固定化，中国古代文论的诗性言说方式难以体现，容易造成读者的误读。

面对以上两种翻译策略和带来的影响，或许可以采用翻译分级策略，即符合对象读者的需求制定侧重点不同的翻译策略。对于中国文化关键词，面向学术研究的翻译可采取尽量接近原文措辞的翻译策略为主，力图更好地译出原文风貌，体现中国古代文论的诗性言说方式，并结合注释等对翻译的原则和困难等予以讨论，如顾史考(Scott Cook)的《礼记·乐记》单篇英译《〈乐记〉：导论、翻译、注释与解说》①(Yue Ji 樂記—*Record of Music*：*Introduction*，*Translation*，*Notes*，*and Commentary*)刊载于《亚洲音乐》(Asian Music)期刊，其便采用了此种翻译策略，其译文也被后来《礼记·乐记》的研究者反复阅读和多次引用。而面向普通读者的文化读本的文化关键词翻译可采取尽量忠实原文的基础上根据本土语言习惯灵活处理，也可以对其翻译策略加注注释，方便有更多兴趣的人继续深入研读，如理雅各的对于《乐记》中文化关键词的翻译便采用了此种方式。当然，这两种翻译策略也并非截然分开，文化关键词翻译需要同时兼具“信”和“雅”，既不失原文风貌，又能较为符合本土语言习惯，促进中西文化的交流和融合。

校订：刘彦麟　刘方圆

① Cook，Scott. “*Yue Ji* 樂記—Record of Music：Introduction，Translation，Notes，and Commentary.” *Asian Music*，26.2(1955)：1-96.

越向外部与主体之死

——布朗肖《死刑判决》中的“闯入”

岳 洵*

莫里斯·布朗肖是法国20世纪重要的哲学小说家与文论家，他对死亡与文学的关系、中性、外部的思考构成许多重要思想的起点，影响了巴塔耶、福柯、列维纳斯、德勒兹、萨特、德里达等一系列光辉的名字，但与此同时，他自中性理论一以贯之的低调、沉默的处事风格使他“缺席”于群星璀璨的法国理论界流传的采访与影像，成为一个灰暗、晦涩又无法绕过的影子。布朗肖的小说追求语言本身的质感，将哲学思考、叙事、对话和断章式的语录写作融为一体，形成了一种独特的写作“叙事”(récit)，“叙事并非对某一事件的记述，而恰为事件本身，是在接近这一事件，是一个地点——凭着吸引力召唤着尚在途中的事件发生。”①围绕布朗肖所寻找的那个“未知、无人知晓又陌生的点”，无可预料的叙事形成一个陌异于现实的空间，这一产生自叙事的文学空间，就是他试图接近的外部。

关于布朗肖，国内研究一般聚焦于布朗肖的文学观、死亡观和自我与他者的关系，将其最重要的理论著作《文学空间》和《无尽的谈话》放诸讨论的核心，没有更多地兼及布朗肖的叙事作品，导致布朗肖的文学理论孤立地对应于死亡、中性、沉默等哲学概念，缺乏对布朗肖小说成就的观照。出版于1948年的《死刑判决》，严格意义上是布朗肖的第一部“叙事”作品，

---

* 岳洵，武汉大学文学院2020级比较文学与世界文学专业硕士研究生。本文入选2021年武汉大学文学院首届研究生学术论坛“优秀论文”。

① ［法］莫里斯·布朗肖：《未来之书》，赵岑岑译，南京大学出版社2015年版，第8页。

深蕴布朗肖哲思的语言汇集为具有故事框架的写作，但亦真亦幻、明暗交织的语流显然又溢出了通常意义上的小说。作为布朗肖隐居艾斯(Eze)时期写作的三部小说①中的第一部，《死刑判决》在文本内部生成了一个“闯入”的空间，与其文论形成呼应。布朗肖孜孜以求的“陌异之域”既构成本体论意义上作为存在的外部，也对个体标画自身提供了限度，本文将从闯入的对象、闯入的动机和闯入的结果三个层面，论证“闯入”这一无人预料的行为恰恰构成个体确证存在、整合自身的方式。

越向外部的寓居之所：夜与异托邦

仔细阅读《死刑判决》，我们会发现全文一共发生了五次“闯入”。在叙事前半部分，叙述者与J在一家旅店相识，在一天晚上，J发现床角站着一个无法辨认的不速之客，因为觉得是“我”，而贸然闯入“我”的房间，惊醒了睡梦中的“我”。在J去世之后的叙事后半部分，叙述者在晚上接连闯入邻居C、久别重逢的西蒙娜·D和N(娜塔莉)的居所，其中，只有娜塔莉对“我”房间的闯入和“我”对娜塔莉所在的自己房间的闯入，具有与J的闯入相似的特征。不难发现，在五次“闯入”中，其中有三次是“我”闯入存有他人的房间，而闯入“我”之居所的，则是本书前后两个部分的中心人物J和娜塔莉。

作为“闯入”这一行为发生的前提，首先需要明确“被闯入”的场所和发生的时间。归纳而言，这五次“闯入”均是针对一个狭小空间的入侵，或是客居的旅馆，或是晦暗、缺乏描述的公寓，而时间则集中在夜晚，一种布朗肖意义上的夜。幽闭晦暗的狭小空间是布朗肖叙事作品中最频繁出现的环境。在同时期写作的《在适当时刻》中，一男两女在一个似乎永远无法看清的房间中对话；在后期出版的作品《等待，遗忘》中，男人和女人全部的

① 《死刑判决》《在适当时刻》与《那没有伴着我的一个》被乔治·巴塔耶称为“三联画”，均完成于20世纪40年代末到50年代，其时布朗肖因健康状态欠佳暂停文学评论，隐居于其南部宅邸艾斯。

活动区域也仅为一个黯淡至匮乏的卧室。将叙事安置在如此狭小的空间，同时置身于一个可供睡眠的寂静空间，对布朗肖而言具有特殊的哲学意义：在睡眠发生的外部，夜以确定的广延屏息了时间，随个体固定而固定的空间构成一个陌异于白昼的本己的存在。“在我睡觉的地方，我固定自己，也固定外部。我不再能够游荡，也不再不稳定、分散和漫不经心，而是集中于这个狭窄之地……睡眠这一事实即是：现在，我的停留就是我的存在。”①黑夜在一间与睡眠相伴、固定而幽暗的卧室里将栖居者包围，随之划定了主体的外部。

在布朗肖的哲学中，白昼是明确的，是充满生命力的可能性，是可以被认知并支配的理性世界，而夜是晦暗的，是死亡，是“接受不可能性考验的地方”。不同于古典时期思想家仅仅从普遍时间的角度区别白昼和黑夜，将“二者的循环作为世界的法则”②。布朗肖强调超出世界的部分，提出并不与白昼相接的“另一种夜”。第一种继承自古典时期的夜，是白昼的缺席，仅仅作为消失而出现，另一种夜，则是一切都消失在夜里时，“一切都消失了”的显现。③ 第一种夜作为白昼在时间维度折射的隐喻，是处于黑夜而对进入黑夜保有的迟疑，一种对黑夜不可见的盲视和朝向白昼的暂离，“白天和黑夜是相连的。一天之所以是一天，只是因为它有开始而没有结束。这正是它的正义所在：它是始与末”④。而另一种夜则是与白昼绝然不同的“夜的本质”，不作为白昼的隐匿，而是越出白昼的外部。因此，白昼与本质之夜的分离同时意味着时间与空间、连续性与非连续性的对立。

---

① Blanchot, Maurice. *The Space of Literature*. Trans. Ann Smock. London: University of Nebraska Press, 1989: 266.

② ［法］米歇尔·福柯：《疯癫与文明》，刘北成、杨远婴译，生活·读书·新知三联书店 2019 年版，第 103 页。

③ Blanchot, Maurice. *The Space of Literature*. Trans. Ann Smock. London: University of Nebraska Press, 1989: 163.

④ Blanchot, Maurice. *The Space of Literature*. Trans. Ann Smock. London: University of Nebraska Press, 1989: 167.

关于时间与空间概念的分化，福柯将之追溯到柏格森，此后，“空间被看作死亡的、固定的、非辩证的，不动的。相反，时间代表了富足、丰饶、生命和辩证”①。对此，布朗肖重新定义了夜的本质，也对空间的意义作出修正。夜作为对白昼的超逾，同时构成人自身的外部，死亡空间，文学空间，都是外部空间。《死刑判决》中，充盈着夜的房间是一重空间，房间内蛰伏的夜构成另一重空间，另一重空间吸引着空间中的栖居者，正如福柯在1967年建筑研究会上那篇著名的演讲《另类空间》中提到的概念，“在我们之外吸引我们的空间……其本身也是一个异质的空间”②。这就说明，真实存在的房间内部存在一个外在且超出现实的空间，使得具有双重空间的房间具有“异托邦”的性质，类似一个能够延展、进入的镜子，存在虚实相生的中间性，以区别于日常空间。福柯认为空间不是一成不变的，其更迭历经中世纪“定位的空间”、伽利略之后“广延性的空间”，形成如今“位置的空间”。他用“异质空间”描述那些与其他位置存在异常关系的位置，其中，“乌托邦”可以在想象中建构，但永远处于尚未实现状态的场所，显现出一种“不在场的在场”，而“异托邦”则是真实存在却超逾存在的“不同”，既是真实存在的场所，也同时构成对超过现实空间的位置结构上的“越轨”，因而是一种“在场的不在场”。

在表层喻指中，“异托邦”强调场所对异常个体的安置，包括精神病院、监狱、养老院、博物馆和度假村等社会权力建构下存在特定情景功能的场所，但究其根本，“异托邦”是福柯对外部的一种比喻，所关注的是位于现实空间之上的另一重“不可见”的空间结构。这与福柯在60年代对文学语言“空间性”的关注是一致的，在他对布朗肖的长评《外部思想》(*The Thought from Outside*)中，福柯说：“布朗肖叙述的经验使得这种匿名的语言得以解放，并向它自己的无限性敞开。在低语的空间中，它们找到的与

---

① [法]米歇尔·福柯：《权力的眼睛》，严锋译，上海人民出版社2021年版，第175页。

② [法]米歇尔·福柯：《另类空间》，王喆法译，载《世界哲学》2006年第6期，第52-57页。

其说是一个终点，不如说是一个不再可能重新开始的地理场所。”①从这个意义上说，布朗肖为还原文学本身具有的空间指向，实现了对语言意指性的解放，文学不会结束于一个确定的意义，而是进入一个有来无回的外部空间。与此同时，布朗肖在作品中也开辟出一方异托邦，指向在可见空间中的不可见的外部。

以拯救为名的闯入：垂死与存在

从布朗肖隐约的叙事中，我们可以大致还原一个爱情故事：久病的 J 偶然闯入“我”的生活，在相处中“我”心生爱慕，但随着 J 的离世，“我”在孤独中试图寻求新的对象，以填补内心的空位，最终娜塔莉闯入“我”的生活，“我”重拾激情的渴慕。但显然，字里行间笼罩的死亡意涵和超乎现实的描写，让这部作品并未简单停留在爱情小说的层面。结合之前对人物居所的讨论，“夜闯”这一行为实则具有本体论层面上进入存在的意义。

福柯认为异托邦有一个打开和关闭的系统，具有特定的进入法则，毫无疑问，布朗肖笔下外部空间的进入方式是死亡。房间锁上的门对带有死亡通牒的闯入者形同虚设，人总是如不期而遇的死亡一般“以一种无法解释的方式走进一个无人期待的地方”②。作品中，最早的一次“闯入”发生于 J 和叙述者之间，其原因是 J 在夜里突然惊醒，看见房间内站着一个人，接着此人走出房间向大厅远去，她认为是“我”生命垂危或者已死，便闯入“我”的房间，但事实上，“我”之前并没有进入她的房间，此时也没有死去(11)。这段叙事引人注目之处在于，死亡仿佛可以与一个人分离，这一永远晚于所有其他事件的结果变成了一种随时可能进入的状态。J 所认为的

① ［法］米歇尔·福柯：《声名狼藉者的生活：福柯文选 I》，汪民安编，北京大学出版社 2016 年版，第 180 页。

② ［法］莫里斯·布朗肖：《死刑判决》，汪海译，南京大学出版社 2014 年版，第 55 页。后文出自同一著作的引文，将随文在括号内标出该著作的引文出处页码，不再另行作注。

"我"正在向大厅远去，她便认为"我"可能已经死了；她在门口呼喊并得到"我"回答之后，她却更感焦虑，觉得"我"真的死了。更离奇的死亡发生在J生命垂危之际：J在某个夜晚死去，却又在叙述者的呼唤下于拂晓时分醒来(26)。死亡的主题贯穿了《死刑判决》这部作品，在叙事的第二部分，自黑暗中浮现的娜塔莉也具有强烈的死亡属性，身形如魅，四肢冰冷，与其说是一个在房间中等待"我"的活人，不如说是一种对死亡的幻觉。更不用说，"我"本身也是一个将死之人，早早地就被医生宣判了死刑(9)。能够发现，"闯入"这一行为不是由将死之人发起，就是由将死之人承载，死亡是"闯入"发生的重要契机。总结而言，在布朗肖的叙事中，一个已经被判定死亡的人能够再次活过来，死亡的进程不再是对一个不可逆转的临界点的跨越，而成为一种无休止的蔓延，正如这部作品的标题所暗示的那样——成为一种"垂死"。

事实上，"垂死"这一状态正是布朗肖对死亡的描述，以补充海德格尔所忽视的人面对死亡的无限被动性。海德格尔意义上的"向死而生"，是将死亡作为一个终点，用以标记当下构成的存在。正是出于对"死亡"的意识，当下才能从未来中显现，同时把握所有的过去，通过连续性让人的存在变成对存在的确知与承担。但布朗肖认为，死亡在给生存提供了全部意义的同时，也同时意味着对意义的回收。J在弥留之际，被刻画为："发出痛苦的杂音，让人感觉到那嘴好像不是她的，而属于一个陌生人，一个身患绝症的不可救药者，甚至是一个死人。"(35)主体性在漫长的死亡中消磨为一种无名性，死亡来临之际，海德格尔所说的"本真性死亡"实际上将以一种"垂死的无限被动性"出现。① 正在经历死亡的个体失去主体性，正如作者与作品的分离。主体的撤退与分解澄明了一个未被知识化的、无人称的外部空间，垂死之人因而只能在世界缺场的恐怖中暴露于存在。由此，死亡的结点变成无休止的垂死，存在也进入涌动的暗夜。夜晚，意识从世

---

① ［英］乌尔里希·哈泽、［英］威廉·哈奇：《导读布朗肖》，潘梦阳译，重庆大学出版社2014年版，第67页。

界褪去，世界随之瓦解，一个“恐怖之物”充盈于房间内无名的、不可见的外部，这就是布朗肖所认为的存在。

因此，“闯入”黑夜中的房间，就是“闯入”存在。从存在给闯入者与被闯入者双方带来的共同的恐惧来看，进入异托邦，一种有别于其他所有场所的空间异质性将以不可见亦无法摆脱的恐怖经验侵吞房间里的人。在布朗肖的描述中，无论是 J 闯入“我”的房间导致“我”惊恐万分，还是将闯入“我”房间的娜塔莉刻画为“恐惧是她的本质”(48)，遭遇存在所带来的最直接的感受就是恐惧。与布朗肖过从甚密的现象学家列维纳斯，对此作出了精确的描述，“从本质上说，存在是奇特的，它撞击着我们，如黑夜一般，将我们紧紧地裹挟，令我们窒息，痛苦万分，却不给我们一个答案。它就是存在之恶”①。身陷房间的人被无休无止、无法摆脱的“存在之恶”包围，所重现的正是死亡进程中的“垂死”。

另一方面，存在作为永恒的外部，却不断吸引个体冒险进入。对此，布朗肖继续用昼夜比喻存在所具有的黑洞般的吸引力，“在白天，这另一种夜是一种可能被打破的秘密，一种期待被揭露的黑暗。只有在白天才能感受到对夜晚的激情。只有在白天，另一个夜晚才会暴露自己，就像那种欲求在地狱里结合而冲破一切束缚的爱。然而在夜里，这另一种夜是无法与之结合的”②。J 在垂死之际深陷于无人称的存在，“我”作为见证者，实际上也进入了这个喑哑无名的存在。其结果却是，“我”不仅没让 J 走出黑夜，反而是其死亡的助推者，亲手中止了只剩下无限被动性的 J 的垂死。于是 J 的死亡，让“我”化身为寻找欧律狄刻的俄耳甫斯，妄图闯入永恒陌异的房间，并将他者带回白昼。因此在作品的第二部分，一种向死的进入构成“我”拯救的方式，并最终将“我”推向直面存在和返回世界的那个转身。

① [法]埃马纽埃尔·列维纳斯：《从存在到存在者》，吴蕙仪译，江苏教育出版社 2006 年版，第 11 页。

② Blanchot, Maurice. *The Space of Literature*. Trans. Ann Smock. London: University of Nebraska Press, 1989: 168.

对不可能性的献身：无名的他者与主体之死

叙事的后半段，“我”在执念的纠缠下遭遇了三位女性，其中只有娜塔莉与J一样，曾主动闯入“我”的房间。相比于存有目的性的C和西蒙娜·D，娜塔莉将自己“毫无保留地托付给陌生人”(11)，甚至在闯入“我”的房间后并不记得这样做的原因。除此之外，从闯入的结构上也得以管窥J与娜塔莉之间关系的延承。J所误认的“我”的“闯入”和她对“我”房间的闯入构成一组“闯与被闯”的关系，同样这组关系也出现在娜塔莉和“我”之间，然而娜塔莉不是被存在擒获的他者，而是“我”被存在擒获的证人。

第一次是娜塔莉闯入“我”的房间。娜塔莉在莫名闯入“我”的房间后，一开始像雕像一样木然地伫立在房间内，“我”带着压倒性的愤怒，粗暴地侵犯了想要逃走的娜塔莉。不难发现，娜塔莉的无法逃离实际上是受制于“我”的侵犯，并非进入房间便遽然失去逃脱的能力，这说明，真正被房间控制、无法逃离的人是“我”自身，“念头一旦产生，就必须遵循到底”(49)。被“存在之恶”控制住的“我”，不惜武断地将娜塔莉拖回房间，也不愿让他者从存在的恐怖中逃脱。一方面，娜塔莉是一个“更少个性”的人，这导致她吸引了迷恋存在之夜的“我”，但另一方面，这种特质也成为“我”的执念的牺牲品，让“我”能不依不饶地在与其的关系中实践夜的哲学。当“我”不假思索地回复还认识其他的女人后，娜塔莉意识到自己并不具有无可替代的唯一性，于是她越发消匿于无个性的深处，走向一种“垂死”，变成“另一种夜”。

第二次是“我”闯入娜塔莉占据的“我”自己的房间。“我”在钥匙不翼而飞的情况下回到自己的房间，娜塔莉已然置身于黑暗，游离于四周的恐惧标识了房间内扩散的存在。在一个无法确定的时刻，娜塔莉突然从黑暗中浮现，寂灭的眼神看向无限远的地方。但娜塔莉并非作为陷入存在的他者，反而是以存在的本质出现，如黑夜中的欧律狄刻，“她是那种夜的本质临近如另一种夜的瞬间”①。“我”妄图通过手的抚摸去把捉这具自夜而来的冰冷的躯体，进而将失而复得的欧律狄刻带回白昼，然而“我”的激情永远不可能得到真正的回应，因为真实生活的娜塔莉并不被看见。“我”陷入存在，所以看不见存在之外鲜活的娜塔莉，这种无限还原导致娜塔莉在无个性的消磨中褪为欧律狄刻的投影，属于娜塔莉的独特部分无从得知也不被关心。与此同时，欧律狄刻在永恒后撤中，也同样无法被俄耳甫斯的目光捕捉。

转过身去的俄耳甫斯，看到的只是欧律狄刻“无限的不在场的在场”，本质之夜在灼灼的目光中表现为非本质的遮蔽，甚至把俄耳甫斯自身也一并吞没。“他自身在这目光中并不在场。他和她一样，都死了……一种无休无止的死亡，没有结束的缺席的折磨。”②欧律狄刻之死让俄耳甫斯知道了存在位于人自身的外部，但他在寻回亡人的愿望下真正执行的，却是忍不住转身随欧律狄刻一道走入夜的渊源，在超越中献身于不可能性。这也就是为什么福柯将外部的吸引力与最终导向的虚空联系——“吸引力，就是这开口奇迹般的简洁，只能够提供无限的虚空，而虚空在它所吸引的人的脚下敞开……在被判死刑的凝视中，只独独提供了一个女性姿势。”③女性只是一个进入的缺口，实质上真正吸引“我”的依旧是不断超越的外部，即本质之夜。

本质之夜与白昼分处在不可能与可能的两岸，人全部的可能性就来自于白昼和黑夜的分离，来自自身与存在的分离。“人意识到自己是分离的，是存在的不在场；他意识到自己的本质是源于自身的不存在。”④但对主体

① Blanchot, Maurice. *The Space of Literature*. Trans. Ann Smock. London: University of Nebraska Press, 1989: 171.

② Blanchot, Maurice. *The Space of Literature*. Trans. Ann Smock. London: University of Nebraska Press, 1989: 172.

③ [法]米歇尔·福柯：《声名狼藉者的生活：福柯文选 I》，汪民安编，北京大学出版社 2016 年版，第 160 页。

④ Blanchot, Maurice. *The Space of Literature*. Trans. Ann Smock. London: University of Nebraska Press, 1989: 252.

的威胁也正来源于此——死亡以否定的方式肯定了主体，然而遭遇死亡、直面存在之后的“垂死”却让自身与存在无法分离。若想从外部调转方向回到主体，布朗肖认为其必要条件恰恰是对存在本身的隐藏，因而主体必须处在尚未存在、尚未成为、尚未完成的动态中。① J、“我”和娜塔莉却因为完全暴露于存在，而成为无名之人，甘愿放弃对主体的控制并让主体终止。这就是为什么“我”对娜塔莉偷偷联系了手模师感到痛苦，手模所固定的不仅是主体在白昼的形态，而且意味着可能性的完结，固定只能导向主体之死。

《死刑判决》蕴含的根本矛盾是人位于昼夜之间的两难处境，一边是来自存在深渊的不可能性的吸引，另一边是岌岌可危的主体性。为了抵达夜的极限，死亡作为一种更大的力量侵占了在世之人的意志，致使曾经发生在J身上的死亡经由“我”，无可避免地降临在另一个主动对叙述者敞开的女性身上。于是“我”在垂死中、对存在不可能性的着迷中，做了死亡的推手。

余　论

“闯入”一个场所，意味着场所并非无名，而是有一个他者预先在场，所闯入的是他者之场所，也是他者之存在。但他者始终躲闪，在吸引我超出自身的同时永恒地保持陌异，因而“我”能够闯入房间，进入相对于“我”自身的外部，却无法停留并真正地占有此地。布朗肖在他后期的哲学中，借巴塔耶“共通体”的概念进一步厘清了我与他者的关系。他者之死的重大意义是让我“把他者的死亡作为唯一关切于我的死亡而亲自加以承担”，这使得我超出自身，在进入我之外部却永恒无法追回他者的不可能性中，

① 吴博、张新木：《本质孤独与文学存在——布朗肖〈文学空间〉中的文学本体论》，载《南京社会科学》2018年第4期，第122-127页和第136页。

“向一个共通体的敞开而敞开”①。他者缺席产生的巨大吸引力，致使我不得不走向外部，认识到主体建立在对存在的无知上，一切可能性都来源于存在之不在场。于是，更切峻的问题转变为如何在洞悉自身与存在内含的分离关系后，还能在黑夜与白昼之间整合破碎的主体性。

《死刑判决》没能对这一挑战作出回应，结局是所有人都陷于存在的无名，濒临垂死。面对这部作品遗留的疑问，布朗肖认为得解的希望只能寄托于“共通体”的确立，他者之死的确将我抛向外部，但也导致我与他者共同行驰于外部，在一个共通的“陌异之域”中，“变得陌异于自身，进入了一种同样让他们彼此陌异的亲密”②。不再是因为逾越自身而进入外部，而是通过外部的确立划定自身。“陌异之域”的提出，解释了死亡如何得以从他者过渡为“我”的承担，这也正是布朗肖所认为的“我”与他者关系的来源——永恒无法消除的间距确保了“我”与他者的友谊。这在他论及与巴塔耶的关系时得到了最好的诠释，“这种距离是一种根本的分离，在这个基础上，那分离才成为一种联系”③。

校订：何思谕　刘彦麟

① Blanchot, Maurice. *The Unavowable Community*. Trans. Pierre Joris. New York: Station Hill Press, 1988: 9.

② Blanchot, Maurice. *The Unavowable Community*. Trans. Pierre Joris. New York: Station Hill Press, 1988: 43.

③ ［法］米歇尔·福柯、［法］莫里斯·布朗肖：《福柯/布朗肖》，肖莎等译，河南大学出版社 2014 年版，第 93 页。

真相的黑洞与叙述的必然

——科塔萨尔《魔鬼涎》中的非自然叙事

刘彦麟*

作为拉美"文学爆炸"的主要奠基者之一，科塔萨尔(Julio Cortázar，1914—1984)的小说从来不会让他的读者失望。他一生共出版了10本短篇小说集、4本长篇小说，与同时期的其他拉美作家相比并不算高产，但他所有的作品都极具阅读价值，科塔萨尔因此获得了来自全世界读者的无尽追捧和喜爱。自幼热爱文学、天马行空的他从九岁便开始创作，第一篇短篇小说《被占的宅子》(La casa tomada)发表于1946年，由豪尔赫·博尔赫斯(Jorge Luis Borges)负责编辑。直至37岁流亡法国，他的第一本短篇小说集《动物寓言集》(Bestiario)才正式出版①。1963年，他的第二本长篇小说《跳房子》(Rayuela)的出版，真正确立了科塔萨尔在拉丁美洲文学乃至世界文学上的重要地位。然而最能凸显科塔萨尔创作中奇思妙想的，还是他的短篇小说。意大利导演安东尼奥尼执导的电影《放大》(Blow-Up)改编自短篇小说《魔鬼涎》②，这部富于隐喻而略显晦涩的电影引发了许多技巧

* 刘彦麟，武汉大学文学院2020级比较文学与世界文学专业硕士研究生。本文入选2021年武汉大学文学院首届研究生学术论坛"优秀论文"。

① 见 Weiss, Jason, and Julio Cortázar. "The Art of Fiction No. 83." *The Paris Review*, theparisreview. org/interviews/2955/the-art-of-fiction-no-83-julio-cortazar. Accessed 9 Aug, 2021.

② 收录于短篇小说集《秘密武器》(*Las armas secretas*, 1959)。

和意义层面的讨论，人们不约而同地将好奇的眼光投向了原著小说①，这使得《魔鬼涎》成为科塔萨尔最著名的短篇小说之一。

同许多其他的拉美作家一样，科塔萨尔尤为重视在小说创作中对叙述技巧进行创新与突破，他极具实验性和解密性的叙事特色，引诱着读者进入叙述的迷宫和情节的迷雾之中，直至通过文本的蛛丝马迹，所谓的真相水落石出之时，读者享受着沐浴在理智的光辉之下的快感的同时，却又徘徊在叙述与真相的十字路口内，自觉或不自觉地质疑真相的黑洞是否能被叙述者或人物填补。

这种对叙事技巧的充分拓展和应用，与受到后结构主义影响的后现代叙事学研究有着内在的关联性。产生于 20 世纪 60 年代中期法国的结构主义叙事学迅速走红，不久便成为国际性文学研究显学。然而，这种以文本为中心的形式主义叙事学研究方法，在 20 世纪 80 年代初遇到了历史主义的冲击，叙事学研究转向对社会历史环境以及意识形态的外部研究。到了 20 世纪 90 年代，形式主义和历史主义两个极端之间摇摆不定的局面伴随着解构主义和新历史主义的到来自行消解。自此至今，女性主义叙事学、修辞叙事学、认知叙事学等后经典叙事学出现的新兴领域的研究成果硕累，后现代叙事学的发展呈现出多样化的特点。②

“非自然叙事学”，作为叙事学领域最新近的研究成果之一，自 2008 年以来颇受学界关注，学者们认为，“近年来，非自然叙事学已经发展成叙事理论中最激动人心的一个新范式，是继认知叙事学之后一个最重要的

---

① 尽管安东尼奥尼的电影与科塔萨尔的原著小说有较大的不同，但仍有一些研究讨论《放大》对《魔鬼涎》的文本阐释与电影表现之间的联系，如 Peavler, Terry J. “Blow-Up: A Reconsideration of Antonioni's Infidelity to Cortázar,” *PMLA* , vol. 94, no. 5 , 1979: 887-93; Cepedello Moreno, María Paz, and Ana Melendo Cruz. “Narracián y sabotaje en *Las babas del diablo* y *Blow up*”. *Signa*, núm. 22, 2013: 227-43.

② 见 马克·科里：《后现代叙事理论》，宁一中译，北京大学出版社 2003 年版，第 3-17 页。

新方法"①，主要学者包括布莱思·理查森(Brian Richardson)、扬·阿尔贝(Jan Alber)、斯特凡·伊韦尔森(Stefan Iversen)、亨里克·斯科夫·尼尔森(Henrik Skov Nielsen)等。不同的非自然叙事学家对"非自然叙事"(Unnatural narratives)的定义各有偏重，如理查森认为"非自然叙事是那些通过提供明显不可能的事件来违背摹仿规约的叙事，它们并不单纯只是非现实的(nonrealistic)，而是反现实的(antirealistic)"②；阿尔贝认为非自然叙事是包含"物理上、逻辑上或人力上不可能的场景或事件"③的长篇小说、短篇小说或戏剧等叙事作品；伊韦尔森聚焦于故事与情节之间那些难以解释的冲突，把非自然叙事界定为"向读者呈现控制故事世界的原则与在这个故事世界中发生的情节或事件之间的冲突；那些不能被轻易解释的冲突"④；尼尔森在融合理查森与阿尔贝的定义的基础上，将非自然叙事归在虚构叙事之下并强调读者对非自然叙事的阐释策略："它们是虚构叙事的一个子集——与许多现实主义和摹仿叙事不同——它们引导读者应用的阐释策略不同于在非虚构化的、传统的叙事场景之中所应用的。"⑤经过多角度的讨论，《非自然叙事　非自然叙事学》(*Unnatural Narratives—Unnatural Narratology*)一书总结了非自然叙事定义的三个层面：首先，在最基本层面上，非自然叙事学家们感兴趣的是那些具有陌生化效果的叙事，因为它们是实验的、极端的、越界的、非规约的、非一致的，甚至是

① Alber, Jan, et al. "Introduction." *A Poetics of Unnatural Narratives*. Ed. Jan Alber, et al. Columbus: Ohio State UP, 2013: 1-15.

② Richardson, Brian. "Unnatural Narratology: Basic Concepts and Recent Work." *Diegesis*, 1.1(2012): 95.

③ Alber, Jan. *Unnatural narratives impossible worlds in fictions and dramas*. Lincoln: University of Nebraska Press, 2016: 3.

④ Iversen, Stefan. "In Flaming Flames': Crises of Experientiality in Non-Fictional Narratives." *Unnatural Narratives—Unnatural Narratology*. Ed. Jan Alber and Rüdiger Heinze. Berlin: de Gruyter, 2011: 373.

⑤ Nielsen, Henrik Skov. "Naturalizing and Unnaturalizing Reading Strategies: Focalization Revisited." *A Poetics of Unnatural Narrative*. Ed. Jan Alber, et al. Columbus: Ohio State UP, 2013: 73.

非同寻常的；其次，非自然叙事是那些超越自然叙事规约的反摹仿文本；最后，物理上不可能的情节与事件，即相对于控制物理世界的已知规则和被普遍接受的逻辑规则而言是不可能的情节与事件。①

非自然叙事学主要关注后现代作品中的“非自然”因素。尽管在其学科构建过程中，为了寻找合理性，一些学者提倡到传统文本中寻找“非自然”因素（例如全知第三人称，即热奈特的“零聚焦”），但其基本概念和分类的厘清主要是为了阐释百花齐放的后现代作品。而以科塔萨尔为代表的拉丁美洲实验性的后现代主义文学中常常出现许多解构性、碎片化成分和特殊新颖的叙事技巧②，因此拉美文学成了非自然叙事学学者的关注点之一，可以说对非自然叙事学理论而言，拉美文学有很高的适口性③。

科塔萨尔的一生充满浪漫和想象，他流连于全世界的多个城市，而文学始终是他与故乡和异乡、叙事和生活、真实和奇想之间构筑桥梁的绳索。对科塔萨尔来说，文学既是一切的起点，也是一切的终点，而想象则是文学之所以是文学的内核。另一方面，对他而言，现实中的真相是文学创作的另一核心④：“对我来说，我所做的事总是关于文学，为了超越可能性这是我能做的最大尝试。但同时，我也在尝试将当下现实融入创作中。但二者很难达成一个平衡。”⑤文学中想象的不真实与现实的真相如何形成关联，或者说文学中的想象如何阐释文学与真相的关系，《魔鬼涎》以其独

① 见 Alber, Jan, and Rüdiger Heinze. “Introduction.” *Unnatural Narratives—Unnatural Narratology*. Ed. Jan Alber and Rüdiger Heinze. Berlin: de Gruyter, 2011.

② 有关拉美后现代主义文学的表现形式及与拉美“文学爆炸”的二者关系，参见王祖友等：《拉美后现代主义小说论》，中国人民大学出版社 2019 年版，第 10-14 页。

③ 例如布莱思·理查森所著的《非自然的声音》(*Unnatural Voices*)多次提到拉美文学爆炸作家，如卡洛斯·弗恩特斯、科塔萨尔、博尔赫斯，理查森、阿尔贝、伊韦尔森和尼尔森四人合著的论“Unnatural Narratives, Unnatural Narratology: Beyond Mimetic Models”中提到了卡彭铁尔。

④ 对科塔萨尔后期创作的作品来说尤其如此，在古巴革命的影响下，他在巡游拉美期间创作了很多指涉拉美政治现实相关的小说。

⑤ Weiss, Jason, and Julio Cortázar. “The Art of Fiction No. 83.” *The Paris Review*, theparisreview.org/interviews/2955/the-art-of-fiction-no-83-julio-cortazar. Accessed 9 Aug, 2021.

特的故事情节以及叙述技巧对这一问题进行了浅入深出的回答。尚必武学者认为，应该通过非自然因子的程度来判断一个文本是否倾向属于非自然叙事①，所以着手叙事作品中的非自然因子、分析其局部或全部的非自然性，可以成为非自然叙事学的敲门砖。由此出发，本文将借助叙事学的最近成果——非自然叙事学——的理论方法，从故事层和话语层两个方面分别探寻该短篇小说的非自然性，也许可以帮助读者们拓宽思维道路，延展科塔萨尔创作中的叙事与真相。

一、人称的流动性与自省性：话语层的非自然

《魔鬼涎》在叙事技巧上最显著的特点之一便是第一人称单数/复数与第三人称之间叙述视角的切换。小说开篇第一段便是无人称(impersonal)的自白：

> Nunca **se sabrá** cámo hay que contar esto, si en primera persona o en segunda, usando la tercera del plural o inventando continuamente formas que no servirán de nada. Si **se pudiera** decir: yo vieron subir la luna, o: nos me duele el fondo de los ojos, y sobre todo así: tú la mujer rubia eran las nubes que siguen corriendo delante de mis tus sus nuestros vuestros sus rostros. Qué diablos. ②
>
> 应该如何讲述这个故事？真是毫无头绪。是用第一人称，还是第二人称？抑或第三人称复数？还是源源不断地臆造出毫无意义的叙述方式？假如可以这样讲：我也就是他们看到月亮升起来了；或者这样讲：我也就是我们的眼睛痛；甚至于这样讲：你那金发的女人曾经是

---

① 见尚必武：《非自然叙事》，载《外国文学》2015年第2期，第99页。

② Cortázar, Julio. “Las babas del diablo.” *Las armas secretas*, Buenos Aires: Editorial Sudamericana, 1959: 77. 加粗重点为引者所加，下同。

我你他我们你们他们面前飘忽不定的云彩。真见鬼了。①

这一段后半部分是对语法的挑战：单数的“我”却与复数形式的动词配合使用，单数的“你”与六个主有形容词对应；然而由于无人称的缘故，读者无从知晓挑战的发出者是谁，可能是科塔萨尔以隐含作者的身份出现在小说开头对叙述和语言进行系列的质问，也可能是小说中人物作为叙述者的称述性念白。无人称带来的消解主体性的效果，与后文嬗变的叙述视角有很强的连贯性。

在下一段，“我”作为第一人称视角出现，表明要担起叙述主体的责任：“要讲述这个故事，我们中的一个都必须写下去。还是由我来写比较好”(4)，此时“我”成为叙述视角的主体，而从后文可以猜测出“我”应该是罗伯特·米歇尔，他既是叙述者，也是后文故事人物之一。但“我”在进行叙述的过程中，时常与“我们”和“他”交替出现。例如在引入故事前，叙述视角变成“我们”：“因为我们以前是摄影师，我以前是摄影师”(4-5)；“既然我们要讲述这个故事，那顺序就不能乱。让我们沿着这栋房子的楼梯走下去”(4)；“我们慢慢讲”(5)。讲述故事的过程中，“我”和“他”的互换则更为明显：“三周以来他一直致力于把圣地亚哥大学何塞·诺韦尔托·阿连德教授撰写的陪审员回避制度和上诉制度的专著译成法文。”(5)以第三人称交代完米歇尔作为译者的身份之后，转而从第一人称的视角交代了故事开始的契机：“阳光如此明媚，我便忍不住想去塞纳河码头上转转，拍一些古监狱和圣礼拜堂的相片。”(5)叙述过程中人称也发生了滑动，流动的叙述视角会显著地提高阅读的难度，请看下面的例子：

米歇尔不得不忍受铺天盖地的诅咒，听那个女人说他多管闲事、

① [阿根廷]胡里奥·科塔萨尔：《魔鬼涎》，载《南方高速：科塔萨尔短篇小说全集2》，金灿、林叶青、陶玉平译，南海出版社2017年版，第3页。后文出自同一著作的引文，将随文在括号内标出该著的引文出处页码，不再另行作注。

愚蠢透顶。他故意做出谦卑的姿态，露出微笑，脑袋稍微动了动，都是些廉价的信号。当我开始觉得厌烦时，听到了一声关车门的响声。戴灰帽子的男人站在那儿盯着我们。我那时才恍然大悟，他也是这出喜剧里的一个角色。(12-13)

在这短短的四句话内，叙述视角发生一次转变，从前两句的第三人称转变到了后三句的第一人称。倒数第二句中出现了米歇尔和金发女人之外的第三个人，即在车里的男人，在最后一句中也是以“他”第三人称出现，容易与前文同样是“他”的米歇尔混淆。

卡洛斯·阿尔巴拉辛-萨米恩托(Carlos Albarracín-Sarmiento)曾讨论过《魔鬼涎》中多种人称的流动性的几种解释。他提到任教于布宜诺斯艾利斯大学的安娜·玛丽亚·巴雷内切亚(Ana María Barrenechea)在课堂上对《魔鬼涎》中出现的第一人称复数的阐释，她认为这是将读者纳入虚构世界的一种尝试，阿尔巴拉辛-萨米恩托对此也作出了类似的解释，认为这可以消解“我”和“你”之间对立。而“我”和“他”之间的切换则更容易引起混淆和歧义，也会产生截然不同的阐释。一种可能性是叙述者发生了转变，当米歇尔以“他”的身份出现时，此时的叙述者是作者科塔萨尔或某个全知的第三方，但阿尔巴拉辛-萨米恩托并不认同这种解释；另一种可能性是米歇尔同时作为叙事者和人物，从两个角度分别指涉自身，因此造成了人称的变化。第二种解释下作为叙述者的“我”从主体被推向了客体的位置，叙述者与被叙述之间的距离被拉大。出于怎样的原因叙述者需要被推向第三人称的境地呢？阿尔巴拉辛-萨米恩托的解释是，这符合了叙述者表现出的对客观叙事的追求。① 正如无人称的第一段所表现出来的对叙述视角的迷茫一样，不知道应该用什么人称才能更好地叙述出客观的真相，因为“如果我讲述的仅仅是我认为的真相，那么它就算不得真相”(5)，“我”的视角带有

① 见 Albarracín-Sarmiento, Carlos. “Literatura y realidad en ‘Las babas del diablo’, de Cortázar.” *Actas del Cuarto Congreso de la Asociación Internacional de Hispanistas：celebrado en Salamanca, agosto de* 1971, vol. 1, Salamanca: Universidad de Salamanca, 1982: 97.

强烈的主观色彩，所以“我”的叙事难以接近真相，靠近“他”的叙事能够引入更客观的视角从而实现对真相的叙述。

多种人称指涉同一个人物/叙述者，理查森在《非自然的声音》中将其归为现代小说中极为重要的一类非自然叙述视角。理查森提到，罗兰·巴特(Roland Barthes)评论菲利普·索莱尔斯(Philippe Sollers)的小说《戏剧》(*Drame*, 1965)时，总结了其中出现的第一人称和第三人称切换产生的叙事效果：“它不仅打破了故事主体与书写的‘我’之间看似无可避免的时间距离，书写的‘我’总是在事件发生了很久之后才进行记录；而且还拒绝了第一和第三人称之间的不同：‘他’和‘我’相互依随，就像棋盘上的黑白格一样，形成了有意使然的任意性的修辞效果。”①理查森在书中对同一叙述者的多人称叙事所产生的叙事效果进行了总结：第一，它能帮助作者能够更准确地表达单一主体的分裂；第二，它能有效地确立或瓦解不同人物、互为矛盾的叙述世界以及故事和话语之间在传统上的区别；第三，同时也是最重要的一点，它让不同叙述声音之间的自由流动成为可能，相比起传统的叙述技巧来说，它在实践中能够激发出更深程度的对话。毫无疑问，多人称叙事给文学形式带来了新创意，在叙述层面拓宽了主题表达的新方法。② 从理查森的对非自然叙事声音的研究角度来看，《魔鬼涎》中出现的多人称叙事被看作米歇尔叙述声音的分裂是合理的，如果为了传统上的自然化而将其中的多人称叙述视为叙述者的转变，而尝试将其纳入传统的叙述模式中去的话，反而削弱了人称分裂与对话产生的非自然叙述效果。更何况，法国人和智利人、译者和摄影师、叙述者和人物，三层双重身份嵌套在米歇尔单一主体之上，人称的分裂与对话也是对其身份的差异与融合的隐喻。另一方面，“我”与“他”的分裂以及精神分裂般对话的出现，也可被视为对客观性的追求，宛如对民主的诉求以质问叙述背后的真相。

---

① Sollers, Philippe. *Event*. Trans. Bruce Benderson and Usule Molinaro. New York: Red Dust, 1986: 91.

② 见 Richardson, Brian. *Unnatural Voices: Extreme Narration in Modern and Comtemporary Fiction*. Columbus: Ohio State UP, 2006: 67-68.

"我"和"他"的交替出现还呈现出了强烈的自省性特征，不仅会对米歇尔的行为和思想进行评价，有些情况下还会出现前后矛盾的叙述，而且还会以独白的形式对叙述的真相进行散文式的反思。阿尔巴拉辛-萨米恩托将米歇尔作为叙述者表现出来的对客观叙述之困难的反思，对摄影和自身叙述行为思考，视为"非摹仿性话语"(no mimético)①。而本节则选择将米歇尔作为叙述者表达的思想和评论都归结在"话语层"中，这是相对于下一节讨论他作为人物的故事层而言的。

> 米歇尔痴迷于文学创作和编造不切实际的故事。他热衷于想象奇闻逸事、与众不同的人、并不怎么可恶的怪兽。但那女人诱使他浮想联翩，她的举动也许提供了足够的线索，让人能够猜中真相。我肯定会一连几天都想到那个女人，因为我有冥思苦想的习惯。(12)
>
> 风猛地停了，阳光比原来至少强了一倍(我想说的是至少比原来弱了一倍，但其实是一回事)(6)

这里列出的两个例子可分别对应到自省性人称的评论叙述和矛盾叙述。前者将被金发女人的成熟气质和掌控欲望所吸引的"他"，评论为对幻想和虚构的上瘾者，而在"我"的看法中，这只是不带感情色彩的思考习惯。后者括号内和括号外的内容正好相反，但"其实是一回事"，构成了矛盾的矛盾。"我"对"我"的反对，这种矛盾性构成了对叙述主体进行叙述的客观真实性的质疑，体现出强烈的主观性特征。"我"对叙述的主观性以及客观性的困难是自觉的，但仍然表达了叙述的必要性：

> 讲故事没什么好难为情的，因为毕竟没有人会为呼吸或者穿鞋这种事情觉得难为情；这些都是人之常情……(4)

---

① 见 Albarracín-Sarmiento, Carlos. "Literatura y realidad en 'Las babas del diablo', de Cortázar." *Actas del Cuarto Congreso de la Asociacián Internacional de Hispanistas : celebrado en Salamanca, agosto de* 1971, vol. 1, Salamanca: Universidad de Salamanca, 1982: 96.

如果我讲述的仅仅是我认为的真相，那么它就算不得真相，只不过我自己觉得百爪挠心，管它是不是真相，都需要跑出去把它说出来。(5)

米歇尔从理智上能够认清虚构与现实、叙述与想象的某种矛盾与对立，但“我”常常被想象诱惑而卷入虚构的迷宫中，“他”作为理性的一方出现在“我”陷入绵延不尽的虚幻之境和滔滔不绝的自言自语之时。但作为精神分裂般的米歇尔的意识之一，“我”与更为客观的“他”一样，都在追求叙述的客观性，但叙述的客观性宛如永远的“漆黑的洞口”(3)，无论如何用叙述去覆盖它，它却总是吞噬着一切。但叙述也因此获得了永动的能量，即便人们会质疑自己叙述的客观性和合理性，但叙述的冲动将因为这个黑洞的存在而持续存在下去，如脉搏和呼吸一般自然而必要，永恒的客观的缺席驱使着叙述一次又一次地发生。

二、死去的叙述者与不可知的真相：故事层的非自然

客观真相的延展与未知，以及对叙述客观性的追求，在《魔鬼涎》的故事层都有所指涉，并且都包含非自然因素。故事层的非自然叙事是非自然叙事学家更为关心的话题。玛丽-劳尔·瑞安(Marie-Laure Ryan)在从矛盾性、本体论的不可能性、不可能的空间、不可能的时间以及不可能的文本五个方面对实验性的非自然叙事进行了非自然因素的分类①。瑞安认为，叙事中的不可能性主要是指物理层面或逻辑层面的悖论，这与阿尔贝对非自然叙事的定义相似。阿尔贝所著的《非自然叙事：小说和戏剧中不可能的世界》(*Unnatural Narratives: Impossible Worlds in Fiction and Drama*, 2016)从不可能的叙事者、反现实主义的人物、非自然的时间和反摹仿的空间四个方面阐释故事层的不可能性，与瑞安的分类有一定程度的相似。尚必武

① 见 Ryan, Marie-Laure. “Impossible Worlds.” *The Routledge Companion to Experimental Literature*. Eds. Joe Bray, et al. London: Routledge, 2012.

在《非自然叙事》一文中将故事层的不可能性分为两个层次：微观层面的不可能要素以及宏观层面的故事设定；他还从人物、时间、空间、事件、转叙五个方面考察了故事世界的不可能性。① 总结而言，故事层的非自然叙事主要指的是物理层面无法实现的或逻辑层面构成悖论的叙事者、人物、空间、时间等因素。关照《魔鬼涎》的故事层，其非自然主要体现在叙述者和故事情节上。

在《巴黎评论》的一次采访中，被问及如何塑造其小说中的人物时，科塔萨尔回答道："引导我的是那些人物角色。我看见了一个人物，他在那儿，然后我认出了某个熟悉的人，有些时候是两个熟悉的人混在一起，但事情在这儿就终止了。随后，那个人物会自行开始行动。……我只是把他们说的话打出来而已。有些时候我会爆笑，或者扔掉一张纸说道，'你说了傻话。出去！'然后我放上另一张纸，再一次重新记录他们的对话。"②科塔萨尔笔下的人物具有其独立的生命力，他们思考、说话并作出行动，进而自行创造出了一个世界，叙述者所做的只是记录下他们的所思所想、所作所为，这截然颠倒了传统叙事中处于全知的权威地位的叙述者，故事及人物获得了独立性与生命力，反而成了实践叙述行为的强势方。《魔鬼涎》作为叙述者—人物的米歇尔也遭遇了同样的情况。为了追求叙述客观性的米歇尔希望打字机能够自行完成叙述：

> 开始讲故事吧，假如能够走开，去喝瓶博克啤酒，同时机器还自动运作(因为我用打字机写作)，那就太完美了。这可不是随口说说，确实会很完美，因为将要讲故事的这个漆黑的洞口也是一台机器(但是跟打字机种类不同，这是台康泰克斯 1.1.2 相机)。(3)

---

① 见尚必武：《非自然叙事》，载《外国文学》2015 年第 2 期，第 102 页。

② Weiss, Jason, and Julio Cortázar. "The Art of Fiction No. 83." *The Paris Review*, theparisreview.org/interviews/2955/the-art-of-fiction-no-83-julio-cortazar. Accessed 9 Aug, 2021.

同时是译者和摄影师的米歇尔希望这两台机器都能自行完成“叙述”，正如上一节提到的那样，“我”的叙述只是“我”所认为的真相，若打字机或相机能够获得叙述的能力，那么第三方的叙述客观性能够得到更好的保存。趁着阳光好绕道到圣路易岛去拍照的米歇尔在拍照时发表了这样的感慨：“每当摄影师拍照时，相机便居心叵测地代替了他自己观察世界的方式”(5)，这与前文提到的科塔萨尔在写作中遇到的情况类似，相机获得了掌握叙述镜头的权利。圣路易岛上一对不自然的男女引起了米歇尔的注意，男孩极为紧张而羞涩，与金发女人美艳而犀利的引诱力形成了鲜明的对比，米歇尔期待着下一步会发生的状况，在一旁拿起了相机准备拍下这一幕：“这些都有可能发生，但还没有发生，米歇尔坐在栏杆上幸灾乐祸地等待着，几乎是下意识地端起相机，准备照下岸边这生动的一幕：一对不寻常的男女，正在交谈，互相打量着。”(10)几乎没有耗费什么劲，相机就已经端起来了，仿佛是相机自己摆好了拍摄的姿势。凭借着这充满张力的画面，以及二人的衣着和神态，米歇尔在脑海里构想了少年体面的贵族生活、金发女人充满侵略性的魅力以及空气中吹弹可破的性欲，找准角度后他按下了快门，快门的声音吸引了少年和女人的注意力，女人对偷拍的事情感到羞愤：“两人都向我看来，少年吓了一跳，面露疑色，女人则恼羞成怒，身体和面孔决然地呈现出敌意，它们知道自己已经被偷去，禁锢在一张小小的化学影像里，必将声名狼藉。”(12)他们都知道自己已然被相机截取，他们的生命力也被相机框定在照片里了，相机不仅具有独立的活动能力，而且还能窃取他人的生命力。

逃脱了金发女人和从车里下来的男人的米歇尔，回到了自己的公寓。几天后他把偷拍的那张照片放大了好几倍，打出一系列的照片贴在了墙上，一边做翻译一边时不时抬头望向那些照片。某时开始，照片内的景象动起来了，照片渐渐活了起来，出其不意间米歇尔已经被卷入照片内：“我不见了踪影，只留下一行永远也无法结尾的法语句子，一台摔落在地的打字机，一把嘎吱作响的尚在颤动的椅子，一片迷雾。”(15)米歇尔又回到了圣路易岛上的场景，他明白了并非金发女人自愿勾引少年，她只是车里那个男人的诱饵，这一切背后还藏着更阴暗的一面。“突然之间时空调转，他们有了生命，行动起来，决心坚定，朝着他们的未来走去。而我在这一边，困在另一个时空的五层楼上，不知道那女人、那男人和那少年是谁，我不过是个相机镜头，无法动弹，无法介入。”(17)被困在照片内的米歇尔，被相机镜头所吞噬，成为静止的画面内一个空缺的存在，此时原本是静止的照片动了起来，而“我”却失去了生命力，成了静物。于是“我”死了，回归到小说最开始交代的“我”的死亡的倒叙。

《魔鬼涎》中非自然的叙述者便是这被相机/照片吞噬的叙述者，从最开始就“死亡”了的叙述者。故事层内活起来的相机谋杀了叙述者，等同于话语层内“我”与“他”之间距离的瓦解，因为都是人物米歇尔，即叙述者“我”，对叙述的客观性和真实性的追求导致的结果。相机或打字机一旦具有独立叙述能力，便会吞噬原本的叙述主体，以客体取代了主体，“我”的死亡是必然的。“我”死去后，新的叙述者相机/打字机担任起客观叙述的任务，因为面对真相的空洞叙述必须要完成。从另一层含义上来说，死去的叙述者是自杀身亡，具有自我意识的臆想的叙述主体必须走向消亡，因为在叙述行为中自我意识是以叙事的陈述力(constative force)作为代价而出现的，所以“在讲述我自己的故事的过程中，我必须否认自己是在创造自我，以便相信是我自己在发现自我”①。

《魔鬼涎》故事情节上的非自然，可以被归结于瑞安在《不可能的世界》一文中提到的“矛盾”(contradiction)：“最明显的一类逻辑不可能性，是在虚构世界中同时呈现了 p 和非 p 两种事实的文本。”②按照矛盾的文本程度和范围，这一类文本可大致分成四类，其中第二类指的是故事片段之间的矛盾。《魔鬼涎》中多重故事层的堆叠也出现了这一类非自然的矛盾，最显而易见的矛盾是，被吸入照片后米歇尔遭遇了与原经历不一致的经历。在

① 马克・科里：《后现代叙事理论》，宁一中译，北京大学出版社 2003 年版，第 146 页。

② Ryan, Marie-Laure. "Impossible Worlds," *The Routledge Companion to Experimental Literature*. Eds. Joe Bray, et al. London: Routledge, 2012: 369.

圣路易岛上，米歇尔被长椅上这对奇异的男女所吸引，坐在远处的栏杆上一边想象着他们的身世以及关系，一边取景，伺机拍下这不安的场面，此时他发现背后的一辆汽车内坐着一个戴灰色帽子的男人。当他最后按下了快门、快门的声音吸引了少年和女人的注意后，女人前来跟米歇尔说理让他删掉照片，这时少年慌张地逃跑了，车里的男人也走下车来，米歇尔也趁机逃走了。然而，被卷入相片里的米歇尔回到了当时按下快门前的场景，他心里很清楚背后有一辆车，因此在取景的时候刻意地想要避开它。与原经历不同的是，男人提前走下了车，不耐烦地命令着女人，米歇尔恍然大悟，事实绝非他原本所认为的那么简单，这并非一场女人自愿的勾引，而是男人指使女人，对少年进行的一场更为可怖的钓鱼，车里的男人才是幕后黑手，少年和女人都是他欲望的玩物。意识到这一切的米歇尔却对挽救这一局面感到十分无力，他无法拍下照片，只能靠叫喊的方式引起他们的注意。少年又一次得以逃跑脱险，画面最终定格在女人的半个身体和朝着镜头伸出手来的男人上。由于照片的时间晚于原事件发生的时间，米歇尔的认知比原经历要高一层，因此照片内米歇尔观看到的事件也出现了改变，照片也随之出现了扭曲。

在前后两次的故事之外，由于不同事件的引入，小说中还有更多重的故事层。

如本文图1所示，按照前后事件引入的不同，同一个现在可以衍生出三种未来。首先红框内“过去→现在→未来①”是没有米歇尔两次侵入事件情况下的想象的时间-事件链，主要存在于第一次看到少年和女人时米歇尔的想象中。米歇尔不仅想象了被女人的姿色所吸引的少年战战兢兢地向前搭讪的场景，而且还通过少年体面的穿着(黄手套、背影)想象了青春期少年的贵族生活，如学法律或社会学的哥哥、装饰着浪漫主义风景画的房子、“三十法郎一袋的炸薯片、对折了两次的色情杂志、像衣兜一样空空荡荡的孤独、对美好邂逅的渴盼，以及对新鲜事物的热爱”(9)，充满了细节。饶有兴致拿着相机的米歇尔对可能发生的事情更感兴趣：

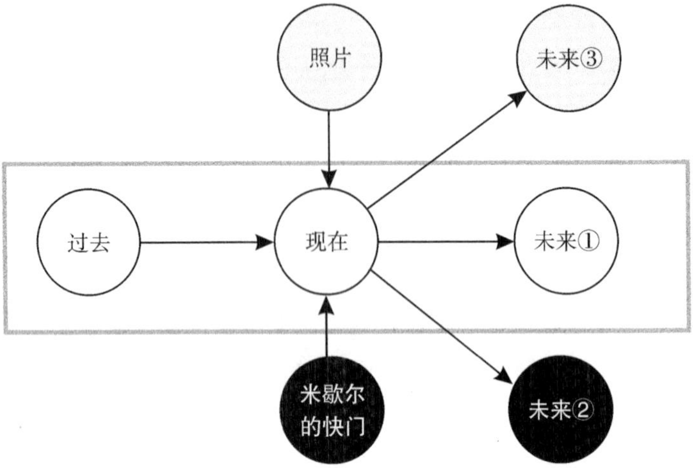

图 1 《魔鬼涎》多重故事层

最有趣的部分不在于观察当下，而是猜测结局。少年会胡乱编一个借口，说自己有约在身，然后慌慌张张、跌跌撞撞地逃走。他想要潇洒地离开，但是那女人嘲弄的目光紧追不休，让他无地自容；也有可能他会留下来，他被蛊惑住了，或者只是没有勇气主动离开。那女人便会抚摸他的脸蛋，揉乱他的头发，在他耳边轻言絮语，然后突然挽起他的手臂带他离开，除非，他自己因为欲火难耐或者心存恐惧而烦躁不安，主动去搂住她的腰、亲吻她。这些都有可能发生，但还没有发生。(9-10)

我预见到他们来到她家(很可能是地下公寓，到处摆着大靠枕，猫儿们满地乱跑)，少年有些惊慌失措，徒劳地想掩饰自己毫无经验，他决定逢场作戏，装出很在行的样子。我闭上眼睛——如果我真的闭上了眼睛——整理了一下眼前的画面：床上铺着紫丁香色的被子，他们嬉戏着亲吻，少年学着小说中的描写，试图给女人宽衣解带，女人温柔地拒绝了，反而把他脱得一丝不挂。(11)

然而这一切构筑在想象中的“未来①”却因为相机的快门声而化为乌有，仅仅存在于双重虚构中，这是一层永远无法实现的时间—事件链，因为时间不会倒流、被引入的事件不会被取消。因此，米歇尔在圣路易岛上的经历导向“未来②”：少年逃跑，女人、男人和米歇尔形成了三角形的对峙，米歇尔伺机逃跑，只剩下女人和男人面面相觑。回到公寓之后的米歇尔却为被定格的过去而神伤，由于相机而打破了的不会到来的未来①，以及原本那些流动而鲜活的现实，照片将现实封印在过去的牢笼中，并一次又一次地提醒着米歇尔。被吸入照片后的米歇尔将另一情势引入现实中（这是非自然的时空，自然的时间无法倒流），他发现了之前未发现的另一层真相，所以“未来③”是“未来①”的真相，“未来①”则成为米歇尔所说的“在这帮人身上即将发生的事，也是曾经要发生的事，也就是此时就要发生、但是因为我的到来扰乱了次序而最终没有发生的事，先前因为我不知情的干涉而没能发生的事”（12），米歇尔进入照片则即将见证“未来③”的出现，然而米歇尔已然成为照片，与静止的镜头合二为一，囹圄于时空的缝隙中，未来①、未来②和未来③如量子一般，从不同的可能性塌缩为唯一的结果——被扭转的照片。多种时空—故事线最后合并为一个结局（包括标题“圣母线”与“魔鬼涎”的矛盾与统一），这样的非自然故事，在量子被发现之前也是不可能存在的，具有部分的非自然性，一定程度上能带来科幻未来感的叙事效果。

叙述者的死亡、矛盾的故事情节、想象与现实并存的多重故事线，构成了《魔鬼涎》中不可能的故事。前后矛盾的故事情节、米歇尔在放大的照片中解开的真相的另一层面纱，无不让叙述真相变得更为扑朔迷离，因为一层面纱的发现，并非意味着不存在其他的面纱，层层叠嶂，何处是尽头？另一方面，读者或叙述者如果足够勤勉，能够穷尽事件的各方各面，一层一层解开案件的绷带，到头来仍是一无所获。因为剥完的洋葱只剩空无一物，不缺少的只有“空缺”，面纱下只有黑洞。

叙述者的死亡，与分裂并存的主体人称一样，是追求叙事客观性——这一不可能完成的理想——的过程中的“并发症”或“后遗症”。另一方面，作为故事内聚集了最丰富的非自然性的照片不仅获得了生命，而且构成了时空穿越的地点，过去与现在于此相遇。过去与现在的分别的消弭，也注定了叙述者的死亡，因为“叙事的存在有赖于被叙述的过去与叙述着的现在的分裂”①，若过去与现在发生了碰撞，便会导致叙述的遇难，这便是马克·柯里所谓的“叙事灾难”(narrative shipwreck)，叙述不复存在，叙述者必然堕入深渊。

三、结语：文学叙述与真相

摄影与文学都是叙事的艺术，尤其是在《魔鬼涎》中摄影和文学成了彼此的隐喻，而叙事与真相的复杂关系，是科塔萨尔，有意识或无意识地，想要在这篇小说中关涉的具有哲学含义的问题。科塔萨尔 1962 年在哈瓦那的讲座中，将文学与摄影联系在一起，他认为短篇小说具有篇幅的限制而长篇小说则没有，这与电影与摄影的区别类似：

> 长篇小说和短篇小说的关系可以类比到电影和摄影的关系上，因为电影在原则上具有“开放式秩序”，与长篇小说类似，而照片则以严格的先验限制为先决条件，受到相机的有限取景和摄影师出于美学的考虑利用这一限制的方式的限制。我不知道在座的各位是否从专业的摄影师那里听过他的艺术方式；我总是惊讶于，他们表现艺术的方式与一个短篇小说家的所作所为是如此的相似。像卡蒂尔-布雷松(Cartier-Bresson，法国著名摄影家)或布拉塞(Brassaï，匈牙利和法国著名摄影师)那样高水平的摄影师，会把摄影艺术定义为是一个显而易见的悖论：将现实的一个片段以特定的限制截取出来，但通过这种方式，被截取的片段会像一场爆炸一样打开一个更广阔的现实，像一

① 马克·科里：《后现代叙事理论》，宁一中译，北京大学出版社 2003 年版，第 136 页。

个动态视野，在精神上超越了相机划出的领域。①

短篇小说与摄影类似，都在通过有限的篇幅来完成叙事的行为，以呈现现实的一个片段。尽管叙事或多或少受到了字数、镜头大小、影片长度或受众注意力等因素的限制，但短篇小说以及照片更为极致地凸显了极限在其叙事艺术中的重要性，极限反而超越了极限，成为辅助短篇小说和照片超越现实的片段的形式之美，因此科塔萨尔看来，叙事中总会存在着对现实的截取和加工，这非但没有消减了叙事呈现现实的能力，反而使得叙事在方寸之间容纳了更宏大、更本质的现实。《魔鬼涎》中叙述者米歇尔追求叙事的客观性，有时展露出清教徒般道德感的他赋予了叙事(文学和摄影)以真实地展现现实的责任。作为叙事的隐喻的照片，迸发出了独立于叙述者的生命力，不仅能够再现当下，而且还向叙述者透露出更隐秘的真相。这不禁让人追问，所谓的客观的真相是否真实存在，总是受限于镜头或视角的我们(叙述者)是否只是看到了层层真相中的一个套娃？甚至我们本身也是被叙述的文本？

既然叙事无法呈现真相，或者说客观的真相并不存在，那么叙述的对象究竟是什么？叙事应该追求什么？“当代叙事理论普遍地认定这样一个思想，即叙事只是构筑了关于事件的一种说法，而不是描述了他们的真实状况；叙事是施为的(performative)而不是陈述的，是创造性的而不是描述性的。”②后经典叙事学否定了客观真相在叙事中的存在，而强调叙事本身便是建构真相的过程，甚至在非自然叙事学中，“摹仿现实”的叙事目的都遭到了反驳，叙事并非要反映现实，叙事可以建构非自然的、不存在的和不可能的空间、时间和人物。这是一种对叙事虚构性的强调，突出了叙事相对于现实的独立性，“打破幻觉的自我反射性，让读者记住正在被呈现

① Cortázar, Julio. “Algunos aspectos del cuento.” *Casa de las Americas*, No. 15-16, 1962: 5-6. 括号内说明文字乃引者所加。

② 马克·科里：《后现代叙事理论》，宁一中译，北京大学出版社2003年版，第130页。

的这段历史(叙事)只不过是一种创作"①。非自然叙事学家尼尔森(Henrik Skov Nielsen)所提出的非自然叙事学阅读策略，与阿尔贝等人所支持的认知叙事下的自然化理论不同，尼尔森认为站在非自然叙事的立场来审视非自然叙事，读者并不需要将真实世界引入非自然叙事中。由此，读者能够"1)将叙述归功于作者，2)阅读时将叙事视为发明之物和3)对真实世界的语言理解的僭越"②，如此才能将非自然叙事中体现出的叙事的虚构性发挥至极致。

叙事对真相呈现的诉求总是在主观性和客观性的两极之间摇摆，即"一切都会被显示出来的希望和写作不能将事物充分显示出来的恐惧之间"③，科塔萨尔本人也承认在创作过程中对主观情感的压抑："我曾经，或说我现在，非常浪漫。事实上，在写作的时候我必须非常谨慎，因为我经常让我自己陷入……不能说糟糕的品位，或许不是，但确实是有些夸张的浪漫主义之中。"④但同时，也正是因为真相的黑洞正不断吞噬任何叙事以及对叙事的解释，叙事才一如既往地迫切。"文学的本质恰恰就是去躲避任何本质性描述，逃脱任何会把它固定住甚至现实化的断言：它从来就不是'已在那里'，它总是需要被发现或被重新创造。"⑤文学或叙述中现实的缺席，不仅疏离了日常语言和自然逻辑的呈现方式，还拒绝了文学批评对其进行概念化的解释，因为文学就是陌生化的、不可被定义的、能够引

① 马克·科里：《后现代叙事理论》，宁一中译，北京大学出版社 2003 年版，第 75 页。括号内容为引者所加。

② Nielsen, Henrik Skov. "Naturalizing and Unnaturalizing Reading Strategies: Focalization Revisited," *A Poetics of Unnatural Narrative*. Ed. Jan Alber, et al. Columbus: Ohio State UP, 2013: 92.

③ 马克·科里：《后现代叙事理论》，宁一中译，北京大学出版社 2003 年版，第 145 页。

④ Weiss, Jason, and Julio Cortázar. "The Art of Fiction No. 83." *The Paris Review*, theparisreview.org/interviews/2955/the-art-of-fiction-no-83-julio-cortazar. Accessed 9 Aug, 2021.

⑤ Blanchot, Maurice. *The Blanchot Reader*. Ed. Michael Holland. Oxford: Blackwell Publishers, 1995: 141.

起属于每个人的独特阅读体验的叙述，它躲避真相和概念，尤其是叙述中代表着虚构性的非自然因素，激励又拒绝了一批又一批的读者与文学批评家解读其中的真相。在真相的黑洞下，叙述是摆脱真相之引力的手段。

校订：韩彩琼　吴唯臻

叙事学视角下美华科幻文学中的滑流写作

刘　骁*

20世纪70年代以来，先后有一批美国华裔作家开始了他们的科幻文学写作。以伍家球(William Wu)、克劳·布兰达·王(Clough Brenda Wang)为代表的50年代生作家曾多次获得星云奖和雨果奖提名；60年代生的姜峯楠(Ted Chiang)则是多次斩获雨果奖、星云奖；70年代出生的代表作家有尤吉·福斯特(Eugie Foster)、刘慧骅(Marjorie Liu)、刘宇昆(Ken Liu)、朱恒昱(Wesley Chu)、朱中宜(John Chu)、游朝凯(Charles Yu)、刘慧骅(Marjorie M. Liu)等，其中刘宇昆也是《三体》和《北京折叠》的英文译者，为中国科幻文学的走出作出了重要贡献；80年代以后出生的代表作家有余丽莉(E. Lily Yu)、鲍嘉璐(Karen Bao)、李园(Shelly Li)等，近年来她们也开始崭露头角。相较于在主流文学领域耕耘的美华作家而言，族裔身份在这批作家的作品之中是隐性的，甚至是模糊的。这些科幻文学作家大多是第二代或者第三代移民，他们有着良好的教育背景，成长于美国后工业社会时期的华裔家庭之中，他们对于中国文化的经验往往是间接且概念化的。在他们的作品之中，很难再看到自传式的族裔文学表达。然而，他们也并未妥协在美国科幻文学的宏大叙事——帝国疆界与历史的无限蔓延的构想——之中，而是通过滑流写作(Slipstream)的方式展演着自己独特的叙事经验。

滑流写作一词源于科幻作家布鲁斯·斯特林(Bruce Sterling)。他于

---

* 刘骁，武汉大学文学院2017级比较文学与世界文学专业博士研究生。本文系“2022文言樱花会”暨武汉大学文学院第二届研究生学术论坛发言论文。

1989年在《科幻之眼》(*SF Eye*)这本杂志上用这个词来描述那些他觉得难以被分类的科幻文学作品。他注意到当时出现了一些与尊重科学事实，描述可能未来的科幻文学作品相异的科幻文学写作。这些作品并不倾向创造新世界，而是以一种“轻率”的态度去拼贴科幻素材。斯特林敏锐地发现，“‘滑流’的核心是一种对‘现实’的特殊侵略态度。它也是一种幻想类型，但不是‘未来主义’的或‘超越我们所知领域’的幻想。这些作品倾向于讽刺性地撕毁‘日常生活’的结构”①。提出这个概念的斯特林本人并不看好滑流写作作为一种文学流派发展壮大的前景，因为它们不在主流文学的书架上，却以一种当代写作的方式拒绝了那些期待通俗读物的科幻文学读者。2006年，詹姆斯·帕特里克·凯利(James Patrick Kelly)和约翰·凯瑟(John Kessel)选编了第一本滑流文学选集《感觉很奇怪》(*Feeling Very Strange*)，选集中就收录了姜峯楠的《地狱是上帝不存在的地方》。他们在导言中将卡夫卡、博尔赫斯、卡尔维诺这样的现代作家引为滑流写作的前驱者。因为他们的写作都放弃了现实主义文学与传统科幻文学中的一个基本设定——世界可以被完整地看到，并以文字准确表述。因此，尽管滑流写作常常向各个科幻文学流派致敬，但它并不等同于其中任何一个类型；通过声称自己的虚构性，它与自己文本中所涉及的流派隐隐处于一种紧张的对抗关系中。

实际上，美华科幻文学自伍家球起就隐隐出现了滑流的倾向，其早期的短篇小说《去盎格鲁城》(*Goin` Down to Anglotown*)就是对于唐人街叙事模式的一个戏仿，只是把其中的族裔身份对调了。还有尤吉·福斯特在她的小说集《归还我姐姐的脸和其他奇妙与邪恶的远东故事》(*Returning My Sisters Face and Other Far Eastern Tales of Whimsy and Malice*)中将许多变形的东方民间传说纳入其故事背景；刘宇昆在长篇小说《蒲公英王朝》(*The Dandelion Dynasty*)中将许多中国历史故事内核设置在其关键情节上；余丽

① Sterling, Bruce. “Slipstream.” *SF Eye* 5 July 1989. https://www.journalscape.com/jlundberg/page2.

莉在短篇小说《雪的时间不变性》(*The Time Invariance of Snow*)中将理论物理的术语置入童话故事的结构来写作科幻文学……科幻的要素时而作为一幅背景，时而作为一种机制，时而作为一层外壳，运作在这些叙事的碎片之中。

由于滑流写作处于文学类型之间而难以被分类，它的定义是以否定式展开的；滑流文学的批评也有陷入自我否定的风险。借助于叙事学的理论框架，对美华科幻文学中的滑流写作展开分析，则有望从侧面较为清晰地展示出美华科幻文学的滑流写作的一些重要特质。姜峯楠、游朝凯、克莱尔·莱特几位作家给我们提供了典型的范例。他们的作品正是深入叙事的底层逻辑将滑流写作推向极致：姜峯楠的《商人和炼金术士之门》通过叙述身份的滑流暗示了现实降维的可能性；游朝凯的《科幻宇宙生存指南》通过叙事语法的滑流展示了一个文本的生成过程；莱特的《被外星人绑架!》则通过叙事接受的滑流展演了文本的多重解读可能。通过这一叙事方面的审视，我们能够通过他们的作品看到滑流写作是如何运作在美华科幻文学之中的。

一、穿越时间之门：叙述身份的滑流

虚构主体在书面叙事之中的叙述身份有三种：叙述者、受述者、被述者。通常，叙述身份作为一种重要的叙事信号是稳定的。然而姜峯楠的《商人和炼金术士之门》这部作品却通过时间之门的串联让作品中的虚构主体处于一种叙述身份的滑流之中。作品不是通过对于现实的模仿，而是通过对于其虚构中现实层本身的虚构性的暴露完成了自身的意义生产。

《商人和炼金术士之门》这部作品借用了阿拉伯民间故事集《一千零一夜》的包孕连环的叙事结构。在叙事的最外层，沦为阶下囚的商人福瓦德企图向哈里发讲述一些故事以保全自己的性命，这正如《一千零一夜》起始于善良的山鲁佐德为了让波斯国王山鲁亚尔不忍心杀害自己及更多女性而不断地编织精彩的故事——二者都设置了一个能够决定叙述者生死的受述者。不同的是，国王山鲁亚尔枕边的山鲁佐德拥有绵延的夜晚来讲述让人不忍弃绝的故事；哈里发御前的福瓦德有且仅有一部短篇小说的长度来为自己辩白。这种叙述者与受述者的身份的鸿沟，故事体量的有限，共同拉紧了作品叙事上的张力。

福瓦德的直接叙述构成了叙事的第一层：他说起自己遇到一个名为巴沙拉特的炼金术士，这个炼金术士发明了叫作“年门”的时间旅行装置——进入该装置的人能够进入 20 年前的过去或 20 年后的未来进行时间旅行。福瓦德遇到巴沙拉特时，他刚从开罗搬到巴格达，并建造了一个新的年门，而他的儿子留在开罗继续经营。在福瓦德决定是否使用年门之前，巴沙拉特给他讲了几个已经用过年门的人的故事。到这里，故事有一个打断，叙述者福瓦德请求受述者哈里发允许他重述巴沙拉特的故事，也就是将叙述者的身份移交给巴沙拉特。

当巴沙拉特作为叙述者开始讲话，第二层叙事就展开了，福瓦德成了受述者，哈里发则成了这个故事间接的受述者。第二层叙事中有三个故事，分别是幸运的绳匠的故事、从自己那里偷东西的织工的故事、妻子和她的情人的故事。

绳匠的故事讲的是贫穷的绳匠哈桑因为好奇穿过年门遇到年长的自己，得益于他的指导获得了一笔财富。织工的故事则始于织工阿吉布听说了哈桑的故事，因此他也穿越了年门去找年长的自己，并偷窃了未来的自己长年积攒的金币。妻子的故事发端于哈桑的妻子拉妮娅无意间见到了穿越而来的 20 年前的年轻的丈夫，她心生爱慕，尾随他找到年门。拉妮娅趁哈桑远行的时候穿越年门与还是单身的年轻丈夫相会。在巴沙拉特的叙事中，这些角色以彼此的故事为参照来行动。借由这些虚构主体的叙述身份在被述与受述之间滑流，这三个故事被有机地串联了起来。

在每一个故事之间，都插入了福瓦德和巴沙拉特的对话，以及福瓦德征求哈里发的同意以进入下一个故事。这些插入实际上是让叙事又回到福瓦德的叙事，也就是第一层叙事之中。通过这种方式，第一层叙事的叙述者福瓦德反复地确认着他的受述者哈里发的在场，也迫使巴沙拉特暂时地退回到被述的位置。

巴沙拉特的故事讲完以后，福瓦德回到了自己的故事，即第一层叙事之中。他向哈里发解释自己是为了挽救妻子的生命才选择使用年门。因为巴格达的年门刚刚建成，不能往回穿越，他只能从巴格达赶往开罗，穿越那里的年门，再回到巴格达。当福瓦德穿越开罗的年门后，他遇到了巴沙拉特故事中的拉妮娅。拉妮娅正要去拯救哈桑，她的故事处于正在进行的状态里。此时，文中突然出现了一段心理描写："一时间，我真不知道自己是清醒着还是在梦中，因为我仿佛踏进了一个故事。一想到我竟然可以跟故事中的人物对话，参与事件的发展，我就觉得头晕目眩。"①福瓦德与拉妮娅这两个人物的交错成功地将第二层叙事中的被述拉妮娅带入了第一层叙事。以拉妮娅为媒介，整个第二层叙事都卷入了第一层叙事之中，整体性地提高了其置信度。

福瓦德与拉妮娅的相遇的另一重要意义在于它给全部的故事提供了时间的参考。如果把他们相遇的时间记为 T，福瓦德第一次遇见巴沙拉特是在 20 年后，即 T+20。我们可以推断织工、绳匠的故事都在 T 之前，而福瓦德遇到哈里发是在 T 以后。当福瓦德赶到 20 年前的巴格达，来到时间 T，他没有来得及拯救妻子，只是得到了一个过去不知道的来自妻子的口信作为安慰。他的冒险经历使他身无分文，又因违反宵禁而遭监禁，也没有人能够证实他的身份。后来他因为预言了哈里发将有一个患白化病的孙子而被带到了哈里发面前。小说的最后，福瓦德告诉哈里发自己知晓未来二十年的巴格达将会发生的事情，恳请哈里发据此提供一个让福瓦德为他效劳机会。

当哈里发初次作为被述出现在福瓦德的故事之中时，他就已经不再是一个单纯的受述者，而是被深深地卷入了福瓦德的叙事之中，成了其中的一部分。面对着哈里发，福瓦德谦卑地说道："我的故事发展到现在，已经赶上了我的生活，和它齐头并进。两者盘绕纠缠，分解不清。

① ［美］特德·姜：《呼吸》，耿辉等译，译林出版社 2019 年版，第 32 页。

至于它们接下来会朝哪个方向发展，全凭陛下明断。”①叙述者福瓦德的生命能否延续，他的叙事能否持续在此刻均取决于作为受述的哈里发是否愿意相信他的整个叙事，是否愿意相信支撑起他的整个叙事的时间之门。

这扇突兀地出现在古老东方叙事中的时间之门所指涉的是一套西方的话语逻辑。巴沙拉特所经营的店铺中的奇珍异宝都散发着消费主义的光泽，而绳匠与织工从时间之门中所取回的财富无疑隐喻着信用贷款。他们之间命运的差别在于绳匠选择了“大批购进制绳纤维，雇佣工人，给他们很公道的薪水，把制成的绳子卖给需要的人，获取客观的利润”②，而织工花了一辈子去偿还被自己挥霍一空的贷款。尽管福瓦德所叙述的这些故事仍然可以嵌合在东方的道德寓言之中，而他本人站在哈里发面前则让故事出现了新的可能——一种现代西方话语渗入古老东方叙事的图景。

《商人和炼金术士之门》这部作品文本本身没有模仿现实，相反，它展现了现实的虚构性被暴露的可能。通过对于虚构主体叙述身份的滑流写作，作品模糊了叙事层次之间的边界——以福瓦德的叙事为中介，故事中的被述拉妮娅与故事外的受述哈里发处在了同一时空。作品展现了虚构边界瓦解的过程，进而暗示了虚构主体现实化可能给我们带来的世界虚构化的前景。作者没有选择让作品介入非虚构之间以赋予自己现实意义，而是通过把现实之物引入虚构之中来创造了一种崭新的意义关系，从而使作品成了对于虚构的力量与可能性的一次确证。

二、重构科幻宇宙：叙事语法的滑流

关于叙事的本质，每个人都有一种直觉。叙事语法就是对这种直觉的

① ［美］特德·姜：《呼吸》，耿辉等译，译林出版社 2019 年版，第 35 页。
② ［美］特德·姜：《呼吸》，耿辉等译，译林出版社 2019 年版，第 12 页。

表达——通过对一些规则和其运行的描述，使人能够处理作为叙事的表达。一般来说，叙事语法是内含于作品之中的。然而游朝凯的《科幻宇宙生存指南》则将叙事语法的外显，作为他重构其科幻宇宙的重要素材来使用。这部作品的叙述者、受述者与被述者全都叫作 Charles Yu，与作者游朝凯的英文名同名。而一本名为《科幻宇宙生存指南》的书也出现在作品之中，它被一个名叫 Charles Yu 的人阅读、书写、修改、引用……

在虚构人物 Charles 的 31 号科幻宇宙之中，叙事语法取代了物理法则或社会法则成了他首要的生存法则。因为开枪射杀了未来的自己，Charles 陷入了时间的循环之中；而这本从未来的自己那里拿到的《科幻宇宙生存指南》是他逃出时间循环并找到消失的父亲的关键。父子相处的时光与如何陷入时间循环的叙事被交错地拼贴在一起，其中还穿插了许多从一本名为《科幻宇宙生存指南》的书上摘录的关于 31 号宇宙的其他信息。例如现实占据了 31 号宇宙 13%的表面积与 17%的体积，其剩余部分是标准的科幻基底。

这部作品始于一个输入窗口，见本文图 1。

输入以下个人资料：

（依照时间顺序的当下年龄）

（期望年龄）

（你上一次见到父亲时的年龄）

计算中。

轨线闭锁。

图 1　《科幻宇宙生存指南》的输入窗口

在重读这部作品的时候，读者可以将自己想象成 Charles，选择想要进入的叙事。作品还提供了关于自身的大纲，将作品中不同的叙事类型的混杂方式直接呈现出来，见本文图 2。

虚构人物 Charles 获得自我意识的瞬间就在他洞察了“按时间顺序生活

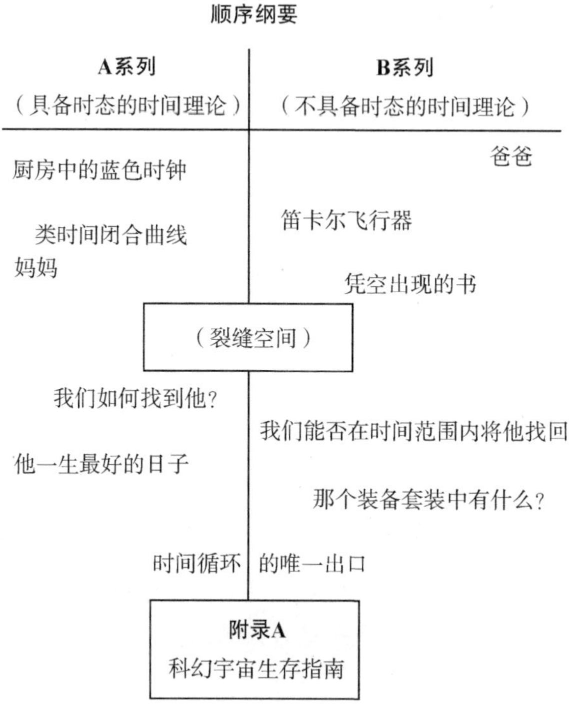

图 2 《科幻宇宙生存指南》大纲

其实是一种谎言”①的时刻。当虚构不再模仿现实或反映现实，叙事语法便以滑流的形式展示着自身的更多可能性——具备时态的时间理论与不具备时态的时间理论以及在这之间的空隙。Charles 虚掷生命的方式也别具一格：“事实是，我住在时态的缝隙之间，把时态操控器弄坏了。被我那浑水摸鱼的作弊时间旅行方式弄坏的。以前你可以把操纵杆放在排挡间来糊弄机器，得过且过地混日子，悬空着，漂浮着，身处某处同时却又并未身处某处。”②

① ［美］游朝凯：《科幻宇宙生存指南》，薛瀀远、张烨译，山东文艺出版社 2014 年版，第 26 页。

② ［美］游朝凯：《科幻宇宙生存指南》，薛瀀远、张烨译，山东文艺出版社 2014 年版，第 66-67 页。

因为失去了线性的时间顺序作为参照，叙事也便游离在因果关系系统之外。小说中的元素不再能够被时空关系所组织，因此变得彼此分离，自由游荡起来，为阅读提供了更多的可能性。作品中出场的角色有Charles的父亲、母亲、狗、操作系统塔米、经理以及恋人都处于一种孤立的状态之中：父亲处于失踪的状态；以担忧为机制运作的母亲住在商用时间循环之中；塔米和经理是人工智能系统；狗狗爱德处于存在的边缘；恋人则以否定式存在于过去时中。Charles这样介绍他的恋人：

> 我没结婚。从没结过婚。我没和一个叫玛丽的女人结婚。事实上她并不存在。跟爱德一样。
>
> 但其实她是存在的。你可能觉得有些自相矛盾，但这是真的。我从未娶的女人是一个完美而有效的存在论主体。或者一类主体。我假设技术上你可以作出这个论断：每个女人都是我从未娶的女人。所以为什么不管她叫玛丽呢，我是这么想的。①

在Charles的科幻宇宙中，时间机器是以叙事引擎驱动的。回忆和遗憾是Charles的时间旅行理论的充要条件。在《科幻宇宙生存指南》这部科幻文学的滑流写作之中，叙事语法在形式与逻辑上的正确性为其虚构叙事被理解的可能性创造了条件。我们一般只能经历现在回忆过去，但是在虚构之中，每一个当下都能被准确记录，便为经历过去回忆未来提供了可能。事实上，当我们重读一部虚构作品的时候，就能够经验这种经历过去回忆未来的时空旅行。而如果这部虚构是我们自己的作品，我们可以一边重读一边改写，那么我们就能够更加理解Charles所面对的情境。

对于Charles而言，时间循环的唯一出口在附录A之中，从正文到附录的距离却难以度量。正文自成一个没有缺口的循环，在这个循环中

① ［美］游朝凯：《科幻宇宙生存指南》，薛濛远、张烨译，山东文艺出版社2014年版，第8页。

Charles 来不及找到父亲，只能一次又一次地杀死自己。维特根斯坦告诉我们“我的语言的界限意味我的世界的界限”①，因为只有语言被心灵体验着。在这个意义上，由语言构成的 Charles 的世界无疑是对其心灵结构的复现。横亘在这个世界中的时空悖论也是 Charles 或者作者的心灵迷境。作者在叙事语法的滑流写作之中，仍然给我们留下了一些通往现实的线索。例如，Charles 的父亲与母亲都是来自按线性时间生活的现实，母亲的第一语言是基于不定式的，她在移民之前不会说英语。尽管作品中没有任何涉及族裔身份的话语，这本书仍然可以被当作族裔叙事来解读。在这个象征着美国的科幻宇宙里，Charles 目睹了父亲作为他者被排斥，经历了家庭的分崩离析。

事实上，《科幻宇宙生存指南》是一本关于写作与阅读的作品。剥去它的科幻外壳，作品本身记录了小说的生成，受干扰时的自我擦除，被阅读，被改写的整个过程。它作为一部元小说要求读者在阅读的过程中始终需要为自己决定这部小说到底是什么，该如何理解。Charles 的叙事有一种很强的即兴色彩，叙事围绕着主题旋转，在叙述的展开中重复自己，沿着一些意想不到的路线展开。故事的形状和秩序不是来自对生活的模仿，而是来自从潜意识里涌现的不断滑流的叙事语法。

三、绑架/拘禁/元叙事：叙事接受的滑流

时至今日，读者如何接受一个文本并赋予其意义越来越成为叙事研究关注的焦点。普林斯将阅读定义为一种行为：“该行为以一个文本(一套可视化表现的语言符号，意义可从这套符号中提取出来)、一个读者(一个能够从那套符号中提取出意义的行动者)以及文本与读者的互动为前提，使

① ［奥］维特根斯坦：《逻辑哲学论》，贺绍甲译，商务印书馆 2009 年版，第 85 页。

得后者至少能够正确地回答关于前者的意义的某些问题。”①阅读文本即意味着在分析处理文本数据过程中叙事接受者的自问自答。克莱尔·莱特(Claire Light)的《被外星人绑架!》这一文本却通过将自身置于叙事悖论之中让读者始终无法围绕叙事建构起意义。

克莱尔·莱特(Claire Light)的《被外星人绑架!》是以一位女性叙述者的口吻复述哥哥的故事。她哥哥被家人当成精神不稳定的疯子,所以他的故事也被认为是不必理会的。但是这位不知名的女性叙述者却违背了这一要求,将哥哥被绑架并穿行于星际之间的故事复述了出来。仅从科幻文学的角度来看,这个文本是支离破碎的,半透明的胶状的荧光外星人、古怪的命名、时空的快速切换与绑架的目的不明都将读者滞留于一个似是而非的意义空间中。

然而,作者在文本中留下了许多颇有指向性的符号,让有更丰富的语言经验的读者可以超越科幻叙事层来作进一步解读。例如,文中出现的女性名字 Emiko、Yuki,直接对应着日文的罗马音,写作平假名的话分别是えみこ、ゆき,均是非常常见的日本女性名字。文中还出现了哥哥对妹妹的称呼“Imouto”,不熟悉日文的读者或许会把它当作叙述者的名字,然而它实际上是日文“妹妹(いもうと)”一词的罗马音写法。作品中出现的古怪星球的名字 taupasczB、Min33d9ka 则对应着 1942 年到 1947 年期间其中两所美国政府为关押日裔所设立的集中营的名字:托帕兹战争安置中心(Topaz War Relocation Center)与米尼多卡战争安置中心(Minidoka War Relocation Center)。这个文本或许可以被作为对于日裔美国人被集中拘禁的历史的隐喻来解读。

《被外星人绑架!》被收录在作者的小说集《稍稍靠后并向左》之中,小说集的后记也引诱着评论者从族裔叙事的角度去解读这部作品。作者称其写作灵感源于她在旧金山湾区亚裔美国人社区的工作的经历。在那里她了

① [美]杰拉德·普林斯:《叙事学:叙事的形式与功能》,徐强译,中国人民大学出版社 2013 年版,第 102 页。

解到“二战”时期的日裔长达数十年地被美国主流社会排斥并剥夺公民权，然而许多日裔本身选择不向后代谈论自己的经历，从而抹杀了自己的历史。所以，如果这部作品中的“绑架”是在隐喻对日裔的拘禁，外星人无疑就是对实施拘禁的美国政府形象的隐喻。这也能够解释为什么文本中绑架者和被绑架者说的是不同的语言，为什么在绑架结束以后，哥哥不得不学英语进而丧失了纯粹的自我。这个解读视角甚至解释了文本的碎片化：作为华裔的作者试图为沉默的日裔写作，与未经历拘禁的妹妹想要为其家庭叙事，二者都只能通过非常有限的对于事件的接触来整合整个的文化经验与族裔经验。

叙述者妹妹遇到的在虚构过程中的困境同样也是作者的写作困境：“但当我抄写的时候，我越来越困惑，因为我刚刚发现自己，两次，不，五次了，没有记住一个细节，所以发明了一个细节来弥补想法之间的差距。”她们希望借助虚构的方式让故事重现，唤起人们的情感记忆，提供在史料文献以外的关于历史的洞察。在这样的写作之中，编织细节来完成虚构是不可避免的。作品的真实性因此就不能得到承诺。在这部作品之中，只有没有经历过“绑架”的妹妹能够发声这一点还暗示着“绑架”事件给个体带来的心理创伤以及给群体带来的文化创伤。罗恩·埃尔曼（Ron Eyerman）在《现在中的过去：文化与记忆传承》一文中定义了文化创伤：“文化创伤是指身份和意义的急剧丧失，是社会结构的撕裂，影响的是已经取得某种程度凝聚力的一群人。在这个意义上，一个群体中的每个人不一定都能感受到创伤，也不一定都直接经历过创伤。”①莱特作品中的沉默、疯狂与发声正是对于文化创伤的具体呈现。

与现实中沉默的日裔相对应的，作品中叙述者以外的其他经历过“绑架”的家庭成员都是沉默的。父亲认为“抄写等同于证实”（transcription equaled substantiation），因此阻止了母亲写诗，也阻止孩子们在年幼时学习

① Eyerman, Ron. “The Past in the Present: Culture and the Transmission of Memory.” *Sociologica*, 47.2(2004): 160.

阅读和写作。父亲将家族姓氏(Family Name)先是中国化(Sinicized)，然后盎格鲁化(Anglicized)，进而模糊了他们的日裔身份。这一情节上的设置甚至会让读者对于作者的族裔身份产生怀疑——作者是不是一个假装成华裔的日裔呢？这种怀疑甚至可以延伸出另一条阅读路径——将作品完全当作一个指涉现实的隐喻迷宫。然而作者确实是华裔，她的发声或可被视为对于亚裔整体命运的关切。

作品中哥哥在绑架结束以后说"在我开始学习英语之后，我失去了那个纯粹的自我"。但是母语体验对于妹妹，或者其他的已经被涵化的华裔作家而言，是遥远又难以获得的了。作品中另一个引人注目的文本细节是父亲在临终前极度想听哥哥的故事，怎么也听不够，年老的母亲也会不时问起这些故事。这就与他们曾经的回避态度相矛盾了，让故事的意义处于模棱两可之间。对于读者而言，整部作品的叙事也游离在碎片化与可整合的状态之间。

作为副文本的后记同时也告诉我们《被外星人绑架!》这部作品的另一种理解方式：一块完美无意义的巨石(a monolith of perfect pointlessness)。当读者不去考虑文本外部的信息时，就会发现一部以没有亲历事件的妹妹为叙述者，转述的精神不稳定的哥哥的口述与现实的联系是极其微弱的。它似乎也向我们展示了第二代或第三代美国少数族裔所感受到族裔经验的碎片化。在这样的虚构写作之中，向读者展现的是语言对于多重意义、矛盾、似是而非、反讽的开放性。它告诉我们，对于没有亲身经历的这些族裔作家而言，族裔写作是多么的不可能。如此一来，这部作品便是一个自我取消的文本，它掉进了自己制造的悖论之中。

这部作品给读者制造的难题就在于，无论将其理解为关于绑架的科幻叙事，还是关于拘禁的族裔叙事，又或是当作一个元叙事文本，都不能产生满足感：作为科幻叙事，它过于破碎；作为族裔叙事，它缺乏真实性；作为元叙事，它是自我取消的。作者有意地为读者安排了一场叙事接受过程中的滑流，让作品呈现出剔透的光泽。

结　语

如今，距离斯特林提出滑流写作这个术语已经过去了三十多年，滑流写作对于在后现代主义背景下成长起来的读者与作者都已经稀松平常。在高通量信息的冲击下，个人认知的失调，集体共识的解构，时代语境的转换已经成为日常的一部分。滑流写作作为一个准文学类别，它实际上标志着新时代的类型科幻文学向传统主流文学融合的一种努力。这种努力拓展了我们已有的叙事方式，也为美华科幻作家的文学表达提供了新的可能性和手段。

滑流写作的一个显著的风险在于，它可能会将一些僵化的文学形式强加给充满活力却杂乱的文学生产世界，进而让作品成为一部自我否定的元叙事。然而，在美华科幻文学的滑流写作中，族裔身份却通过为作品提供具体的文学情境的方式持续地输出着意义。一般而言，美华科幻文学容易被当成某些亚裔研究者所谓的“后族裔美学”(Postracial Aesthetic)。来自宾夕法尼亚大学的韩裔学者张幼美(Yoonmee Chang)将后族裔文学定义为“由亚裔美国作家写的、不包含亚裔美国人角色或不涉及亚裔美国人经历的文学作品”①，她断言对族裔身份的回避能够“使作者从表面上的民族特殊性和差异性的桎梏中解放出来，去研究超越性的普遍主题”②。后族裔美学本身就是一个有漏洞的设想，因为即使是在虚构世界里，任何超越性主题也必须通过具体的情境来呈现。即使是在悬置现实的美华科幻文学的滑流写作之中，我们仍然可以看到特定族裔所身处的物质环境与权力结构渗入了其虚构的世界。这种渗入，既为滑流写作的多重表达提供了更多样和富有层次性的内容，也是激发美华科幻作家表达欲望的初始动因。

---

① Chang, Yoonmee. *Writing the Ghetto: Class, Authorship, and the Asian American Enclave*. New Brunswick: Rutgers University Press, 2011: 201-202.

② Chang, Yoonmee. *Writing the Ghetto: Class, Authorship, and the Asian American Enclave*, 202.

20世纪80年代，韩裔学者金惠经(Elaine H. Kim)在《亚裔美国文学》一书中将亚裔美国文学定义为“亚裔美国人的自我意识与自我形象的反映”①。曾经，用文学来记录亚裔美国人的历史文化并整合他们的情感经验是十分重要的。而如今美华科幻文学中的滑流写作通过高度抽象的想象力以及族裔类比的方式展现了族裔叙事在第二代及第三代华裔那里如何运作以及何以可能。对于第二代或第三代华裔而言，滑流写作或许会成为他们考虑族裔问题的一种新的方式。通过这种方式，他们不必把自己的写作局限在自传或华裔的历史文本之中，而是可以站在他者的立场上来思考，去探索一种叙事上的突破，进而达到交流上的可能。这种绕开，既是对他们族裔身份和背景的一种呼应，也是对传统族裔文学的一种突破。正如前文所说，第二代及第三代华裔的族裔经验是碎片化地浮现于其对主流社会的经验中的，而不再是如初代华裔那样完整且深刻，因而他们的族裔经验也不再适合，不再需要以自传的方式直接地进行表达。取而代之的，以滑流写作的方式或隐含，或戏谑，或解构地表达的族裔性，更符合他们切身的族裔经验，也更真挚切实地表现着他们所身处的族裔现状。不仅如此，这一对传统族裔文学的解构式表达，既能够促进我们对于传统族裔观点的批判性重审，也能够在对片面的族裔话语的超越中达成对这一问题的更客观的呈现，跨越一些少数族裔间的、少数族裔与主流社会间的沟通和理解的障碍。

校订：刘方圆　王思炜

① ［美］金惠经：《亚裔美国文学：作品及社会背景介绍》，外语教学与研究出版社2018年版，第33页。

语言研究

跨层结构“无所”的词汇化

张丽梅*

引　言

跨层结构的词汇化很早就有学者关注，如董秀芳(1997)、江蓝生(2004)、张谊生(2007)、刘红妮(2009)、刘云(2010)等。汉语非句法结构的跨层词汇化是建立在词汇化和语法化的理论背景之下的，是句法、语音和语义共同作用的结果。所谓非句法结构的跨层词汇化是指两个相邻的原组成成分并不在同一个句法层次，并不形成直接的句法关系，但却“脱离”和“跨越”了原有的组合层次，由非句法结构的相邻成分或词汇序列演变成词，简称跨层词汇化①。简单地说就是指由本不在同一个句法层次的两个相邻单位变为一个词的语言现象。

“无所”在古汉语中有两种用法，一是用作动宾短语，二是组成“无所X”的跨层结构，层次是“无/所 X”，意思是“没有 X 的东西、事情、人……”。随着“所”作特殊代词的功能消失，不在同一句法层次的词汇序列“无所”作为新词项的语源，最终演变成一个独立的否定副词。本文主要对“无所”词汇化的过程、特点及演变动因和机制进行探析。

---

* 张丽梅，武汉大学文学院 2021 级汉语言文字学专业博士研究生。本文入选 2021 年武汉大学文学院首届研究生学术论坛“优秀论文”。

① 见刘红妮：《汉语跨层结构的词汇化研究》，学林出版社 2019 年版，第 50 页。

一、"无所"的词汇化过程

"无所"的词汇化包含了一个历时的演变过程。文献中的"无所"，最初用作动宾短语，既可放在动词之前作状语，也可放在动词之后作补语；作状语的"无所"在重新分析的基础上，演变为跨层结构"无/所 X"；跨层结构"无所"发展到现代汉语，已演变为一个在意义和用法上与"有所"相对的否定副词。具体用法如下。

(一)动宾短语"无所"

"无所"为动宾短语时，"无"作否定动词使用，是"有"的反面，表示对事物存在性的否定。"所"为名词，作动词"无"的宾语，意义随语境的变化而变化。此时"无所"作为一个整体，既可以放在动词之前作状语，也可以放在动词之后作补语。

1."无所"作状语

动宾短语"无所"作状语时，要放在动词之前，表示对相关动作的否定断言。该用法最早出现于周代。如：

①象曰：肥遁无不利，无所疑也。《周易》

②君若以力，楚国方城以为城，汉水以为池，虽众，无所用之。(《左传·僖公四年》)

③公曰："我欲食。"妇人曰："吾无所得。"(《吕氏春秋·先识览》)

这三例中，"无所"的意思均为"没有地方"，"所"的意思是"地方"。

2."无所"作补语

动宾短语"无所"作补语时，多出现在句尾。名词"所"作"无"的宾语，但意义会随语境变化。如：

④公归无所，于女信处。(《诗经·国风》)

⑤今罪无所，而民皆尽忠以死君命，又可以为京观乎？(《左传·宣公十二年》)

⑥为人子者，患不孝，不患无所，敬共父命，何尝之有？(《左传·襄公二十三年》)

⑦师之所为，郑必知之，勤而无所，必有悖心。(《左传·僖公三十二年》)

例④中，“无所”意思为“没有地方”，“所”即“地方”；例⑤—例⑦，我们采用了汪贞干、董德志的观点，认为例⑤“罪无所”、例⑦“勤而无所”当解释为“罚罪不当”“辛苦而不恰当”，“所”的意思为“宜，当”①。例⑥中，“患无所”当解释为“害怕没有地位”，“所”的意思为“地位”。

(二)跨层结构“无所”

跨层结构“无所”是在动宾短语“无所”作状语的基础上演变而来，“所”由名词转化为特殊的指代词。俞敏先生说：“名词‘所’开始虚化为代词，是因为人们给句子分段的理解有差错：第一阶段，无所/不知=没地方不懂；第二阶段，无/所不知=没不懂的地方。”②这一过程被称为重新分析。在此基础上，“所”作为能产性极强的代词，与谓词性成分组成“所”字结构，作“无”的宾语，形成“无+所X”的跨层结构。意思是“没有X的东西、事情、人……”。“无所”后面多为动词或动词词组，也可出现形容词，不过，前面常出现否定词“不”。

① 见汪贞干、董德志：《“所”字结构中“所”后动词可省吗？——兼谈〈春秋左传注〉对几个“……无所”的解释》，载《许昌学院学报》1992年第1期，第102-103页。

② 俞敏：《经传释词札记》，湖南教育出版社1987年版，第164页。

1. “无所+VP”

其中“VP”可为单音动词，如：

⑧四境盈垒，道馑相望，盗贼司目，民无所放。(《国语·楚语下》)

⑨入于其宫，不见其妻，凶。无所归也。(《左传·襄公八年》)

也可为双音词，如：

⑩翦焉倾覆，无所控告。(《左传·襄公八年》)

⑪达巷党人曰：大哉孔子！博学而无所成名。(《论语·子罕篇》)

还可以是多音词，如：

⑫周虽旧邦，其命惟新。是故君子无所不用其极。(《礼记·大学》)

⑬刑罚不中，则民无所措手足。(《论语·子路篇》)

2. “无所+不 AP”

用在形容词之前的“无所”，中间常有否定副词“不”字。如：

⑭我以郑为内臣，君亦无所不利焉。(《左传·僖公七年》)

⑮八年之中，九合诸侯，如乐之合，无所不谐。(《左传·襄公十一年》)

⑯精神四达并流，无所不极，上际于天，下蟠于地，化育万物，不可为象，其名为同帝。(《庄子·外篇》)

上述各例中，“所+不+AP”可解释为“没有不……的方面/地方”。“所”字后面的形容词已经具备了动词的性质。因而，不论“无所”后面跟的是动词还是形容词，用法基本一致。

(三)否定副词“无所”

魏培泉先生曾在《上古汉语到中古汉语语法的重要发展》一文中指出：中古以后，“所”作为能产的关系代词逐渐衰亡。① 发展到现代汉语，该用法已消失。只是，“所见”“所闻”中还残留着“所”的代词用法。

正是关系代词“所”的衰落，促进了“无所”的跨层词汇化，表现在：“所”由能产的词演变为句法、语义功能衰弱的语素，使得跨层结构的“无/所X”重新分析为“无所/X”。如：

⑰若气不结聚时，理亦无所附着。(《朱子语类》卷一)

⑱致知，是吾心无所不知。(《朱子语类》卷十五)

⑲赵典为太仆迁太常朝廷每有灾异疑义辄谘问之典据经正对无所曲折。(《册府元龟》)

上述各例中，“无所”已经有比较凝固的新的语义“没有什么”，关系代词“所”的消失，使得“无”与“所”的组合更紧密，“所X”已不能单说单用。意义上“所”既不表处所，也不具体指代某人或某物；语音上，“所”有轻读的趋势。这种用法的“无所”发展至今，则已演化为一个放在谓语之前作状语的否定性副词。

但现代汉语中“无所X”的跨层词汇化的句法比较复杂，存在多种形式并存的情况，“X”可为动词、动词/形容词的否定式以及名词。

---

① 见魏培泉：《上古汉语到中古汉语语法的重要发展》，何大安主编：《古今通塞：汉语的历史与发展》，“中央研究院”语言学研究所筹备处2003年版，第99页。

1. “X”为动词

(1)“X”为单音节动词

“X”为单音动词时，有两种情况。一种是“无所”与“X”组成一个三音节词语，如：

⑳然而他做这些事都是“无所为”，因为做这些事的价值在于做的本身之内。(CCL 语料库)

㉑为了这石破天般的一眼，他们必须用整个生命的时间，甚至有人终生无所获。(CCL 语料库)

另一种是“无所”与单音节“X”组合之后，再与前面的单音节合并，凑成一个稳定的四字格，如：

㉒欧洲人对那美丽、轻盈的丝绸是如何织造的，竟一无所知。(CCL 语料库)

㉓代老师除了继续教书育人外，好像别无所求！(CCL 语料库)

(2)“X”为双音节动词

“无所”与“VP”组成“无所 X”的四字成语或四字词语，如：

㉔不求有功，但求无过是无所作为的体现。(CCL 语料库)

㉕如果不关心您就是无所关心的话，先生，我倒希望您也能够化为乌有才好。(CCL 语料库)

(3)“X”为多音节动词词组

“无所”与多音节词语“X”组合成固定词语，如：

㉖很显然，在无所不用其极的广告轰炸下，市场正在变得浑浊起来。(CCL 语料库)

㉗然而，尽管心里明白，碰到具体情况，还是令人无所措手足。(CCL 语料库)

2. “X”为否定式

当 X 为否定形式时，通常可以转化为“无所不 X”的结构。这里的“X”多为动词或动词性成分，少数为形容词。如：

㉘我们不能够要求它们都千篇一律或无所不包。(CCL 语料库)

㉙这西李色艺无双，更会妖媚惑主，扭捏造作，无所不精。(CCL 语料库)

3. “X”为名词

现代汉语中，“X”可为名词，如：

㉚那么，业主可能不愿去改善经营，甚至会蓄意使其无所起色。(CCL 语料库)

㉛然而表面上又是服从你国民党政府的“禁令”，使它无所借口。(CCL 语料库)

二、“无所”词汇化的特点

跨层结构“无所”的词汇化是在句法、语音和语义的共同作用下完成的。下文主要对跨层结构“无所”的句法特征、语音变化、语义来源进行探析，以找出“无所”词汇化的特点。

(一)句法特征

1. 句法位置

董秀芳指出“处在分句开头位置的跨层结构最容易发生词汇化”①。刘红妮指出跨层词汇化可以发生在句首、句中和句尾的任意位置。② 句首和句中两种有交叉的情况，有很多词兼有两种位置。从“无所”的句法位置看，既可以出现在整个句子的句首，也可以是分句的句首，还可出现在句中的位置。如：

㉜无所归咎恶于诸侯。(《左传·僖公七年》)

㉝若中道而立，无所偏倚，把捉不住，久后毕竟又靠取一偏处。(《朱子语类》卷六十三)

㉞若以郑为东道主，行李之往来，共其困乏，君亦无所害。(《左传·僖公三十年》)

2. 句法条件

(1)成分相邻

跨层结构“无所”发生词汇化的最基本的条件是成分相邻。“无”和“所”原本不在同一个句法结构里，但这两个成分在线性顺序上贴近，形成

① 董秀芳：《词汇化：汉语双音词的衍生和发展》(修订本)，商务印书馆2011年版，第285页。

② 见刘红妮：《汉语非句法结构的词汇化》，上海师范大学2009年博士学位论文，第384页。

“无所 X”的构式①，其中，“无所”为常项“AB”，“X”为变项“Y”②。常项和变项组成“无+所 Y”的结构，表示“没有……的方面或地方”。其跨层词汇化的模式为：A+[BY]→[AB]+Y。即“无所”在词汇化前，“所 X”是直接组成成分，作“无”的宾语；词汇化后，原本不在一个句法层次的常项“无”和“所”凝固成一个否定副词。

(2)高频出现

“无+所 X”跨层组合的高频出现，是其词汇化的另一个重要条件。两个原本不在同一个句法层次的成分如果只是在结构上相邻，那么在句法上还不足以挣脱各自的直接句法结构而发生跨层融合。要发生跨层词汇化，就还需要经常连用，构成“常项”。董秀芳也认为使用频率高是双音词衍生的条件之一，“只有两个成分经常在一起出现，才有固化成词的可能性。这一要求在跨层结构的词汇化中尤其突出”③。“所”字虚化为特殊的代词后，能产性极强。它与谓词性成分组成“所”字结构，作“无”的宾语，形成大量的“无+所 VP”的跨层结构。以《左传》为例，该书“无所”一共出现 36 次。其中，“无所”用作动宾短语，出现在句末的有 4 次；“无+所 VP”一共出现 30 次；“无+所 AP”的只出现了 2 词，且这里的形容词已经具备了动词的性质。由此可以看出跨层结构“无+所 VP”在古文献中占绝大多数。正是这一构式的频繁使用，促使两个非直接组成成分“挣脱”原先的结构层次，形成组块，继而凝固成词。

① Goldberg(1995)对“构式”所下的定义是：“C 是一个构式当且仅当 C 是一个形式-意义的配对<F_i，S_i>，且 C 的形式(F_i)或意义(S_i)的某些方面不能从 C 的构成成分或其他先前已有的构式中得到完全预测。”参见[美]Adele E. Goldberg：《构式：论元结构的构式语法研究》，吴海波译，北京大学出版社 2007 年版，第 4 页。

② 吴竞存指出，“常项”是指组成非句法结构的原有成分，它们是固定的；“变项”是指两个常项前后的成分，它们是变动的。参见吴竞存、梁伯枢：《现代汉语句法结构与分析》，语文出版社 1992 年版，第 371 页。

③ 董秀芳：《词汇化：汉语双音词的衍生和发展》(修订本)，商务印书馆 2011 年版，第 41 页。

3. 句法功能

从句法功能看，“无所”跨层词汇化后句法功能仍是黏着的。即凝固成词后，其前后多数仍出现与导致跨层词汇化发生的句法环境里相同的句法组合成分，仍然多出现在“无所 X”的句法结构中。这也显示了“无所”在跨层词汇化之后和之前在结构功能上具有承继关系。《现代汉语词典(第七版)》尚未收录该词，也与它的黏着性分不开。

4. 演变结果

从演变结果分析，“无所”由短语演变成词，且意义有所虚化。动宾短语“无所”放在动词之前作补语，在重新分析和频繁使用的情况下，发生跨层组合；最后演变为一个否定副词。从演变后复合词词性的虚实来说，否定副词“无所”是一个虚词。

“无所”词汇化以后，“无”与“所”都有虚化的倾向。“无”当“没有”讲时，有两种词性。作动词时，放在体词性成分之前。而作副词时，一般放在动词前。“无所”为动宾短语时，“无”为动词，词汇化后，“所”无实义，且其后多为动词，“无”虚化为否定副词。“所”本义为伐木声，《说文解字》：“所，伐木声也。”后来假借为“处所”，是名词，又发展出特殊的指示代词的用法。现代汉语中，“所”的指代功能虚化，不能独立充当句子成分，没有实义，只起语法作用。

(二) 语音变化

跨层结构“无所”词汇化后，最重要的语音变化是双音化。两个原本不在同一句法层次的单音成分，经历了从“无/所”到“无所”这样一个双音化的演化过程。根据冯胜利的研究，汉语的复合词必须首先是一个韵律词，而汉语中的一个韵律词即一个音步，其一般由两个音节构成。①

① 有关“韵律词”和“音步”，参见冯胜利：《汉语韵律句法学》，商务印书馆2013年版，第74-114页。

非句法结构“无所”在演变之前原本是两个独立的单音成分，语音停顿在两个成分之间，两个成分和它们同一句法层次上的直接成分语音上结合紧密。即：

(1)动宾短语“无所”，停顿为“无/所”，如“勤而/无/所”“无/所/归也”。

(2)跨层结构“无所”，停顿为“无/所X”，如“民无/所放”“无/所控告”。

词汇化后，停顿发生了改变。但由于“无所”词汇化后，存在双音形式“无所”、三音形式“无所X”、四音形式“无所X”、四字格的固定成语和类固定短语并存的复杂局面，语音停顿也有两种：

(1)读作“无所”。双音形式“无所”、三音形式“无所X”，四字词语和成语，以及一些类固定短语，多采用此停顿模式。如“无所/获”“无所/作为”“无所/不用其极”等。

(2)读作“无/所”。少部分四字成语停顿在“无”与“所”之间。如“一无/所知”“别无/所需”“生无/所盼”“毫无/所得”“空无/所有”。这主要是由于三音节词语“无所V”与前一音节组合构成四字成语和词语后，语音停顿受到了改变。

而“无所”在双音化后，语音得到进一步凝固，两成分之间不能再插入其他成分。随着“无所”大量运用在四字成语和词语中，“所”的读音也有磨损、弱化趋势。

(三)语义来源

跨层结构“无所”词汇化以后，其语义也发生了变化。那它的语义究竟是从何而来呢？吴竞存、梁伯枢认为汉语跨层结构意义形成大多数有两种模式：一是由组成成分原来的基本意义凝固而成，二是由组成成分某个成分的意义演化而来，这表示跨层结构与组合之前的结构在语义上有继承关系①。

① 见吴竞存、梁伯枢：《现代汉语句法结构与分析》，语文出版社1992年版，第379页。

彭睿认为跨层结构词汇化的语义与构式语法化有关。① 刘红妮则认为跨层结构的语义来源有两个：一是原组成成分的意义，另一个是构式义，新的语义是两者语义的整合。② 我们认为这一观点更准确地说明了跨层结构词汇化的语义来源。

“无所”词汇化的语义来源及获得正说明了这一点，它的词义不但和“无”“所”的句法功能弱化有关，而且与后一成分 X 有关。也就是说，“无所”词汇化的发生，是建立在“无+所 X”构式基础上的。这一构式的意思是“没有 X 的东西、事情、人……”。词汇化后，“所”的句法功能弱化，语法意义也随之消失，只剩下语形。“无/所 X”被重新分析为“无所/X”，此时在构式义和原意义的整合下，“无所”被储存为一个类似副词的单位，意思是“没有什么”。而“无所”的语义重心显然在实词“无”上。

三、“无所”词汇化演变的动因和机制

(一) 演变动因

1. 汉语词汇发展的双音化趋势

双音化是汉语词汇发展的一大规律。上古时期，汉语的词汇系统以单音节为主，中古时期，随着语音系统的简化，产生了大量的同音词。为了更好地区分这些同音词，双音词为主的词汇系统应运而生。同时，双音词的产生也受到语音条件的限制。董秀芳指出，汉语双音词衍生的基本条件限制之一就是语音条件限制，即“原来的句法单位或跨层结构中的两个分

① 见彭睿：《构式语法化的机制和后果——以“从而”“以及”和“极其”的演变为例》，载《汉语学报》2007 年第 3 期，第 31 页。

② 见刘红妮：《跨层词汇化中语义的来源、获得与变化》，载《世界汉语教学》2016 年第 2 期，第 215 页。

立的组成部分都必须是单音节的，二者必须要构成一个双音节音步”①。而否定副词“无所”就是由两个单音节成分跨层组合为一个标准的韵律词。它满足双音词演变的语音条件，也符合汉语双音化发展的趋势。

2. 转喻认知过程

转喻在跨层词汇化的过程中发挥着重要的作用。所谓“转喻”，是指同一个认知域内概念之间的过渡，是从一个概念过渡到另一个与之相关的概念。沈家煊提出转喻发生的机制不仅与语境因素有关，而且也与认知凸显原则的参与有关。② 刘红妮也认为，跨层词汇化过程中，语境是语义演变的直接诱发因素。重新分析在跨层词汇化中有重要作用。③ 跨层词汇化前，“无”与“所”不在同一句法层次，它们有各自直接的组合对象，形成“主语(S)+无”“所+X”式，这实际上就把所有的句子成分联系起来了。也就是整个句子框架“S+无/所 X”可以由“无+所”激活或代表。即可由跨层组合“无+所”来表达整个句子构式的意义，这属于由部分代替整体的转喻方式。语用推理后发生重新分析，变为“X/无所/VP”。也就是说，在同一认知框架内，跨层结构“无+所”和整个句子的关系密切，一旦它被激活了，整个句子也会被附带激活。

3. 语言的经济原则与结构简化

词汇化的动因主要来自语言的使用，“无所”的词汇化符合语言的经济原则和结构简化。语言的经济原则是由法国语言学家马丁内提出的，这一理论的中心思想是，在保证语言完成交际功能的前提下，人们自觉不自觉

---

① 见董秀芳：《词汇化：汉语双音词的衍生和发展》(修订本)，商务印书馆 2011 年版，第 39 页。

② 见沈家煊：《转指和转喻》，载《当代语言学》1999 年第 1 期，第 7-14 页。

③ 见刘红妮：《汉语跨层结构的词汇化研究》，学林出版社 2019 年版，第 224 页。

地对于语言活动中力量的消耗做出合乎经济要求的安排。① 这一原则，在跨层词汇化中具有重要的作用，跨层词汇化最重要的体现就是结构简化。刘红妮指出结构简化可分为两种：一是成分本身简化，即结构成分的省缩；二是所在句子结构简化，包括结构层次的减少，语法单位降级。② 由上所知，“无所”在词汇化后，句法功能是黏着的，仍多出现在“无所 VP”的构式中，不过动词“无”与特殊指代词“所”跨层词汇化为副词，句子由单层复句简化为单句，简化过程大致如下：无/所 VP→无所/VP。

(二)演变机制

1. 重新分析

重新分析是语法化过程中的一个重要机制，它在跨层词汇化中也同样起着重要的作用。刘丹青也认为“重新分析是语法历史演变的重要机制，语法化、词汇化和其他一些语法历史演变都常经历重新分析”③。Langacker 指出重新分析是一种词语之间内在的语法关系的变化，他不会立刻带来表层形式的变化，它常常会导致成分之间边界的创立、转移或者消失。④ “无所”的跨层词汇化是语用推理和语义结构重新分析的结果。即跨层结构“无+所 VP”被重新分析为“无所+VP”，语音边界转移到“所”后，“无所”被整体理解为一个单位。发展到后来，“所”的指代性减弱，直至消失。“无所”演变为否定副词。

① 见 Martinet，Andre. *A Functional View of Language*. Oxford：Clarendon Press，1962：89.

② 见刘红妮：《汉语跨层结构的词汇化研究》，学林出版社 2019 年版，第 189-190 页。

③ 吴福祥、崔希亮：《语法化与语法研究(四)》，商务印书馆 2009 年版，第 202 页。

④ 见 Langacker，Ronald W. *Syntactic reanalysis*. Austin and London：University of Texas Press，1977：58.

2. 扩展

扩展在跨层结构词汇化的过程中也发挥着重要作用。最初，进入“无所X”的词，多为单音动词、双音动词以及多音动词词组，少数为形容词的否定形式。发展到现代汉语，“X”可为名词，如“无所特色”“无所住处”“无所愿望”“无所痛苦”等。根据王灿龙的研究，他认为“无所X”中“X”可为有限的名词的用法“可能是‘有所’类推的结果，其理据不同于‘有所’的同类用法”①。这种说法有一定的道理，同时，我们认为，“无所”后面可接名词，主要与“所”的指代功能弱化有关。

结　语

总之，在历时演变中，动宾短语“无所”>跨层短语“无所”>否定副词“无所”。“所”本是处所名词，其与“无”组成动宾短语“无所”，由于经常放在动词之前作状语，所以就与动词“X”线性组合在一起形成“无所X”。由于人们的重新分析，便形成了“无+所X”的跨层结构，这时候的“所”也就由名词演变成一个可以指代人、事、物的特指代词。随着“无所”的凝结以及“所”指代的进一步泛化，最终形成否定副词“无所”。

在这一历时过程中，“无”与“所”意义都有所虚化，“无”从动词演化为否定副词“无”，表示“没有，不”的意义；“所”则从名词演变为指示代词，最后指示性弱化，演化为构成语素。

而在现代汉语中，存在双音形式“无所”、三音形式“无所X”、四字成语和词语、类固定短语并存的复杂局面，使得“无所”词汇化演变呈现多样分化的结果。

校订：王思炜　董薇

① 见王灿龙：《“有所X”式与“无所X”式及相关问题》，载《中国语文》2014年第4期，第304页。

《汉语大词典》“滑易”词条补释

刘剑邦*

古代文献中有“滑易”一词，现在已不常用，所以对一般读者而言较为费解。如《仪礼·丧服》：“锡者何也？麻之有锡者也。锡者十五升，抽其半，无事其缕，有事其布曰锡。”②郑玄注曰：

(1)谓之“锡”者，治其布使之滑易也。③

贾公彦疏云：

(2)(郑玄)以“治”解“事”，以“滑易”解“锡”，谓使锡锡然滑易也。④

郑玄的弟子刘熙在《释名·释丧制》中也说：

(3)锡衰，锡，易也，治其麻使滑易也。⑤

---

* 刘剑邦，武汉大学文学院2020级汉语言文字学专业硕士研究生。本文系2021年武汉大学文学院首届研究生学术论坛“语言学与文献学”分会场发言论文。

② (清)阮元校刻：《十三经注疏》，中华书局1980年版，第1124页。

③ (清)阮元校刻：《十三经注疏》，中华书局1980年版，第1124页。

④ (清)阮元校刻：《十三经注疏》，中华书局1980年版，第1124页。

⑤ (汉)刘熙撰：《释名》卷8，中华书局1985年版，第133页。

《汉语大词典》(以下简称《汉大》)收录了这个词，列有两个义项：

①便捷与迟滞。《吕氏春秋·观表》：“见马之一征也，而知节之高卑，足之滑易，材之坚脆，能之长短。”②浮而不实。清余怀《板桥杂记·说铃》：“(寇湄)粗知拈韵，能吟诗，然滑易不能竟学。”①

但上述两个义项都不能很好地解释引例(1)(2)(3)中“滑易”的含义，笔者在阅读的过程中由此发现问题。经过考察，建议再补两个义项：①光滑；②和顺、顺畅。而《汉大》所收录的第一个义项应可删减，因为它只是由“滑”和“易”组成的词组之义，不仅结构上不同于作为一个整体的词的“滑易”，而且两者之间的词义也有分别，所以它们只是表面词形相同。总体来说，“滑易”是一个形容词，以下数节将进行分述。由于《汉语大词典订补》对《汉大》的修订未及此词条，笔者暂时亦未见前人对“滑易”一词作出详细讨论，因此尝试陈说己见，以俟正于方家。

一、“滑易”词条建议增收之义项

(一)“滑易”有“光滑”义

上引例(1)(2)(3)中的“滑易”，《汉大》的解释跟语境不合。其实，这里的“滑易”就是“光滑”的意思，指锡衰的质感较其他丧服平滑。《说文·糸部》：“緆，细布也。”段玉裁注释时便用到了这个词：

(4)“布”一本作“麻”，古亦呼“布”为“麻”也。《燕礼》：“幂用绤若锡。”郑注：“今文锡为緆。”緆，易也，治其布使滑易也。按：今文

① 汉语大词典编纂处：《汉语大词典》，上海辞书出版社2011年版，第1479页。

其本字，古文其叚借字也。①

一般丧服也是较为粗疏的，锡衰的缕细如朝服(升数则减半)，而且其布还要加灰捶洗，使之光滑，所以才把它称为“锡(緆)衰”。《汉大》“锡”词条引用了郑玄《仪礼·丧服》注文(只是没有解释“滑易”之意)，② 却没有在“滑易”词条述及此条郑注，似有疏忽。

除了郑注“锡衰”一例，还有其他语例可以佐证。例如《说文·木部》：“楇，盛膏器。”徐锴《说文系传》曰：

(5)古者车行，其轴当常滑易，故常载脂膏以涂轴也，此即其器也。故《春秋后语》淳于髡说邹忌曰：“豨膏棘轴，所以为滑。”棘即枣，亦坚致滑易之木也。③

徐锴此注的两个“滑易”较明显地具有“光滑”义，像《左传·襄公三十一年》“巾车脂辖”，意思也是替车辖上油，使其不生锈，让车轮顺畅地转动。

我们对“滑”并不陌生，却不熟悉“滑易”一词，除了因为“滑易”在现代罕见，还因为一时没有弄清楚“易”作为词素参构“滑易”一词所表达之义——其实“易”也有“光滑”义。如《周礼·冬官·车人》：“行泽者反輮，行山者仄輮；反輮则易，仄輮则完。”④孙诒让《周礼正义》曰：“易、滑义同。……反輮以木心着地，则泥不黏而行利。”⑤又，王与之《周礼订义》：

① (汉)许慎撰，(清)段玉裁注：《说文解字注》卷13，上海古籍出版社1988年版，第660页。

② 汉语大词典编纂处：《汉语大词典》，上海辞书出版社2011年版，第1323页。

③ (南唐)徐锴撰：《说文解字系传》卷6，中华书局1987年版，第117页。

④ (清)孙诒让撰：《周礼正义》卷86，中华书局1987年版，第3519页。

⑤ (清)孙诒让撰：《周礼正义》卷86，中华书局1987年版，第3520页。

(6)木心多滑，反而猱之则滑易，而去泥为甚利矣。①

意即，煣木为车辋时使木的向阴面着地，则车行于泽地时可以减少黏泥，让车轮得以较为流畅(顺滑)地转动。尽管"易"的"光滑"义似乎不太常见，但只要知道"易"本来有"简易""平易""轻易"等义，则不难联想出一种平滑的、没有阻滞的感觉，正如《礼记·檀弓上》："夫丧，不可不深长思也。买棺外内易。"孔颖达等《正义》曰："买棺之时，当令精好，斫削外内，使之平易。"又云：

(7)言买棺外内滑易者，此是孝子所为之事。②

这里一句译作"平易"，一句译作"滑易"，更能看出它们词义特点之相近(附按：《汉大》"易"词条没收录"光滑"义项，疑有漏失)。③ 所以，笔者认为"滑易"是一个同义并列复合词，故"滑"跟"易"组合起来可以共同表示"光滑""和顺"等义。

(二)"滑易"有"和顺、顺畅"义

《楚辞·大招》："易中利心，以动作只。"王逸注：

(8)言复有美女，用志滑易，心意和利，动作合礼，能顺人意，可以自侍也。④

① (宋)王与之撰：《周礼订义》卷79，钦定四库全书本，第22-23页。

② (清)阮元校刻：《十三经注疏》，中华书局1980年版，第1291页。

③ 汪少华先生在二十多年前已据《周礼·考工记》的数条例证指出"'易'有光滑细致义"，然而《汉语大词典订补》也没有为"易"词条补充此义。见汪少华：《从〈考工记〉看〈汉语大字典〉的义项漏略》，载《古汉语研究》1996年第2期，第68页。

④ (宋)洪兴祖撰，白化文等点校：《楚辞补注》卷10，中华书局1983年版，第222页。

这里，“滑易”（对应正文的“易”字）形容“用志（心思）”，看来是一个较为抽象的意义，如果再用表示具体质感的“光滑”义来解释则不太恰当，它跟《汉大》的两个义项亦不吻合，而根据上下文，“滑易”具有褒义色彩。朱熹《楚辞集注》：“易中、利心，皆敏慧之意。”①王夫之《楚辞通释》：“易中，和易其中。利心，巧慧其心。动作，有事于承顺也。”②如果按照“滑”的词义特点来引申，则王逸此注的“滑易”可以理解为“和顺”义——滑溜则顺畅，顺心则和易。由于“滑”跟“顺”具有这样的相似性，今天尚有“顺滑”一词，笔者在电视广告中还不时听到“（使用这个产品）头发特别乌黑顺滑”。③

王逸跟郑玄的生活年代都是东汉末年，可见当时“滑易”一词已同时存在具体和抽象的用法。由具体义引申出抽象义，是词义引申的一般规律。④同时，由触感（质地的滑）而至心理（心志的滑），主观程度也有所增加。

又，北魏寇谦之《老君音诵诫经》云：

（9）便以手捻香著炉中，口并言：“愿甲乙以年七以来过罪得除，长生延年。”复上香，愿言：“某乙三宗五祖、七世父母、前亡后死，免离苦难，得在安乐之处。”后上香，言：“愿门内大小口数，端等无他利害，来钱出入滑易。”⑤

语境表示该人祈求神助财运亨通。此“滑易”修饰“来钱出入”有“和顺、顺畅”义，亦不同于上文形容质感光滑者。虽然这种抽象的“和顺、顺

① （宋）朱熹撰，蒋立甫点校：《楚辞集注》卷7，上海古籍出版社2001年版，第144页。

② （清）王夫之撰，杨新勋点校：《楚辞通释》，上海古籍出版社2018年版，第246-247页。

③ 然而《汉大》不见“顺滑”词条，盖有漏收。古籍亦不乏“顺滑”连用之例。

④ 见陈忠敏：《语义演变的类型、模式、机制及方向》，载《辞书研究》2021年第5期，第10页。

⑤ （北魏）寇谦之：《老君音诵诫经》（不分卷），明正统道藏本。

畅"义在后代用例不多，但由于另外几个义项未能更贴切地解释此两例，因此独立为一个义项比较恰当。①

适当的圆滑(像具有"和顺"义者)容易让人接受，但不正当、过分的滑溜则让人反感，从《汉大》"圆滑"词条有"形容为人处世善于敷衍、讨好，各方面都应付得很周到"之义、"滑头"有"不老实"之义等,② 均可看出。"滑易"之所以能有"浮而不实"义，亦跟"光滑"的特点相关。然则，从"光滑"的特点中，可以体会到古人的辩证精神。

二、"滑易"的"便捷与迟滞"义是不同性质的词组义

"滑易"在《汉大》的第一个义项是"便捷与迟滞"，引用的是"滑易"最早见于《吕氏春秋·观表》的语例。我们根据以上的分析大致能够清晰地看出数个义项之间的引申关系：以"光滑"义为基础，正面引申出"和顺、顺畅"义，反面引申出"浮而不实"义。然而它们跟这个义项(如果把它算作"滑易"的本义)却颇难衔接，因为它多了"迟滞"义，而且从引申义列的角度考虑，不大可能以"便捷与迟滞"为本义而引申出其他几个义项(若仅看"便捷"义，则与"光滑""和顺"等义具有相对直观的联系)。《吕氏春秋》的语例中，"滑易"与"高卑""坚脆""长短"皆两两相对，结合意义标准、语法标准、修辞手段、出现频率和后代沿用情况等方面③，大致可判断此"滑易"为词组；词组中的"易"所表示的"迟滞"义，也跟上文所论以"滑易"作为同义并列复合词中的"易"所表示的"光滑"义不同。简言之，两者无论是词义还是词形之下的内部结构皆有分别，把"便捷与迟滞"算作"滑易"词条

① 上文所引徐锴《说文系传》《周礼·冬官·车人》等语例，从质感的"光滑"中也容易联想出"和顺、顺畅"的感觉。

② 汉语大词典编纂处：《汉语大词典》，上海辞书出版社 2011 年版，第 658、1482 页。

③ 见鲁六：《谈古汉语复音词的判断标准》，载《中州学刊》2006 年第 5 期，第 294-296 页。

的一个义项，只不过是《汉大》在编纂体例上简单化的处理。若要严格一些，则应该分开为两个条目，甚至可以把“便捷与迟滞”义删减，理由是：①它是词组而没有凝固成词；②它只有《吕氏春秋》一个用例，没有传承到后世，而且不跟“滑易”的其他义项相联系。

至于“滑易”作为同义并列复合词表达“光滑”义，暂见最早的合适语例应该是东汉初年郑司农的《周礼解诂》，他注《周礼·春官·司服》“王为三公六卿锡衰”时已说：

(10)锡，麻之滑易者。①

郑玄转引其注而没有反驳，表示承袭其说。但是，古代文献散佚颇多(观《汉书·艺文志》可知，即使是郑司农原书亦已失传)，所以难以更准确地断定“滑易”的具体产生年代。

综上所述，“滑易”一词应能补上“①光滑；②和顺、顺畅”等两个义项，而“便捷与迟滞”一个义项则建议删减——即使保留，也应了解它与“滑易”一词的其他义项是不同性质的。在分析的过程中，我们可以察觉到“滑易”的基础意义就是“光滑”。至于它既有褒义，又有贬义(还可以是中性②)，则反映了不同的引申方向(但引申的先后次序难以确定，因为语言材料数量有限，大体上贬义者产生较晚)：

1. 质感上的光滑→抽象意义上的和顺(中性或褒义)；

2. 质感上的光滑→抽象意义上的浮而不实(贬义)。

这种引申路线的分叉，跟“光滑”的特点从正反的角度观察问题相关，反映了古人的辩证思维。

在探求“滑易”一词的意义时，笔者还参照了“滑”和“易”本身的词义，以及它们作为词素参构的词所表达的意义——它们之所以具有参考价值，

---

① (清)阮元校刻：《十三经注疏》，中华书局1980年版，第782-783页。

② 比如说锡衰的质感滑易，应该只是一种客观的描述，毕竟丧服的设计是庄重的，不应带有鲜明的褒贬色彩。

那是因为词义的引申和词的组合搭配之间具有内在的规律性，“滑易”一词处于词汇系统之中亦不是孤立的存在。

总之，“滑易”这个词有三个主要义项，词典中相应的条目可以这样编写：

【滑易】①光滑。汉郑玄《仪礼·丧服》注：“谓之‘锡’者，治其布使之~也。”②和顺、顺畅。汉王逸《楚辞·大招》注：“言复有美女，用志~，心意和利，动作合礼，能顺人意，可以自侍也。”又北魏寇谦之《老君音诵诫经》：“愿门内大小口数，端等无他利害，来钱出入~。”③浮而不实。清余怀《板桥杂记·说铃》：“(寇湄)粗知拈韵，能吟诗，然~不能竟学。”

余　论

据笔者检索，清代“滑易”一词的语例数量可谓历代之最(一百多条)，而且常常带有贬义，多形容人们“浮而不实”，这也是值得关注的。如：

清代牛运震《读史纠谬》：

(11)此等挑弄，殊伤滑易，此体裁之不庄也。①

刘熙载《艺概》：

(12)书家同一尚熟，而熟有精粗深浅之别，惟能用生为熟，熟乃可贵。自世以轻俗滑易当之，而真熟亡矣。②

方东树《昭昧詹言》一书中“滑易”的语例更多，亦带贬义，如：

---

① (清)牛运震撰，李念孔、高文达、张茂华点校：《读史纠谬》卷9，齐鲁书社1989年版，第352页。

② (清)刘熙载撰：《艺概》卷5，上海古籍出版社1978年版，第168页。

(13)其词又习熟滑易，多袭古人形貌。①

(14)非苦思不能避滑易轻浮。②

这些语例也反映了“滑易”可跟“轻俗”“轻浮”等形容词并列连用，或跟“不庄”相对应。

可是，如前文所说，“滑易”一词到了现代却难见踪影。表达“光滑”义者，现代汉语更多使用“滑(溜)”“光滑”“平滑”等；表达“和顺”义者，今天多说“顺利”“和顺”“顺畅”等；表达“浮而不实”义者，今天多说“轻浮”“浮夸”等……以上提到的各个可能替代“滑易”的词语，它们的语例数量在古时大部分也超越“滑易”，是以“滑易”的语例在历代都不算常见——即使是清代较常用的“浮而不实”义，我们也可以看到其时已经同时存在大量使用“浮夸”和“轻浮”等词的语例。因此，“滑易”一词在现代的衰亡，很可能是因为它的各个义项在语义场中均已存在足够多的词语去表达相应的意义，较低的使用频率使其长期处于弱势，因而最后在历史的洪流之中被淘汰了。

校订：吴唯臻　陈祎

① (清)方东树撰：《昭昧詹言》卷1，清光绪刻《方植之全集》本，第31页。

② (清)方东树撰：《昭昧詹言》卷8，清光绪刻《方植之全集》本，第18页。

非论元式话题句的逻辑语义表达

王绿源*

一、研究背景

(一)话题的研究现状

话题是源于西方语言学的一个概念。最早亚里士多德基于对话题和说明的直觉认识，将判断分析为主词和谓词。19世纪德裔法籍学者维尔(Weil)在他的博士论文中指出：除了语法分析，还可以从言语交际的角度来分析语言的构造。他认为句子存在一个出发点，它是句子的起始性概念。① 这里所说的句子的出发点显然就是话题，只是当时维尔没有使用这个术语。19世纪德国语言学家甲柏连孜(Georg von der Gabelentz)指出，除了语法上的主语和谓语，逻辑上的主词和谓词，句子还应区分心理主语和心理谓语。② 这是语言学史上最早提出主语三分思想的语言学家。其实心理主语便是话题，而心理谓语则是说明。20世纪20年代，布拉格学派的领袖马泰休斯(Vilém Mathesius)继承维尔的思想，从句子的信息组织的角

---

* 王绿源，武汉大学文学院2020级语言学及应用语言学专业硕士研究生。本文入选2021年武汉大学文学院首届研究生学术论坛“优秀论文”。

① 见 Weil H. *The Order of Words in the Ancient Languages Compared with that of the Modern Languages*. Trans. C. Super. Amsterdam: John Benjamins, 1844.

② 见[德]甲柏连孜：《汉文经纬》，姚小平译，外语教学与研究出版社2015年版。

度来解释句子的构造形式，形成了功能句子观。他使用的术语是主位和述位，主位是“句子的起点”，述位是“说话人对话语起点的陈述或看法”。这个思想后来被韩礼德(M. A. K. Halliday)继承，韩礼德将“主位”和“述位”分别解释为已知信息和新信息，作了更深刻的表述。真正提出话题这个语言学术语的是美国结构主义语言学家霍凯特(Charles Francis Hockett)，他指出：说话者在说出一个句子的时候，总是先提出一个话题，然后说出一些关于它的信息。①

国内最早开始研究汉语话题的是19世纪末期的《马氏文通》，但由于此书受到法国文法学影响，其套用拉丁语的一些语法结构，存在一些界定不清、成分不明的问题。之后，赵元任在《中国话的文法》中提出“主语跟谓语在中文句子里的文法意义是主题跟解释，而不是动作者跟动作的关系”，他认为“主语就是名符其实的主题，谓语就是说话人对主题的解释”。② 朱德熙在《语法讲义》中进一步肯定主谓关系从表达角度看就是话题陈述关系，指出“说话的人选来做主语的是他最感兴趣的话题，谓语则是对于选定了的话题的陈述”。③ 之后，越来越多的学者对话题作了更深入的研究。徐烈炯、刘丹青在《话题与焦点新论》中研究了汉语话题结构受到的各种限制条件，如区域性限制，语法功能限制，宾语从句、定语从句对话题结构的限制，宾语悬空与话题结构等的关系。④ 另有一些学者从类型学、形式句法等角度对话题作了更深入的探讨。

(二)逻辑语义学的研究现状

逻辑语义学，又称形式语义学，它是运用逻辑语言对自然语言的语义

① 霍凯特：《现代语言学教程》，索振宇、叶蜚声译，北京大学出版社1986年版，第217页。

② 赵元任：《中国话的文法》，丁邦新译，香港中文大学出版社2002年版，第38页。

③ 朱德熙：《语法讲义》，商务印书馆1982年版，第110页。

④ 见徐烈炯、刘丹青：《话题与焦点新论》，上海教育出版社2003年版。

作出描写和解释的学科，是现代逻辑学和语言学相交叉而形成的学科。中国古代的名学和辩学就从逻辑的角度对语言的语义进行过刻画。近代以来，维特根斯坦(Ludwig Josef Johann Wittgenstein)在《逻辑哲学论》中提到"从日常语言直接得出语言逻辑对于人来说是不可能的"，"语言乔装了思想"。① 之后，众多学者便尝试用逻辑语言对自然语言的语义进行描写。斯特劳森(Strawson)提出研究日常语言的"语言逻辑"。莫里斯(Charles William Morris)在《符号理论基础》中明确指出符号学包括语形学、语义学、和语用学，应从符号学的角度研究语言。爱裘凯维茨(Ajduciewicz)提出逻辑符号学即语言逻辑，包括逻辑语形学、逻辑语义学、逻辑语用学。20世纪六七十年代，美国数理学家蒙太格(Montague)提出了"蒙太格语法"，这被看作使用现代逻辑对自然语言作出描写和解释的这一研究方法出现的标志。蒙太格给出了三个自然语言语句系统加以验证，即内涵逻辑语言L0、英语系统L1以及著名的PTQ系统，这三个系统都有效证明了通用语法的存在，从而消除了人工语言和自然语言的对立，架起了自然语言同逻辑语言"沟通"的桥梁。② 之后，众多学者在蒙太格语法的基础上又提出了广义量词理论、话语表现理论、情景语义学理论等各种语义学理论。邹崇理认为自然语言逻辑的各理论流派大致可分为三个板块的内容：(1)对自然语言的逻辑分析或形式语义学处理；(2)构造自然语言的部分语句系统；(3)形成具有自然语言特色的逻辑推演系统。③

我国的逻辑语义学的研究还比较薄弱。21世纪初，方立④、邹崇理、蒋严⑤等学者较为详尽地介绍了逻辑语义学的产生、理论基础和研究方法等内容。不少学者在此基础上开始对汉语的特殊句式进行逻辑语义研究，

① 维特根斯坦：《逻辑哲学论》，贺绍甲译，商务印书馆1996年版。

② 见邹崇理：《逻辑、语言和蒙太格语法》，社会科学文献出版社1995年版。

③ 见邹崇理《自然语言逻辑的多元化发展及对信息科学的影响》，载《哲学研究》2001年第1期，第48-54页。

④ 见方立：《逻辑语义学》，北京语言大学出版社2000年版。

⑤ 见蒋严：《论语用推理的逻辑属性——形式语用学初探》，载《外国语(上海外国语大学学报)》2002年第3期，第18-29页。

如，蒋严、潘海华分析了形容词谓语句、“是”字句和无主句这三种特殊句式①；吴平分析了“在”字句，并从事件语义学的角度对汉语中的多种特殊句式进行了形式化的分析，如“把”字句、“得”字句、重动句等②；刘海燕则着重对现代汉语中的连动句这一特殊句式进行了逻辑语义分析③。总体来看，采用逻辑语义学的方法对汉语进行的研究相对较少。

21 世纪是信息化的时代，语言研究应更好地面向应用。对汉语句子进行形式化的分析，有助于计算机更好地处理汉语句子。因此，本文尝试采用逻辑语义学的方法对非论元式话题句进行形式化的描写，便于计算机更好地分析和处理话题句。

二、话题的语义阐释

话题是句子信息的起点，是说话双方交流的基础，因此必然在说话双方的心目中占据凸显地位。说话一方想要向对方传递某种信息，以双方共知的信息为起点，通过语词表达出来。这个信息以概念的形式存在于双方的大脑中。概念本身就是抽象化的结果，往往模糊不清。西方一些哲学家对概念进行了论述，培根认为概念有两种，一种是逻辑概念，一种是物理概念④；康德也区分了两种概念，一种是经验概念，一种是知性概念⑤。这两种对概念的分类差不多，比如“苹果”是一种物理概念，也是一种经验概念；但“思想、自由、人性”等则是一种知性概念，也是一种逻辑概念。概念的形成，一般经历比较、反思和抽象三个阶段。如：我们看到了一棵杨树、一棵柳树，首先，我们会进行表象比较，这是两棵不同的树；接

---

① 见蒋严、潘海华：《形式语义学引论》，中国社会科学出版社 2005 年版。

② 见吴平：《汉语特殊句式的事件语义分析与计算》，中国社会科学出版社 2009 年版。

③ 见刘海燕：《现代汉语连动句的逻辑语义分析》，四川人民出版社 2008 年版。

④ 见[英]培根：《新工具》，许宝骙译，商务印书馆 1984 年版。

⑤ 见[德]康德：《纯粹理性批判》，蓝公武译，商务印书馆 1960 年版。

着，我们会有意识进行反思，我们会注意到两棵树的枝干、叶子、形状大小都是不相同；同时，我们又注意到它们的一些共同点，比如都有树干和树叶等；然后，我们进行“抽象”，也就是抽掉其中不同的表象，比如抽取掉其中的树干、树叶的大小形状的不同，于是我们得出了“树”的概念。这就是我们通过现实的经验直观，通过比较、反思、抽象得出一个抽象概念的过程。所以，概念是“抽象”的，或者说概念是去掉了一些表象之后剩下的共同的表象，或者说“共相”，我们便把这种“共相”称为概念。这样形成的概念很容易被表象所迷惑，如：我们看到一辆和正常汽车大小一样的汽车模型，我们很容易就直接说出“这是汽车”这么一个句子，但这一模型里面可能并不具备正常汽车的其他要素，如发动机、座位等。因此，概念是对现实事物的抽象，并不是可靠的。由于所处的时代环境、地域环境等方面的不同，人们对同一事物所形成的概念的认识不尽相同，这也导致人们用语词或者命题表达概念时必然是容易受到误解的，必然要借助双方共同理解的概念为基础进行交流。

说话者将头脑中的概念传递给听话者，语词是这一过程中的主要载体，是思想内容的表达形式，而概念才是语词的思想内容。语言中的实词表达“实质概念”，语言中的虚词表达“逻辑概念”。

语言中的语词和概念往往不是一一对应的关系，同一个概念可以用不同的语词来表达，如“番茄、西红柿”。同一个语词在不同的语境中所表达的概念也不同，如“打”。人们会选择与特定的语境相符合语词表达概念。

话语的出发点可以作为话题。从交际的认知心理角度来看，话题是句子认知的起点，是交际能够进行的认知概念前提和基础。只要是在说话人说出一句话之前意识到的概念，就可能会构成话题。概念是对世界表象抽象的结果，世界是充满联系的，这种联系进而表现在语词之间的关系上。

因此，作为话题的语词具备关系给定性的特征。所谓关系给定性，就是指 X 相对于 Y 有给定性，那么 X 就是独立于 Y，并在 Y 构成的陈述之外的概念。这说明话题所表达的概念必须要以另一个语词或者命题表达的概念为参照，且不能等同。因此，话题和语句中作为话题参照的论元通常构成一定的语义关系。

在交谈过程中，只要说话双方有人有意把一个对象当作话题，并让听话人意识到他在把这个对象当作话题，双方在遵循交际的合作原则的情况下，听话人明白了对方的意图后，就会把这个对象当作话题，准备接收关于这个话题的说明。这和人类的意识和记忆也密切相关。不同的语言用不同的形式表达这种“意图”，比如，日语用助词“は”提示话题，有的语言则用句法位置表达话题。汉语是一种意合语言，比较少用形式手段来表达话题，这也造成了长期以来众多学者关于话题和主语的关系界定的争论。因此，我们必须从语义的角度来描写和解释话题。

三、话题和其他论元的语义关系

话题所代表的论元和句子中的某个句法位置的论元(包括空语类)构成一定的语义关系，这种关系反映在语词之间的关系上。语词之间的关系可以大致分为同义关系、包含关系、相悖关系、格关系等，每种关系下又可细分为若干种关系。如本文表1所示：

表1　**语词之间的语义关系**①

语词关系	语词关系细分	举例
同义关系	身份同义	这个人，我见过他。 (“这个人”和“他”是身份同指)
	语义同义	同义词：土豆和马铃薯 相近关系：美丽和漂亮

① 本表格语词之间的语义关系的分类借鉴了Cruse(1986)对语义关系的分类。

续表

语词关系	语词关系细分	举例
包含关系	类别包含	动物包含马 游戏包含象棋
	整体与部分	中国和北京 森林和树 汽车和方向盘
相悖关系	反义关系	坦诚和虚伪，大和小
	对立关系	生和死，买和卖
格关系	施事/工具	修理工和修理工具
	施事/客体	小明吃面包(小明和面包)
	行为/工具	切/刀子
	行为/受事	打扫/地板
	施事/行为	人/跑

表1中语词的这几种关系并不处于同一地位，前三种关系处于基础地位，最后一种格关系处于外围地位。语词之间的关系还可以再进行细分，另外，有时一个语词的论元并不是由一种关系决定的，还会考虑到搭配习惯、功能关系等的影响，可以同时由多种关系决定。人们在说出一个语词时，便可能想到与该语词具有相关关系的语词，进而表达与该语词相关的命题。

人们把某个对象作为话题的时候，还要遵循一定的事理逻辑围绕该话题展开说明。最基本的事理逻辑有顺承和转折两种逻辑，这两种逻辑又可以向下继续细分，不同的逻辑可以通过语词表现出来。在句子层面，我们可以利用移位、添加标记等操作将话题凸显出来；在语篇层面，则可遵循一定的事理逻辑并采用照应、替代等手段展开话题。

四、逻辑语义表达

本文结合 Li & Thompson①、Chafe②、徐烈炯、刘丹青③等人的研究，将汉语话题结构分为两类。第一大类是论元式话题句，即话题与述语中主要动词的某个论元成分或相关空位有共指关系的话题句，如“李明，他人很好”，“李明”和“他”共指。这个论元成分或空位在语法上一般表现为主语、宾语或者介宾状语中的论元成分。第二大类是非论元式话题句，即话题与述语中的成分没有共指关系，语义关系较为松散的话题句，如“动物，我最怕蛇”，“动物”和“蛇”没有共指关系，只存在语义上的关系，而这些语义关系也被包含在以上的语词关系之中。本文则以非论元式话题句为例，探讨非论元式汉语话题句的逻辑语义表达。

非论元式话题结构，又可以称为汉语式话题结构、悬置式话题结构。它的形式表达为 S''→TOP S'([S'''CP[S''TOP[S'TOP[S...]]]])，TOP 为该句子的话题化结构，如“水果，我喜欢吃苹果”，“水果”即为 TOP 结构，“我喜欢吃苹果”为 S'(S'可以继续细分)。非论元式话题可以分为四类。第一类是时地语域式话题，话题为述语提供时间处所方面的语域。第二类是领格语域式话题，这类话题结构跟谓语动词的论元有语义上的紧密联系，在意义上是谓语动词的某个论元的领属格成分，因此它跟谓语动词有一种间接的语义联系。第三类是上位语域式话题，话题是述语谓语动词某个论元的上位概念，即话题与述语中的成分有包含和被包含的关系，就是上下位关系。第四类是背景语域式话题，它和述语的关系最为松散。

① 见 Li, Charles N. and Sandra A. Thompson. “Subject and Topic: A New Topology of Language.” *Subject and Topic*. Ed. Le Charles. New York: Academic Press, 1976: 457-489.

② 见 Chafe, W. L. “Giveness, contrastiveness, definiteness, subjects, topics, and point of view.” *Subject and Topic*. Ed. Le Charles . New York: Academic Press, 1976.

③ 见徐烈炯、刘丹青：《话题的结构与功能》，上海教育出版社 1998 年版。

话题和述语内容的联系主要是依赖背景知识或谈话当时的语境而建立起来的，表现为不同的逻辑关系。

戴维森指出：含有动作动词的句子表示对事物的指称。一系列的语言现象都可以通过指称事件、对事件进行量化、对事件进行修饰、对事件进行分类、研究事件内在结构等方式来进行分析。① 根据奥斯汀的“以言行事”的理论②，一句话表达一个命题，一句话也可以指称一个事件，因此我们具备将语句量化的基础。

从逻辑语义学的角度出发，我们把非论元式话题句的逻辑分为问句型逻辑和陈述型逻辑。

问句型逻辑分为对话题部分（TOP）提问和对小句（S'）结构成分提问。

(1)中国，你去过哪里？

(2)水果，你喜欢吃什么？

(3)谁，头发全白了？

问句型话题结构中的话题对疑问词构成语义制约。(1)(2)可以分别变换为：

(4)你去过中国的哪里？

(5)你喜欢吃什么水果？

当变换之后，原先的话题便失去了话题的地位，失去了表达说话者心理意图的作用。此外，变换对疑问词有一定的要求，如：

(6)书，你看什么？

① 见[新西兰]凯特·科恩：《语义学》，陈丽译，四川大学出版社2015年版。

② 见[英]奥斯汀：《如何以言行事》，杨玉成译，商务印书馆2012年版。

(7)书，你看哪本？

疑问词表达的是越具体的询问越容易被人接受，例句中的后者更容易被人接受。如：

(8)苹果，你吃什么？

(9)苹果，你吃哪个？

显然，前者是我们所难以接受的。因此，问句型话题结构可以分为疑问词有限定成分的结构和无限定成分的结构，且含有更具体的疑问词(如：哪个、哪种)的问句型话题结构更容易为人所接受。问句型话题句具有向上蕴含的特征，如例(1)句中蕴含了“你去过中国”这个命题。

我们将问句型话题结构进行形式化。我们引入 λ 算子，用 P 表示句子的谓词结构，X 表示话题化结构，上述的问句型话题结构可以表示为 $\lambda X(P'(x))x \in X$，其中，$x \in X$ 表示 S' 结构中的某个论元成分和话题构成语义制约，由于问句型话题结构所表示的命题不能直接判断其真假，我们可以从其回答范围来考虑该问句型话题结构。以(2)为例，如下：

？M_n——(Φ，苹果，香蕉，橘子……x)表示该问题的可选答案范围(Φ 表示空集)。

？$M_n \forall$——(Φ，苹果，香蕉，橘子……)？M_n 表示问题的答案在可选范围内至少选择 n 个，最多选择 m 个，∀ 表示选择出所有的正确答案。

？M_n-≠——(Φ，苹果，香蕉，橘子……)≠表示每个选择有区别。

因此，问句型话题结构的答案受制于问句的话题，两者共同构成一个分析命题，进而可以判断该命题的真假。

陈述型话题结构的逻辑可以分为状态逻辑和事件逻辑。状态逻辑是指该动作在一段时间持续的状态，如“小明每天八点去学校”。该命题的真假需要对一个时间段的事件进行判断；事件逻辑是指表达特定时间信息的句子，如“今天早上小明八点去学校”。该命题的真假只需对特定时间的事件进行判断。下面先以状态逻辑为例，如：

(10)水果，我喜欢吃苹果。

(11)水果，我最喜欢苹果。

(12)苹果，我吃了一个红色的。

(10)(11)中的话题(TOP)“水果”和小句(S’)中的“苹果”构成包含关系，为上位语域式话题，两者的概念集合为真包含关系。因此，我们可以将(10)(11)分别进行如下变换：

(13)苹果，我喜欢吃的一种水果。

(14)我最喜欢水果中的苹果。

当(10)中的苹果为类指时，才可以进行变换，如可变换为(13)。若“苹果”为个指，则不能进行变换，如：“水果，小明吃了三个苹果”，不能变换为“小明吃了三个水果的苹果”。

(12)中的“苹果”和“红色的”也可以看作一种包含关系，“红色的”为转指，相当于“红色的苹果”。其变换后“的”就失去了转指的性质。同理，非论元式话题句的其他类型的上位语域式话题和领格语域式话题也可以作相同分析。如：

(15)中国，我去过北京。

(16)他爷爷，头发全白了。

(15)中的“中国”和“北京”都是专名，需要有具体的所指才能判断其真假。我们可以将(15)变换为“我去过中国的北京”。(16)中的“他爷爷”和“头发”构成领属关系，可以将(16)变换为“他爷爷的头发全白了”，可以采用罗素的摹状词理论进行分析。

下面以(11)为例将其形式化：

(11)水果，我最喜欢苹果。

该小句(S')中的谓词为喜欢，可以表示为：水果，(最)喜欢(我，苹果)。用戴维森分析法如下：X，□e(喜欢(e)&AGENT(我，e)&THEME(苹果，e)，苹果∈X。其中，□e 表示存在一个事件，AGENT 表示施事，THEME 表示述题。该句的句法生成如下：

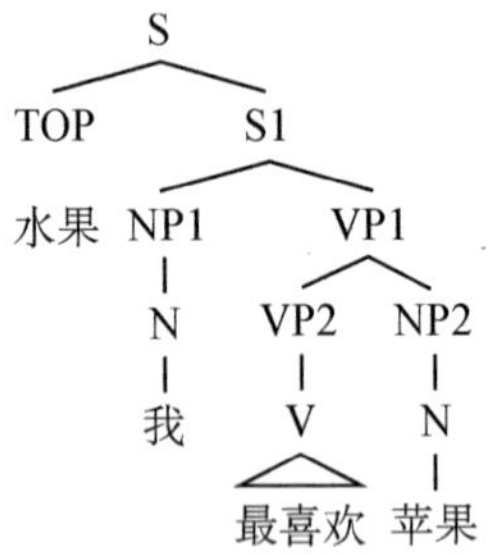

图 1　例(11)的句法生成过程

我们可以进一步将该语句形式化，如：X，λy[λx[P(x，y)]]，□(x∨y)∈X。该句的语义类型解释如下：□x(Fx∧∀y(F(y)→(y∈x))∧□z(P(z)∧R(z，y)))，其中"Fx"解释为"水果"，"Fy"解释为"苹果"，"□z(P(z)"表示"存在一个人，这个人是我"，"R"表示"最喜欢"。整个公式解释为：存在 x，x 是水果，对于所有的 y，y 是苹果，且 y 属于 x，并且存在 z，z 是代表"我"，且 z 喜欢 y。其中"水果"的语义类型为(e→t)→t，"我"的语义类型为 e，"最喜欢"的语义类型为 e→(e→t)，"苹果"的语义类型为(e→t)→(e→t)，经过句法推导，最终生成句子 t。该句的语言—逻辑句型为：TOP，$S+P_{(Adv+v+N)}$(N 和 TOP 构成领属关系)。

下面我们引入时态算子。"水果，我吃了苹果"，可以表示为：X，□t□e(t<t＊&吃(e)&AGENT(我，e)&THEME(苹果，e)&AT(e，t)。□t 表

示引入时间算子，$t<t*$ 即表示该事件发生时间早于现在时间，便可将该事件的过去时态表述出来。同理，时地语域式话题也可以采用该方式将其形式化。我们用∈表示上位语域式话题中话题和小句中某个论元的关系，用∋表示领格语域式话题中话题和小句中某个论元的关系，用 t 算子表示时态，用 P 表示位置。对于模态逻辑，如“水果，我应该多吃苹果”，我们可以用◇表示可能，用□表示肯定，便可以对于模态逻辑有一个很好的接口。

另一种非论元式话题是背景语域式话题，它和述语的关系最为松散。话题和述语内容的处所词标为话题，在没有停顿、停顿词等标记的情况下，可以当作时间或地点状语来处理。该类话题和述语的联系和前三类不同，它和述语的联系主要是依赖背景知识或谈话当时的语境建立起来的，在句子内部无法建立明确的话题—述语句法语义联系。它是一个综合命题，其话题部分多为一个小句，需要借助一定的背景知识和语境才可以进行判断。如：

(17)那场火，幸亏消防员来得及。

上述例句包含了一个隐性的假设，即那场火在消防员没来得及的情况下会导致一个后果。可以形式化表达为：λSλZλS’□x[x∈Z & S &(not S—x causes S’to be true)]，S(X) ←(a∨b)。我们可以将这种关系表述为一种事件关系，这种关系可以因果关系，也可以转折关系等，用←表示，表示小句(S’)和话题的一种隐性事件关系。因此，我们可以将非论元式话题句的逻辑表述为一个公式，如下：

(21)F:λPλXλx□e[P(e)&x,x * X]

(DOM(F) = {{x: AGENT, THEME, AT, PATIENT……}, {*: ∈, ∋, ←, |}}

其中 F 表示一种函数关系，变量是 x 和 *。其中，变量 x 是小句(S’)

中的论元，可以是施事、述题、地点等；＊表示话题和小句(S')或小句(S')中的某个论元的关系，这些关系可以利用知识图谱通过机器学习训练得到。

总　　结

随着信息时代的快速发展，语言逻辑呈现出强大的发展势头，正如邹崇理所言："自然语言逻辑研究的特有结果——所构造的部分语句系统也直接影响到计算人工智能等信息科学关于自然语言理解的研究工作。"①句子是自然语言的核心要素，是语义的重要载体，一致的语义往往可以有着不同的生成过程和不同的类型运算。要刻画句子复杂的语义，应采用一种不同于日常使用语言的更为简洁的语言，而通过逻辑语言的方法更能揭示句子的深层语义规律。本文通过对话题和逻辑语义学研究的梳理及话题在哲学和心理学上的分析，尝试用逻辑语义学的方法对非论元式话题句进行形式化的描写，进而总结出了非论元式话题句逻辑语义表达的一般形式。本文的研究也存在一些不足：第一，对话题句(S)的逻辑语义还不能作很好的判断，应该在今后的研究中继续细分，对不同类型的话题句的逻辑语义作出总结；第二，未能建立一个完整的模型，如 M=<U, F>，U 可以表示语境中所有实体的集合，F 表示赋值函数，它可以将句子中的词汇与 U 中的实体联系起来，进而将语境因素也进行形式化，进而表示不同类型的话题句对语境依赖程度的大小。在今后的研究中，笔者会进一步完善上述模型。

校订：董薇　何思谕

① 邹崇理：《逻辑语言和信息》，人民出版社 2002 年版，第 58 页。

从“赞”的来源看方言词的网络表现力

胡辰诗*

引　　言

作为互联网时代的居民，点赞几乎是我们日常的一部分。自 2007 年 FriendFeed 创造并发布“Like”（中译为“赞”，下同）按钮以来，15 年过去，它已然成为社交媒体(如微信、微博等软件)中信息传播的四类操作之一，地位斐然，对于它的质疑、反对，如今都已烟消云散。“赞”曾被《咬文嚼字》列为 2013 年年度十大流行语之一，如今它与我们的生活高度融合，不止网民使用“点赞”一词，党政报告、官方媒体也会使用，知网便收录了 509 篇标题中含“点赞”的报纸文章。

脸书(即社交软件 Facebook，下同)的帮助中心对“Like”作了如下的说明：“点击帖子下的‘Like’是一种无须评论即可让人们知道您享受这条内容的方式”①。新浪微博则这样介绍“赞”的功能：“赞是一种更轻的互动形式，鼓励用户更方便地参与微博互动。”②由此可知，“赞”被普遍认为是在

---

* 胡辰诗，华中师范大学文学院 2020 级语言学及应用语言学专业硕士研究生。本文系“2022 文言樱花会”暨年武汉大学文学院第二届研究生学术论坛发言论文。

① 《在 Facebook 上点“赞”代表什么意思?》，见 https：//m. facebook. com/help/search/? query = like& _ rdr #! /help/110920455663362/? search _ session _ id = 214c5f79dc17fc7394da733a2d735877&sr = 6&helpref = m-search&query = like[2022-04-02]。

② 《微博产品新手指导手册》，见 http：//help. sina. com. cn/i/333/1003_12. html [2022-04-02]。

互动过程中表达一种认同、喜爱的态度。“赞”可以作名词使用，如“给我点个赞”，也可以作动词使用，如“赞我一下”，表达的都是同一个意思，即“为我点击一下‘赞’按钮”，指称的都是社交网络中的“Like”。将“Like”译为“赞”，是一个创造性的、合宜的汉化，而在现代汉语的使用中，“赞”是否具有如此含义值得探究。

一、现代汉语中的“赞”与“讚”

在网络社交媒体中，“赞”的义项为“表达一种认同、喜爱的态度”。经过多方查证，我们初步认为“赞”是来源于闽南语的方言词(由于我国台湾地区使用繁体字，“赞”在其语言体系中以“贊”和“讚”的形式出现)，只是发音与普通话几乎相同，才造成了大陆网民心目中“‘赞’应该是普通话词汇”的错误印象。下面我们将通过词典和语料来证明这一观点。

(一)词典中的“赞”与“讚”

在《汉语大字典》(第2版)①中，“赞”有“谒见，进见”“辅佐，帮助”“选拔、引进”“导引”“报告，告诉”“明白”“赞礼，司仪”“称颂，赞美”“参与”“文体名，以赞美为主”“姓”等十一个义项，而“讚”有“赞美，颂扬”“辅助”“明”“解释”“录”“以颂扬人物为主的一种文体”“佛经中佛教徒歌颂教主释迦牟尼以及其他一切佛陀的文辞”等七个义项。

在《现代汉语词典》(第7版)②中，“赞”有“帮助”“[V](指作动词，下同)称赞”“旧时的一种文体，内容是称赞人或物的”等三个义项，而“讚”为其异体字，即“讚”与“赞”音义全同、记词职能完全一样、仅仅字形不同，两者在任何语境下都能互相替代而不影响表达的意义。

---

① 中国汉语大词典编辑委员会:《汉语大词典》(第2版)，上海辞书出版社2008年版。

② 中国社会科学院语言研究所词典编辑室:《现代汉语词典》(第7版)，商务印书馆2016年版。

在《台湾闽南语常用词辞典》①中，“讚”意为“很好、很棒”，为形容词，例句“這台跤踏車真正有夠讚”，而“贊”的意义则与其在现代标准汉语中一样。

不难发现，汉语中的“赞”与社交媒体中的“赞”意义不同，反而是闽南语中的“讚”较贴合社交媒体中“赞”的意义。但语言生活是不断变化的，词汇在使用中也常有活用的情况，仅根据词典就说汉语中的“赞”没有表达认同、喜爱的态度的义项显然说服力较弱，为此我们求诸真实语料。本文的语料分为两部分，第一部分为 CCL 语料库收录语料，第二部分为社交网络语料，来源为 2004 年至 2012 年的脸书。

(二)语料库中的“赞”与“讚”

我们考察了 CCL 语料库中的现代汉语语料，将最多显示字数设置为左 10 右 10，以“赞”为对象进行检索得出 66617 条语料，本文选取前 10000 条语料，以“讚”为对象进行检索，得出 15 条语料。

在词性上，“赞”有动词、名词和形容词的义项。在构词上，现代汉语词汇以双音节为主。“赞”也多以双音节词的形式出现，如“称赞”“赞美”等。在语料清洗后，我们对语料进行机器标注和人工标注，得到如下数据。

“赞”的 10000 条现代汉语语料中共包含 10505 个“赞”，其中 308 条语料内共有 324 个“赞”独立使用，具体分布情况见本文表 1，其他“赞”均复合成词。

表 1　　　　语料内“赞”独立使用的情况

类型	其他单用	专有名词	引自古文	佛道	古文引出语	词典	离合成词
占比	36.2%	30.1%	16.8%	7.7%	4.6%	2.5%	2.1%

① “中華民國教育部”：《2013 年臺灣閩南語常用詞辭》，见 https://twblg.dict.edu.tw [2022-04-02]。

在独立使用的语料中，7 条语料内含离合成词的“赞”，如例(1)；8 条语料来自词典，如例(2)：

(1)……，实际上我写小说人家赞不赞赏我不去理他的，但是人……

(2)……播出去：表~ | 颂~ | 赞~ | ~言。

除上述特殊情况外，有 37 条直接引用古文原文，如例(3)；15 条为古文的引出语，表“称赞”，如例(4)；25 条与佛教、道教相关，如例(5)；另有 98 条为文体名等专有名词，如例(6)：

(3)……中庸里面说「参天地，赞化育」，这话是积极的……

(4)……要药物，《本草纲目》赞其曰：柏子仁，性平而……

(5)……五戒优婆塞，从比丘闻赞佛功德，于是初发心愿欲……

(6)……形式。《汉书·武帝纪赞》：孝武初立，卓然罢……

在词汇组成方面，“赞”的复合词多为兼类词，如“赞成”“称赞”等，仅作名词的很少，具体组词情况见本文表 2。

表 2　　**语料内“赞”的组词情况**

组词	数量	组词	数量	组词	数量	组词	数量	组词	数量
赞成	1487	赞赏	1034	赞美	437	赞歌	95	赞语	30
称赞	1475	赞同	722	赞许	227	赞颂	85	赞佩	12
赞扬	1281	赞叹	587	盛赞	147	夸赞	54	襄赞	3
赞助	1039	赞誉	565	赞不绝口	109	礼赞	43	褒赞	2

根据《现代汉语词典》(第七版)，“赞”共有“帮助”“[V]称赞”“旧时的一种文体”等三个义项。经分析可知：随机抽取的 10000 条语料中，有

2547个“赞”表示“帮助”，有5230个“赞”表示“[V]称赞”，有104个“赞”表示“旧时的一种文体”，另有824个“赞”由于引自古文，表示其他意义，此外，还有1800个“赞”也表示“称赞”，但作名词。具体的义项占比情况见本文表3。上述语料中的“赞”都更偏向“有地位差异的表扬”，而非“积极的态度、轻型的平等互动”，与社交媒体中的“赞”不同。

表3　**语料内“赞”各义项的占比**

义项	称赞(作动词)	帮助	称赞(作名词)	旧时的一种文体	其他
占比	49.8%	24.2%	17.1%	1.0%	7.8%

由于兼类词情况复杂，我们采取了人工标注的方式。在10000条现代语料内的10505个赞中，人名、地名、官职名等专有名词共568个，占比5.41%，普通名词共2569个，共29.86%的“赞”为名词，1.26%的“赞”为形容词，68.88%的“赞”为动词，“赞”作动词的频率明显远大于其作名词和形容词的频率。汇总见本文表4。

表4　**语料内10505个“赞”的使用情况**

	单音节词	多音节词	作名词	作形容词	作动词
赞	324	10181	3137	132	7236

由于大陆极少使用“讚”这一形式，CCL语料库中“讚”的现代语料仅有15条，此部分数据仅供参考。在这15条现代语料中共有15个“讚”，具体到词汇组成讚美9条，称讚2条、夸讚1条、寇讚1条，单独使用2条，如例(7)。

(7)……不著头脑，只肃然轻声讚好。

在词性方面，15 个“讚”中有 1 个专有名词，4 个普通名词，10 个动词，汇总见本文表 5。

表 5　　语料内 15 个“讚”的使用情况

	单音节词	多音节词	作名词	作形容词	作动词
讚	3	12	5	0	10

综上所述，“赞”在现代语料中极少独立出现，作名词和形容词的比例较低。而不论是复合成词还是独立出现，“赞”多为“称赞”“帮助”的义项，不同于其在社交媒体中的意义，基本可以认定现代汉语中“赞”并无“表达一种认同、喜爱的态度”的义项。

二、脸书中的“赞(贊)”与“讚”

要探究“赞”的来源，还要回到社交媒体中。2007 年 FriendFeed 创造并发布了一个竖起大拇指的按钮并将其命名为“Like”，2009 年 2 月 10 日，收购了该公司的脸书也上线了“Like”按钮。据调查显示，仅 10 个月的时间内，美国就有 52%的“90 后”青少年和 45%的“80 后”青年平均每天在脸书上点击“Like”按钮一次及以上①。此后“Like”按钮风靡互联网，存在于几乎每一个社交媒体中，国内社交媒体也不例外。2012 年，QQ 空间与微信朋友圈的“顶”和“赞”功能。根据 QQ 空间的官方数据，2013 年 QQ 空间每日平均点赞次数超过 2 亿，单日点赞峰值更是突破 3 亿，而 2013 年我国网民数量仅为 6.18 亿人。② 近年来微信等通讯社交软件、抖音等短视频平台风靡移动互联网，“赞”更是深入了人们的生活。根据 2021 抖音数据报告，

① Rosen. L. *iDisorder: Understanding Our Obsession With Technology and Overcoming Its Hold on Us*. New York: Palgrave Macmillan, 2013: 162-4.

② 《2014 年第 33 次中国互联网络发展情况统计报告》，见 http://www.cac.gov.cn./2014-05/26/c_126548822.htm.（2014-05-26）[2022-04-02]。

上至“50后”下至“10后”都曾点赞，北京市以高达91亿次点赞量荣登2021抖音最受欢迎十大城市榜首。① 时至今日，“赞”已经是网络交往互动中不可或缺的工具，“点赞”就像现实生活中的握手和鼓掌一样传达着人际的温暖与关怀。

大众可能认为“赞”是脸书对“Like”按钮的翻译，然而事实上，自2008年脸书推出中文版至2019年，“Like”按钮都被脸书直译为“喜欢”。将“Like”译为“赞(讚)”，是社交媒体上中国网民的群体创造，而非一家之言。为了支持这一观点，我们在脸书以“赞(贊)”“讚”为关键词检索收集了自2004年脸书面世至2012年国内社交媒体正式开始使用“赞”作为功能名称这段时间内脸书上含“赞(贊)”及“讚”的贴文。得到语料后根据词义进行语料清洗，在此基础上核查每一位使用者的归属地信息，力求数据的精准、有效。由于脸书有三个中文版本，分别为中文简体版、中文繁体(香港)版、中文繁体(台湾)版，而海外华人(如新加坡人、马来西亚人等)也会使用中文版本，我们相应地将地区划分为中国台湾、中国香港、中国大陆和海外四地。需要注意，为尽可能降低个人重复发表的影响，本文统计的是使用人数而非贴文数。

在语料的清洗和剔除中，首先剔除其中不是“表达认同、喜爱的态度”的“赞”，例如2005年一位香港用户的贴文“唔好赞我啦，我会怕丑”，其中“赞”意为“夸赞”，故剔除。其次剔除复制粘贴的贴文，例如2010年开始有用户复制、转发大量社群号(类似微信的公众号)的“1个赞=1个祝福”“单身的，请按个赞”等求赞贴文，发帖量大、重复率高，对分析普通网民语言使用情况的作用较小，故剔除。最后剔除群组内回复的贴文，因为脸书将群组、社团中用户间的回复归为单独可查询的贴文，却不对贴文下用户的回复执行如此操作，这种处理方式会造成数据失衡，故在语料整理时将群组内回复全部剔除。

---

① 《#2021抖音数据报告 出炉啦！抖音这一年最重要的事情，都在这里了~》，见https：//www.douyin.com/video/7049648739257945351.（2021-01-06）[2022-04-02]。

分析语料可知，2006年开始有网民使用“讚”来表达一种认同、喜爱的态度，2008年10月开始有中国台湾人使用“按讚”这一表达，然而此时发帖人数、点赞数都少，相关贴文下最多只有94个“讚”。2010年数量骤增，“早安宜兰”等早安打卡类贴文都能有大于100个“讚”，宠物分享类贴文更是有多达1万的点赞数，具体情况见本文表6。上述情况与脸书在我国的发展历史是相符的，据报道，截至2009年6月，台湾岛内的脸书注册用户仅为40万人，而截至2010年3月，台湾用户骤增至580万人。

表6　**脸书中“讚”的使用人数及用户归属地**

年份	2006	2007	2008	2009	2010	2011	2012
中国台湾	1	7	1	12	46	48	56
中国香港	0	1	1	1	1	0	0
中国大陆	0	1	0	0	0	0	0
海外	0	0	0	0	0	0	1

同样的，2006年开始有网民使用“赞(贊)”来表达认同、喜爱的态度。2008年8月开始有中国香港人使用“點贊”这一表达，2009年10月开始有人使用“按‘赞’/‘Like’”的说法，即用“赞”指代“Like”，2010年数量骤增，具体情况见本文表7。

表7　**脸书中“赞(贊)”的使用人数及用户归属地**

年份	2006	2007	2008	2009	2010	2011	2012
中国台湾	2	1	0	6	32	31	37
中国香港	0	1	0	1	1	0	0
中国大陆	0	3	0	0	5	0	3
海外	0	1	0	2	5	2	6

实际上并非“赞”不常用，诸多社群号(如“是华人就进来 Chineae Page 是華人就進來”“笑图俱乐部!!! 保证笑死你”等)求赞贴文的点赞量很轻易就能上千甚至上万，说明用户并不存在对“赞(讚)”指代“Like”这一用法的不理解，只是极少个人用户会主动在贴文中求“赞”，2010 年新涌入的用户有过一段发贴求“赞”的高峰期，但求“赞”的主力军仍为社群号和商家账号。

从词典和语料可以看出，台湾在脸书上线“Like”功能之前就会使用“赞”一词来表达认同、喜爱的态度，而 2009 年“Like”功能上线后，由于闽南语中的“赞”恰巧适配社交媒体的“Like”功能，个人号和社群号频繁使用“喜欢就按赞”这种表达来求赞。与“yyds”这类新造的网络词汇不同，与“刷手机”的“刷”这类契合新环境的语义衍生也不同，闽南语中“赞”的固有义项本身就与社交媒体中的“赞”高度相似。

在大陆社交媒体上，微博某网民于 2011 年 8 月 4 日发布了第一条含“赞”的内容，此时脸书上已经有了近千条包含“赞(讚)”的贴文。2012 年 2 月，微信将“赞”作为朋友圈“爱心”功能的官方名称，“赞”正式从闽南方言走进网络语言体系，此后随着国内社交媒体的迅速发展，“赞”被全国各地网民高强度、大范围使用。

有趣的是，台湾网民将点击“Like”按钮的动作称为“按赞”远多于“点赞”，时至今日仍然如此；香港某网民早在 2008 年 8 月份就使用了“点赞”，但大部分更偏爱“俾個 like”这一中英杂糅的表达形式，而在大陆社交媒体上，为更契合普通话的表达习惯，网民选择了“点赞”这一表达形式。这也证明了语言使用的地域性，来自不同地方的网民可能具有不同的语言表现。方言词也纷繁不一，有的方言词难起波澜，有的方言词昙花一现，有的方言词却能从一方小岛火到 960 万平方公里。

三、方言词“赞”长青的原因

从 2007 年某网民的“赞一个”，到 2016 年被收入《现代汉语词典》(第七版），再到 2021 年底外交部的“感谢你们点赞、支持中国外交”，“赞”从闽南语走向现代汉语，从社交媒体走向官方媒体，成了几乎人人都会使用的基本词汇，历经十数年不见颓势，堪称网络词汇中的常青树，我们认为有以下几点原因：

首先，“赞”是一种正向、积极的表达，它从诞生之初就是认同和喜爱的代名词，没有负面意义，中老年群体和官方媒体都不会抗拒使用它，因而易被广泛接受、使用。同样是来自闽南语的方言词“菜鸟”，虽然使用范围广，且已进入普通话词汇，却因其意义不正向从未被官方媒体使用过。

其次，在现代汉语中“讚”是“赞”的异体字，而“赞”的字形、字音都与其在现代汉语中的几乎相同，民众很容易认为它本身就是普通话词汇，接受起来没有困难。方言词要进入大众的语言生活中，必然要克服语音方面的区别，否则更有可能成为笑料，而很难真正被使用。用谐音诠释意义、字音不符合汉语规范的例子很多，例如 2016 年红极一时的“蓝瘦香菇”。据百度指数显示，其搜索指数最高曾达到 424786，堪称现象级，然而爆火两周后就渐渐销声匿迹，四个月后就几乎退出使用。① “赞”则不同，它在闽南语和现代汉语中的差别很小，字音上几乎相同，字形上只有繁体字和简体字的区别，意义上由“赞扬”到“认同、喜爱”，差别也不大，未接受过语言学训练的民众可能根本意识不到它原本并非普通话词汇，因而使用起来没有任何隔阂或可笑之处。

再次，“赞”是作为一种功能的正式名称进入大陆网民的社交生活的，相比其他网络词汇要更正式。它天生就更庄重，网络语言追求的独特性、戏谑性、娱乐性，它都没有，因而有被党政军官方使用的可能性，而官媒的引导是促使更广泛年龄段人群使用的重要推力。

最后，“赞”作为“竖起大拇指”按钮的官方名称，存在于几乎每一个社交媒体中，“赞”的操作和发音都简单迅速，契合网民对高效率的追求。只要社交媒体中还存在这种社交表达，“赞”一词就不会死亡。事实上，“赞”

① 百度指数网站 https：//index. baidu. com/v2/index. html#/。

被传播学界认为很容易沦为“一种无意义的在场”，对增加社会资本无益。①“脸书”也曾试图将单一正向态度的“赞”改为可自由选择态度的“表态”，最终却收效甚微，因为情绪并不强烈(如震怒、狂喜等)的时候，人们已经习惯了简单的“赞”，而不愿意去选择具体的“态度”。同样是媒体的功能，哔哩哔哩视频网站的“一键三连”就很难被该网站以外的人使用，因为它普及率较低、操作发音都更耗时。

从以上几点我们可以发现，“赞”的辉煌是难以复制的。它是满足了诸多条件的方言词，又在机缘巧合下作为一种功能名称进入大众生活，兼具网络词汇的高传播性和普通话词汇的易接受性，用法单一、意义固定、贴近普通话，很容易被民众接受、使用和传播。

方言词进入网络通常具有偶然性、时效性及词义选择性，且多依赖一定的契机和媒体的推动，在此之前看一下，网络语言中的方言词更多还是作为笑料被使用和传播，长久活跃的非贬义词语极少。随着方言保护的开展和网络语言的发展，两者都已经进入一个平台期，现代社会中网络不失为传播方言的一个有效方法，然而推动哪些方言进入网络、方言如何进入网络而不作笑料、不昙花一现都需要思考。同样的，网络语言中的哪些成分可以不止留在网络，如何推动其有更大的使用范围和更强的表现力，也是一个值得研究的问题。

结　语

语言需要规范，但语言的规范不能脱离语言的应用和发展的实际，网络语言愈演愈烈，控制和规范的难度也在增加。语言是社会的产物，网络

① 见 Burke, Moira et al. “Social capital on facebook: differentiating uses and users.” *Proceedings of the SIGCHI Conference on Human Factors in Computing Systems* (2011): 571-80. 周懿瑾、魏佳纯:《“点赞”还是“评论”? 社交媒体使用行为对个人社会资本的影响——基于微信朋友圈使用行为的探索性研究》，载《新闻大学》2016 年第 1 期，第 68-76 页。

社会也是社会的一部分，网络语言也能对语言生活产生贡献：一则提供新的语言成分和语言规则，二则调整已有的成分和规则，三则推动某些表达的广泛使用。① “赞”作为闽南方言词，在网络时代贴合一新兴产物，因此被全国民众广泛使用，是方言词进入网络的一大典型案例，是“旧瓶装新酒”的正确做法，它的使用和发展为如何管理网络语言中的方言词、如何促使合适的网络词汇走向日常交际探索出了一条道路。语言生活是不断变化发展的，现代汉语也需要吸收社会流行词语中的新兴词语。网络新词层出不穷，这些新词新语能否经过语言的“约定俗成”而最终进入语言范畴，被现代汉语所吸收，需要时间的检验，也不能离开群众的创造和官方的推动。

校订：王淼　徐睿智

① 见施春宏：《网络语言的语言价值和语言学价值》，载《语言文字应用》2010 年第 3 期，第 72-76 页。

鄂州政务微博语言使用状况调查研究
——以@鄂州政府网为例

郭婉莹*

一、研究背景

（一）人民群众“微博问政”的内在需求

微博作为社交媒体平台，以即时分享，实时更新，互动性强，浏览便捷的强大功能，“随时随地发现新鲜事”的特点吸引了越来越多的流量。根据微博发布的《2020 微博用户发展报告》，截至 2020 年 9 月，微博月活用户达到历年来的峰值 5.23 亿，日活跃用户达 2.29 亿。① 微博公共讨论属性凸显，已然成为汇聚民情，反映民意的新的舆论场。微博问政已经成为新时期人民群众积极参与社会治理，参与公共事务讨论，拉近民政距离，参政议政的一种创新形式。

（二）政府“为人民服务”的内在要求

习近平总书记指出，随着互联网特别是移动互联网发展，社会治理模式正从单向管理转向双向互动，从线下转向线上线下融合，从单纯的政府

---

* 郭婉莹，武汉大学文学院 2020 级语言学及应用语言学专业硕士研究生。本文系 2021 年武汉大学文学院首届研究生学术论坛“语言学与文献学”分会场发言论文。

① 《2020 微博用户发展报告》，见 https：//weibo. com/ttarticle/p/show？ id = 23094046 13871951282183. （2021-03-12）[2022-03-21]。

监管向更加注重社会协同治理转变。为顺应这一趋势，各级政府应加强政务新媒体建设，“让信息多跑路，让群众少跑腿”。以微博为代表的网络空间，成为新时期互联网时代背景下政府贯彻落实群众路线不能回避，必须争取的舆论高地和政务服务平台。

《微博2020用户发展报告》显示，2020年政务微博成为权威发声平台和正能量的担当。疫情期间，3.7万个政务微博以及3000多家媒体微博发布权威信息607.6万条，发起3万场疫情直播。① 目前，政务微博的总粉丝数已超过30亿。各级政府要坚持从群众中来，到群众中去，充分利用政务微博平台，切实倾听人民的呼声和心声，积极主动作为，全心全意为人民服务。

(三)鄂州政务微博的现实困境

2020年9月，中国互联网络信息中心(CNNIC)发布《第46次中国互联网络发展状况统计报告》。报告显示，截至2020年6月，我国31个省(区、市)均已开通政务机构微博。② 其中，河南省各级政府共开通政务机构微博10251个，居全国首位；湖北省各级政府共开通政务机构微博5631个，居全国第十。在全国31个省(区、市)中，湖北省总体来说比较重视政务新媒体的建设，积极利用政务微博来建设服务型政府。《2020年度政务微博影响力报告》湖北政务微博城市竞争力指数(该排行榜由人民网舆情数据中心制作，微博提供数据支持)显示，鄂州在湖北省13个已开通政务微博的市区中，综合竞争力指数为48.62，排名12，其中传播力为51.36，单项排名13；服务力为43.89，单项排名13；互动力为51.01，单项排名6。③

① 《2020微博用户发展报告》，见 https://weibo.com/ttarticle/p/show?id=23094046 13871951282183.（2021-03-12）[2022-03-21]。

② 《第46次中国互联网络发展状况统计报告》，见 http://www.cac.gov.cn/2020-09/29/c_1602939918747816.htm.（2020-09-29）[2022-03-21]。

③ 《2020年度政务微博影响力报告》，见 http://download.people.com.cn/yuqing/eleven16115670881.pdf.（2021-01）[2022-03-21]。

由此可见，鄂州政务微博的传播力和服务力在全省范围内来说都比较低，传播力是基础，服务力和互动力是更进一步的政务实践。只有内容被网民看到，才能更好地服务网民，为民办事。

本研究打算以湖北省鄂州市政府门户网站官方微博——@鄂州政府网所发布的原创微博为语料，从语言的角度来分析鄂州政务微博语言使用和话语互动状况，并提出切实合理的建议，以期助力鄂州政务微博的发展和服务型政府的建设。

二、文献综述

笔者以"政务微博"作为关键词在中国期刊网(CNKI)上进行检索发现，以此为主题的文献数量有3709篇之多。通过梳理发现，2009年首次出现了关于政务微博的研究，从2011年起，随着政务微博的井喷式发展，研究政务微博的文献数量也直线上升，到2013年达到峰值，当年文献数量有682篇，此后开始逐年下降。关于政务微博的研究，内容上主要有以下几种。第一种是围绕着政务微博探讨网络舆情引导机制以及应对突发事件时的舆论引导和危机应对能力。如杜贵凯提出微博舆论场上存在纷繁复杂的传播内容和多样化的思想观念的复杂现状以及微博用户中年轻群体和低学历群体所占比重越来越大的现实状况都呼唤政务微博对其进行舆论引导。① 第二种是研究政务微博本身的服务能力和服务质量及其规范化运作。如焦红强从理念创新、队伍建设和文本建构三方面为政务新媒体提升服务能力提出建议。第三种主要是研究基于政务微博的政府形象塑造和政府公信力建设。② 如关清认为政务微博凭借传播优势，代表政府监测舆情、发表言论，增强了政府的表达和回应能力，其既是对政府形象硬内核的建设，又

① 杜贵凯：《政务微博舆论引导的现实障碍及对策研究》，山东师范大学2014年硕士学位论文。

② 焦红强：《政务新媒体如何提升服务能力》，载《青年记者》2015年第26期，第73-74页。

是对政府形象的软包装。然而政务微博在实践过程中面临着"网络安全""拟人化""秒传播""零经验"等一系列问题，这些问题在一定程度上制约了政务微博对政府形象的塑造和传播。① 第四种主要是研究政务微博的运营机制和传播机制及传播效果。如胥柳曼以上海政务微博为研究对象，在对上海政务微博传播的主体权威性、信源独占性、平等互动交流性等特性展开分析的基础上，对政务微博在公共空间中的主体传播行为提出建议，以增强其传播效果。②

上述研究主要是从传播学、行政管理学、秘书学等学科的相关知识出发进行分析解读，具体的研究视角有协同治理、公共治理、政治沟通和协商民主等。从语言学角度对政务微博进行研究的文献也有，但是相对来说数量较少，并且研究的具体对象和研究角度也不尽相同。例如从语篇、语用、字母词使用状况、语言文字失范现象等为切入点进行研究。但是这些研究一般选取的语料都是来自中央、省级或影响力较大的政务微博，忽视了"存在感"不高的政务微博，而它们往往和人民群众的联系更紧密，与人民群众的切身利益更相关。所以笔者选取一个地级市的官方政务微博@鄂州政府网为语料来源，从语言学的角度分析其存在的问题，提出改进意见。

三、语料筛选

第一，选取从2020年1月1日到2020年12月31日所发布的微博。2013年12月13日，@鄂州政府网加入微博，2013年12月27日，发布第一条微博，截至2021年7月9日上午12时，@鄂州政府网一共发布6652条微博。但是由于我们所依据的数据来自《2020年度政务微博影响力报

① 关清：《政务微博对政府形象的塑造和传播》，安徽大学2012年硕士学位论文。

② 胥柳曼：《公共空间背景下的政务微博传播效果研究》，上海交通大学2011年硕士学位论文。

告》，故笔者选取@鄂州政府网2020年一整年的微博作为语料来源。

第二，选取原创微博。@鄂州政府网作为市政府门户网站官方微博，有时会转发@人民日报、@央视新闻和@湖北省政府门户网站等其他官微所发布的微博，因为我们主要研究的是鄂州地方的政务微博语言，故笔者只选取由@鄂州政府网发布的原创微博作为语料来源。

第三，选取微博正文的内容。@鄂州政府网在发布微博时有时会采用文字+链接、文字+图片，或者文字+视频的形式，由于本研究主要从语言角度进行分析，故只采集微博正文中的内容作为语料，链接、图片和视频中的具体内容暂不予以考虑。

最终，笔者共采集出2020年一整年的2143条微博，其中有200条是转发微博，故最终筛选出符合上述条件的1943条微博作为具体研究对象。

四、@鄂州政府网语言文字使用状况

@鄂州政府网有着发布信息，接受公众监督，了解民意民情，宣传鄂州的重要作用，它所发布的微博作为一种书面语言，直接以语言文字为载体和它所服务的受众交流，所以语言文字正确恰当地使用是发挥这些作用的基础，更是关键。笔者通过对筛选出的语料进行梳理，发现@鄂州政府网所发布的微博有以下使用状况。

(一)词汇使用

政务微博作为政府部门官方发布的信息，要有公文语体严谨，庄重的色彩，但是政务微博作为互联网语境下的产物，也要在合适的时机跳脱出公文的圈子，例如在生活资讯类和文化旅游类的微博中恰当适度地使用一些具有时代特色和地方特色的词汇，才能够彰显政务微博与时下网络生活相接轨的时代性和贴近群众生活的亲民性，这样既能增强微博的表达效果，更能拉近和网民群众的关系。

笔者统计了语料中能体现时代性的网络流行语和具有地域特色的地域

方言，发现只出现了3个网络流行语，分别是“蜀黍”“杯具”“给力”，其中“杯具”作为网络流行语已经基本没有生命力了，人民日报官方微博中，“杯具”作为流行语最后一次出现是在2013年，央视新闻官方微博中，“杯具”最后一次出现是在2015年，2013年到2015年总共有6次出现在微博正文中，之后“杯具”一词再也没有以流行语的身份出现在这两个官方微博中。“蜀黍”和“给力”虽然现在仍有使用，但生命力也比较弱了，使用频率很低。而在2020年的@鄂州政府网中只有这三个“过去时”的网络流行语。另外，在将近2000条原创微博中，没有出现过一个方言词。地域方言对内是拉近彼此距离的纽带，能够让人们产生强烈的地方认同感和归属感；地域方言对外是展示丰富地域特色和文化的语言资源。可以看出，鄂州政府网在发布微博时忽视了适当使用网络流行语和方言的价值，微博内容略显呆板单调，做到了严肃但不活泼，所以不大容易吸引网民的注意。

（二）词汇失范

@鄂州政府网作为政务微博所发布的大部分内容都是被“微”化的政府公文或者新闻报道，但是在发布时却出现了错别字、漏字漏词导致发布内容不明晰的问题。差之毫厘，谬以千里。一字之差，变差的是政府形象和政府公信力。据统计，除了有争议的“疫情爆发”和“疫情暴发”之外，出现错别字的微博共有8条：“像”错用为“象”，“度过”错用为“渡过”，“辍学”错用为“掇学”，“年年不落”错用为“年年不拉”，“保驾护航”错用为“保障护航”，“映衬”错用为“映村”，“美轮美奂”错用为“美仑美奂”，这些低级错误的出现对人民群众的实际生活产生不了太大的影响，但是下面这条有错别字的微博后果就比较严重：

> ……贵州援鄂医疗队主任医师罗天永：按这个传染病(治疗)的流程再走，他们还要继续隔离14周，对他们的身体还有一个复查……

将“天”误用为“周”，14天和14周的差别还是很大的，也有网友在此条微博下留言：

作为官方发布，还是严谨一点，回去隔离14周，怕是会出问题。

是14天，不是14周，快修改，要闹笑话了。

14天，天。

出现漏字漏词的微博一共有以下两条：

……5月份，北京大学援鄂抗疫医疗队“中国青年五四奖章集体”。专车抵达北大国际医院后……

少了“荣获”一词充当句子中的谓语。

……了将疫情防控期间被征用为集中隔离点酒店恢复正常经营……

少了“为”字，应该是“为了”。

2017年12月12日，微博就上线了编辑功能，微博发布后，博主若发现内容中有瑕疵或纰漏等，可对已发布的微博内容进行编辑修改。微博称上线该功能是为已经积累了部分阅读和互动、删除重发的成本比较高考虑。该功能目前仅对媒体、政务账号和会员用户开放使用。也就是说，@鄂州政府网是可以使用编辑功能的。虽然有网友的多次提醒，但是博文中出现的错误并未加以修改。出现这种情况既说明编辑人员工作态度不认真，存在着信息审核把关不严，发布流程不规范的问题，也在一定程度上体现了政府的懒政不作为。千里之堤溃于蚁穴，政务微博错别字频发的问题值得政府部门进行反思和改正。

(三)标点符号失范

标点符号是辅助文字记录语言的符号，是书面语的有机组成部分。《中华人民共和国国家标准标点符号用法》规定了标点符号的用法，对汉语规范书写有着重要的辅助作用。在使用语言的过程中，标点的使用也要科学规范，否则就会影响内容的质量，有时甚至会造成歧义误解。@鄂州政府网作为政府官方微博，代表着政府的权威形象，对社会起着一定的示范作用。在使用标点的时候，更应该注意规范使用。但是笔者通过整理语料，发现了13处使用不规范现象，主要有以下几种：1处把中文句号误用为英文句号，同一条微博中出现中英文标点符号混杂使用的情况；8处句末缺失句号，给人戛然而止，内容还没有表达完整的感受；2处完整的圆括号后面又多了半个括号；1处连用了两个冒号，重复使用；1处圆括号后面少了半边，标点符号不完整。相较于正式的公文来说，政务微博中的标点符号使用规则较为简单，只需遵循基本的汉语逻辑和标点使用规范，有较大的自主性。但是，很明显以上所列举的13处失范现象连最基本的标点符号使用规范都没有遵循。

党的十八大以来，以习近平同志为核心的党中央高度重视推广普及国家通用语言文字，习近平总书记多次作出重要批示，强调要“推广国家通用语言文字，努力培养爱党爱国的社会主义事业建设者和接班人”，强调“要认真做好推广普及国家通用语言文字工作”，为推广普及国家通用语言文字提供了根本遵循和行动指南。全国上下各级党政机关要深入贯彻落实习近平总书记的重要批示，在推广普及国家通用语言文字工作方面发挥模范带头作用。但是，无论是在政务微博、政务微信，还是在公文文件中，政务语言失范现象比比皆是。中央纪委监察推出的党政机关曝光台目前共有98360条问题记录，其中存在错别字问题的就有11003条，内容不准确问题的有20522条。“不走心”，伤民心。错的是语言文字，丢的是政府的公信力，失的是人民的信任。

（四）副语言的使用——表情符号

美国心理学家爱伯特·赫拉别恩在一系列研究的基础上，于1968年提出这样一个公式：交流的总效果=7%的文字+38%的音调+55%的面部表情。① 这也就是说在面对面的交流中，我们的语音语调，表情手势等副语言承担着大部分的交际功能和交际效果。而现在，在网络时代的大背景下，面对面的线下交流逐渐减少，更多的交际活动转移到线上，互联网已经成为更受追捧的新的交际场域。在互联网上，每个人都隐匿在屏幕的背后，通过键盘进行沟通，我们听不到对方的声音，看不到对方的神情，于是越来越多生动形象的表情符号应运而生，表情符号已然成为网络人际交流中一种重要的辅助交际手段。通过简单的符号传达丰富的内涵，满足快时代生活条件下人们的情感需求。② 政务微博在保证内容准确的前提下，恰当使用表情符号可以使发布内容更加生动形象，更加具有感染力和人情味，拉近与网民之间的距离。

微博目前已经上线180个基础表情符号供所有用户使用，此外，还有表情商城，会员用户可以下载更多表情使用。一般来说，基础表情符号就能满足绝大部分用户的使用需求。统计发现，搜集的语料中一共有53条微博，共使用了202个表情符号，这些表情符号一共有12种，分别是[中国赞][鼓掌][good][拳头][挤眼][握手][耶][能量少女耶][为爱发光][心][微笑][汗]，其中[中国赞]的使用频次是最高的，有106次，其次使用频次低的是[心]和[为爱发光]，都只使用过1次。在这12种表情中，前十种都属于积极向上的类型，所以一般在传递正能量的微博中使用。

而[汗]这个表情符号主要表示的是无语，无奈和尴尬的心理，使用在交警部门上路对不系安全带的违法行为进行检查和劝导，5分钟内发现有9

① Mehrabian, A. "Some referents and measures of nonverbal behavior." *Behavior Research Methods & Instrumentation*, 1(1968): 203-207.

② 庞晓光、刘阳：《政务微博影响力中的语言风格因素——以共青团中央微博为例》，载《濮阳职业技术学院学报》2020年第4期，第39页。

名乘车人没系安全带的情境中。在这样的情境下，使用这个表情符号是很合适的，既传达出了对这样的行为表示无语和轻微的愤怒，也能让开车时不系安全带的人读到这条微博时产生羞愧之情。如果没有[汗]这个表情，这条微博就只是在客观陈述发生了什么事，无法表达出那么丰富的感情，也就无法产生较好的表达效果，没有明确的价值观导向。

[微笑]这个表情略有争议。虽然它的官方定义就是微笑，而且很多“60后”“70后”，甚至一些“80后”确实把它当作一个很有礼貌，很温和的笑容，广泛将它用于日常的网络交际中，但是在年轻人的认知中，这个表情实际上是“呵呵”，用于表示生气，怼人和嘲讽等情境中。有研究显示，杜庆式微笑(Duchenne smile)会引起主管面部笑容的颧骨主肌和环绕眼睛的眼轮匝肌不自主地收缩，通常被称为“真笑”，传递合作和接纳的信息，而非杜庆式微笑(non-Duchenne)则可能隐藏着负面的情绪信息，两者最大的区别在于眼部，真笑的时候会引起眼轮匝肌的收缩，脸颊上提，眼睛眯起，眼角产生褶皱。① [微笑]这个表情中的眼睛圆圆的，漏出较多眼白，看起来毫无生气，空洞无神，所以在网络语境中，它其实传递的是一种负面的情绪，多用于个人的情感宣泄，在官方的微博中建议少用或者不用。像语料中的这一条使用的情境就不合适。

> 【展现公安风采　共建平安鄂州】2020市公安局主题宣传文艺晚会在市融媒体中心一号演播厅浓情上演。来看看“最可爱的人”不一样的另一面！[微笑]

总体来说，@鄂州政府网在发布微博时，虽然使用了表情符号，但使用的种类较为单一，频次较少，并且常常把表情符号放在最后，这样很容易被忽视，起不到较好的传情达意的作用。同时使用表情符号时也要注意

① 徐梦思、Cody Ding、李志爱、杨东：《社会排斥增强对模糊笑脸的辨认优势》，载《西南大学学报》(自然科学版)2015年第2期，第134-140页。

贴近群众实际生活，了解互联网语境下表情符号的具体含义，避免用错后起到负面的传播效果。

(五)话语互动

强互动性是微博的一大特点，政务微博的建立为政民沟通搭建了一个有效平台。政务微博建立之初的目的就是通过与公众的良性互动，搭建一个社会化参政、议政、问政的网络交流模式与平台。除了发布信息，服务大众之外，政务微博主要用于倾听民意、收集意见。政务微博的出现改变了以往政府信息门户网站发布—民众接受的单向信息传导模式，形成了一种新的基于互动机制的双向信息交流模式。在这种双向信息交流模式中，网民不再是被动的信息接收者，打破了以往不平等不平衡的信息交流模式，充分尊重网友的主体地位。

1. 话语互动基本情况

在微博语境下，政务微博和网民的互动主要通过三个指标来体现：转发、评论和点赞。这三个指标的数据高低能够反映出互动是否充分，是否良性，也能进一步体现出政务微博发布的内容是否优质，是否能够吸引网民，是否真正达到了政民沟通的目的。总体来看，鄂州政府网 2020 年发布的微博转赞评的数量不高，在转发、评论、点赞三者内部相对来看，转发数量最少，点赞数量最高。但是也有一些热度较高的微博，这些微博有一个总的特点就是和鄂州及鄂州人民的生活密切相关。具体来看可以分为以下三类：

第一类微博主要是宣传介绍鄂州当地的文化资源，旅游资源，特色美食等。这类微博的相关话题如#鄂州烟火味#、#听说你鄂了#、#带着微博去鄂州#；相关关键词如武昌鱼、菱角菜烧黄骨鱼、鄂州鱼圆、观音阁、梁子湖、樊口公园、鄂州机场考古等鄂州特色资源。这类微博贴近鄂州人民日常生活，接地气，有烟火气和人情味，同时也能激发鄂州人民的家乡自豪感，所以这类微博的热度往往较高。

第二类微博主要是宣传正能量，弘扬传统美德。如致敬教师，致敬环卫工，清洁工；为防汛抗洪一线的防汛卫士和志愿者们点赞；为向省级贫困村华容区小庙村伸出援手的爱心企业点赞；通过鄂州相关实例宣传厉行节约，反腐倡廉思想等。这类微博所宣传的社会正能量正是人民的心之所向，不是枯燥的说教，而是生动鲜活的事例，并且紧密契合社会主义核心价值观，因此这类微博的点赞数往往比较高。

第三类主要是和新冠肺炎疫情相关的微博，并且这类微博的热度从新冠肺炎疫情开始一直持续到全面解封和复工复产阶段。鄂州市肺炎防控指挥部每日公布的新冠肺炎疫情数据，捐赠物资分配情况通报；官方辟谣鄂州新冠肺炎确诊病例、鄂州物资不足；贵州驰援鄂州，鄂州人民感谢贵州人民；鄂州解封，复学复课、复工复产，开通复产返岗专列；鄂州无恙，感恩有你等。以上内容因和每一个鄂州人民的生活都息息相关，所以引发网民持续关注。

2. 网络问政——评论互动

一个良性的话语互动的完整过程是@鄂州政府网—网民—@鄂州政府网。具体来说，就是@鄂州政府网首先进行信息编码发布信息，然后网民通过微博接收到信息后，对其进行解码，然后将自己的疑问以评论的形式反馈回去，最后@鄂州政府网针对网友的评论作出相应回复。但是，有时网友并不一定针对发出的微博进行评论，而是将自己生活中遇到的实际问题在评论区提出以寻求政府的回应，“有事找政府”的反应充分说明了我国人民群众对政府的信任，也是对政府“为人民服务”工作宗旨的最好回应。也就是说互动的过程主要体现在一问一答上，人民有所问，政府就要有所答，政府的回应是政务微博互动达成的一个最基本的要求。①

@鄂州政府网 2020 年一共在 47 条微博评论区回复了网友的问题，其

① 张迪：《政务微博平台下官民互动研究》，西华师范大学 2018 年硕士学位论文。

中在6条微博评论区内针对网友提出的多个问题进行了多次回复。笔者在评论区还整理出了240个网友提出但并未得到答复的问题，这些问题多涉及交通、住房、医疗、民生、政策等关乎人民群众切身利益的领域，例如：

天涯婉笛：江碧路三面向卖手机这段人行道上长期停满了汽车，行人有时候走路都受影响，反映过多次至今无人管。请问这块不属于鄂州管吗？

詠恆的诺瑄30375：请问第三张图是鄂州哪里？

海穆：请问：樊口电排站和大闸外口处的水域，是否也属于禁鱼区？

lady熊-逆风：有没有发布一下准确的核酸检测点啊，因需要，去到葛店第五医院，说不检呢。

傲雪心晴：我想请问，鄂州市健康码转码相关事宜是哪个部分（门）负责呀？

秃头西综坏：请问江滩公园每日的噪音什么时候能解决？从6点左右就开始吵，一直吵到晚上10点左右！！沟通多年无用！！报警也无用！！现在正属于中高考时期，这些住江边的孩子真可怜！

网友在评论区提出问题寻求政府的回应或帮助属于网络问政很重要的一部分，也是设置政务微博的一个重要用途。政务微博作为政府治理的新模式已经逐渐融入政府日常工作，政务微博的管理运营也成为政府部门行政考核参考的标准之一，其中与网民互动程度的高低不仅是标榜政务微博运营水平的重要标准，也是设立政务微博使其存在的价值体现。而@鄂州政府网在2020年针对网友提问的回复率不到17%，疑问—答惑、建议—受理、诉求—解决等环节得不到落实，只顾“自说自话”和网友的互动率低也是政务微博的一个通病，长此以往，政务微博在一定程度上便失去了存在的意义，政府也会逐渐失去得不到回应的人民群众的信任和支持。

五、建 议

政务微博的创建不应该是，也不能是为了应付“互联网+政务服务”的工作。政务微博的创建为人民和政府之间搭建了一座更加便捷的沟通之桥，服务之桥，因此政务微博不能流于形式，只做表面工作。民之所望，政之所向。针对@鄂州政府网目前存在的问题，提出以下建议：

1. 由专门的工作人员规范运营@鄂州政府网的微博账号，工作人员要具备一定的专业素养。在微博发送之前，要认真审查，避免出现因错别字、标点使用不当、数据错误、内容不当等引发的舆论风波。

2. 要丰富微博形式和内容。尝试使用新的传播技术与媒介，适时恰当使用网络流行语、方言和表情符号，提升传播力。

3. 要改变单向的信息发布工作思路，打破信息发布者——信息接收者这种不对称的关系，转变为平等交流的对话者关系，提升服务力。

4. 要及时发声，注意时效性，及时解疑释惑，回应网络质疑，回应社会关切，提升互动力。①

“互联网+时代”，政务微博成为政府部门提高社会治理效率的有力抓手。政府部门可以在微博上倾听公众需求、与公众对话、为公众提供服务、解决公众遇到的实际问题，实现社会治理微循环。政务微博，尤其是市级及以下单位政务微博要通过优质运营提升其传播力、服务力、互动力，让政府部门通过微博更好地为人民服务。

校订：陈景月　李汀滢

---

① 袁勃、李娅琦：《把握六个关键词　让政务微博脱颖而出》，见 http：//moocre. peopleyun. cn/People_Mooc_RE/public/index. php/index/repository/list. html？ id = 1548. (2021-1-27) [2022-03-21]。

新疆民汉合办学校少数民族学生学习国家通用语情况调查及思考

——以新疆生产建设兵团第五师中学为例

向金玲*

第五师中学是新疆生产建设兵团第五师博乐市的一所民汉合办的初级中学。自1960年建校以来，第五师中学历经高中初中分校、小学初中分校和民汉合校三大阶段；2010年10月，与师民族中学初中部合并，农五师中学初中部迁入原民族中学校址，更名为第五师中学。据了解，第五师中学各班学生普遍“汉多民少”，“普通班”少数民族学生占比40%左右，“阳光班”至多有三名少数成绩优异的民族学生。① 时至去年，笔者前往当地支教时发现：第五师中学的少数民族学生使用国家通用语学习时还存在难度，课下使用汉语交流的频率也不高。

为进一步探索第五师中学少数民族学生在校学习国家通用语的情况，客观反映学习过程中存在的问题，并在此基础上分析国家通用语学习对其他学科教学效果(成绩)的影响，试图提出应对策略，故作此调查。本文的数据样本取自新疆生产建设兵团第五师中学，补充数据取自新疆生产建设兵团第二师某中学和第四师二中。

---

* 向金玲，武汉大学文学院2020级语言学及应用语言学专业硕士研究生。本文系2021年武汉大学文学院首届研究生学术论坛“语言学与文献学”分会场发言论文。

① 新疆生产建设兵团第五师中学2019—2020学年学生数据。

一、背景调查

(一)第五师中学学生民族构成情况

新疆生产建设兵团第五师博乐市属于少数民族聚居的地区。据统计①，新疆生产建设兵团第五师博乐市共计260314人，汉族166219人，占比64%；少数民族94095人，占比36%。其中，占主体的维吾尔族(46379人)、哈萨克族(21184人)、蒙古族(13197人)、回族(10988人)分别占比18%、8%、5%、4%。

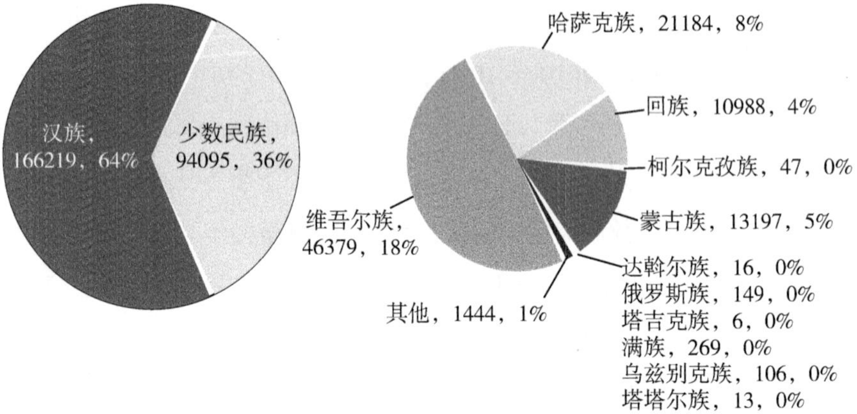

图1　新疆生产建设兵团第五师博乐市民族构成情况(2019年)

为适应少数民族聚居情况，第五师博乐市一直在探索民汉合校的办学模式。第五师中学是民汉一体的义务教育制初级中学，是当地重要示范单位。第五师中学学生民族构成情况与第五师博乐市人口的民族构成情况基本一致，少数民族占比21%，以维吾尔族、回族、哈萨克族、蒙古族为主。

① 高卫红、韩嵘：《新疆统计年鉴(2019)》，中国统计出版社2019年版，第86-87页。

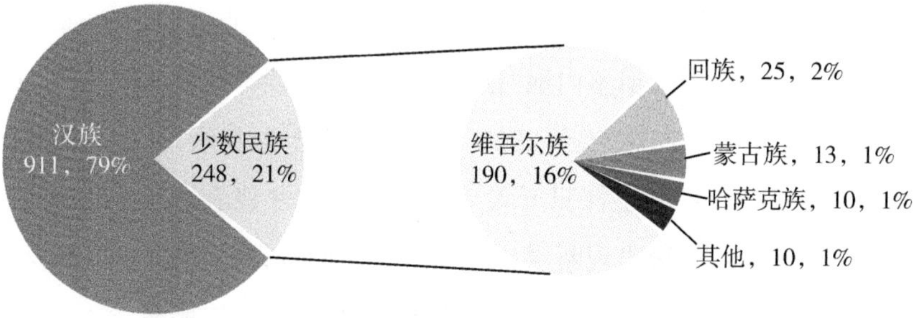

图 2　第五师中学学生民族构成情况(2019—2020 学年)

(二)博乐市九年义务教育阶段语文学科课程开设情况

据调查，博乐市第五师小学和第五师中学近十年来没有开设专门针对少数民族学生的国家通用语言课程。在九年义务教育阶段，少数民族和汉族学生共同通过上语文课、写字课和阅读课来学习国家通用语，使用国家通用语学习一系列义务教育阶段课程，获取科学文化知识。具体课程设置情况如下：

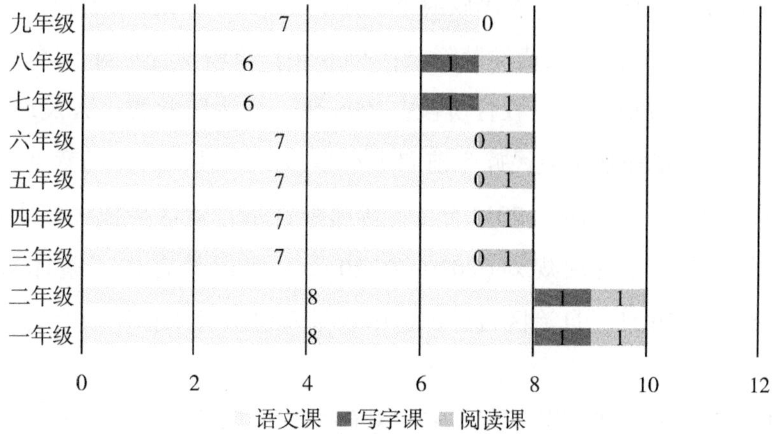

图 3　博乐市九年义务教育阶段语文课程设置情况(2019—2020 学年)

可见，语文课、阅读课和写字课是当地少数民族学生学习国家通用语的主阵地。其中，写字课和阅读课的开设适用于零起点学习国家通用语的少数民族学生，是当地借鉴内地“注音识字，提前读写”这一教学模式的结果。① 从数量上看，2019 年至 2020 年，一年级至九年级语文学科课程总体数量呈递减趋势；写字课只开设于小学一、二年级和中学七、八年级，自小学二年级至六年级出现断层；观察发现，阅读课虽开设至八年级，第五师中学七、八年级开设的写字课和阅读课没有严格按照教学安排执行，基本都上语文课。

（三）双语教育政策

据了解，双语教育在我国少数民族地区推行，在新疆亦是如此。我国有的双语教育近似“添加性”双语教育，“添加性”双语教育是指：“在教学过程中，采用第二语言或外语作为教学语言，其目的不是准备代替学生的母语或第一语言，而是培养学生掌握两种语言、成为双语人才。”②20 世纪 80 年代前，新疆施行母语授课加授汉语模式；1992 年，新疆正式开始双语授课实验，“部分课程汉语授课，部分课程母语授课”；2004 年 3 月 31 日，新疆维吾尔自治区党委、人民政府下发了《关于大力推进双语教育工作的决定》，双语教育进入快速发展阶段；2006 年，新疆维吾尔自治区将双语教育实施时间提前至学前教育阶段；2008 年，自治区党委、人民政府出台《关于进一步加强少数民族学前和中小学“双语”教学工作的意见》，双语教育工作进一步细化；2011 年，《新疆维吾尔自治区少数民族学前和中小学双语教育发展规划（2010—2020）》对双语教育作了整体规划；2017 年 5 月 26 日，自治区召开推进中小学双语教育工作座谈会时指出，

① 李海洋：《“注音识字，提前读写”对新疆少数民族汉语教学的启示》，载《喀什师范学院学报》2012 年第 33 卷第 1 期，第 93-96 页。

② 钮小洋：《新疆双语教育中少数民族初中学生文化自觉培养的问题及对策》，载《西部素质教育》2017 年第 3 卷第 16 期，第 61-62、65 页。

"确保实现3至5年学前和义务教育阶段双语教育全覆盖"①。据调查，民汉合办的第五师中学和第五师小学近十年来实施双语教学模式，皆用国家通用语授课。

(四)小结

对母语并非国家通用语的少数民族学生来说，如果从小没有进行专门的国家通用语学习，使用国家通用语上课颇具挑战性。小学至初中写字课开设断层，少数民族学生难以掌握与母语差异很大的方块汉字；小学阶段国家通用语基础未夯实，少数民族学生通用语水平较低。初中阶段需要对小学阶段遗留的通用语水平不足的问题进行补课，但相应开设的阅读课和写字课没有发挥应有作用，以至于中学阶段少数民族国家通用语水平仍未明显提高。

二、第五师中学学生在校表现分析

(一)第五师中学学生语文学科成绩对比分析

语文课是第五师中学少数民族学生学习国家通用语的主要方式，语文学习成绩可以在一定程度上反映国家通用语学习的水平，故本次调查对该中学学生的语文成绩进行了数据统计。本次调查对比分析了第五师中学少数民族和汉族学生语文成绩的极值(最高分、最低分)、平均分、中位数、及格率等情况。

第五师中学少数民族学生的语文成绩的平均分、中位数、及格率等所有数据均比汉族学生低。与汉族学生相比，第五师中学少数民族学生的国

① 赵妍：《新疆少数民族双语教育研究的文献计量分析》，载《民族高等教育研究》2019年第7卷第3期，第23-29页。

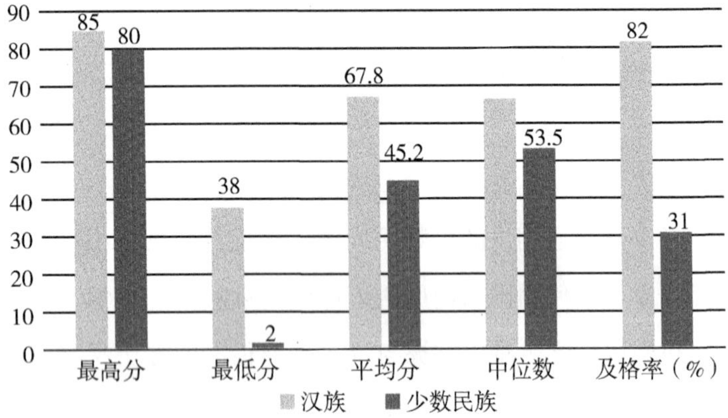

图 4　新疆生产建设兵团第五师中学七年级 1 班 2019 年 11 月月考语文成绩对比图

家通用语的平均水平和整体水平较低。调查显示，另两所新疆生产建设兵团民汉合办学校中的少数民族学生语文学科成绩的平均分、中位数、及格率等绝大部分数据也比汉族学生低。可见，与汉族相比，少数民族初中生国家通用语水平较差这一现状，是民汉合办学校中的共同情况。

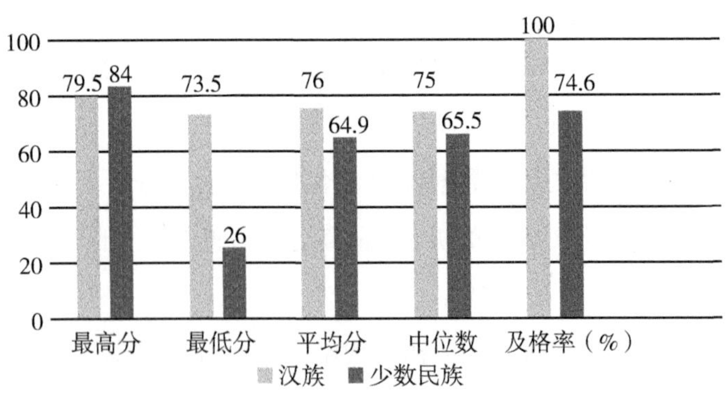

图 5　新疆生产建设兵团第二师某初级中学七年级内初班

2020 年期末考试语文成绩对比图

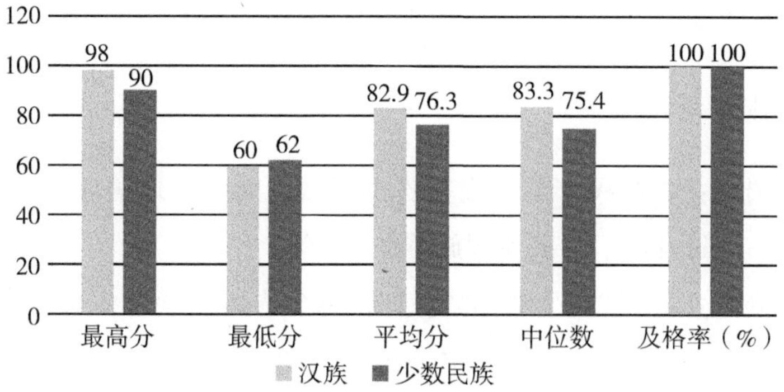

图 6　新疆生产建设兵团第四师二中八年级 2019 年期末考试语文成绩对比图

(二) 少数民族学生学习国家通用语时出现的问题

据调查，部分少数民族学生上课时听不懂老师讲的内容，运用国家通用语交流不顺畅。具体表现如下：

1. 语音方面

(1) 声母：容易混淆声母，造成理解困难，如：把“出来”念成“粗来”。

(2) 韵母：容易混淆韵母，造成听者误解，如：把“小偷”念成“小拖”。

(3) 声调：拼音声调标错位置，如：在给含有韵母“ui”和“ou”的字标声调时，存在把声调标在“u”上面的现象。阴平发声不够饱满，不高且短，如：“老师”的“师”正确声调应该是阴平，少数民族学生们时常读成轻声。

2. 文字方面

(1) 笔顺：笔顺不对是常见现象，且存在很多随意拼凑笔画的现象。比如，有的汉字上方有一点，他们书写时往往会在最后加上那一点。

(2) 笔画：笔画增减也存在，即写字不是很注意，随便多加一笔或者少写一笔。比如，把“今天”的“今”多添一笔，写成“令”；把“衤”少写一笔，变成“礻”。

(3)部件：部件变换时常发生，即在书写过程中时常变换某个字的意符。比如，“陡崖”的“崖”常错写成“涯”。

3. 语法方面

(1)语序：少数民族学生在写作的时候，时常出现语序颠倒的情况。如，“我上学骑自行车”“我希望旅游在外地”。

(2)虚词：混淆“再”和“又”。如，部分少数民族学生会说，“老师，我再遇到你了”；混淆“或者”和“还是”，有的学生会说，“老师，你回家吗？或者去超市”。

4. 其他方面

(1)大部分少数民族学生表示，背古诗、学文言文对他们来说难度很大，学习这些要花费很多时间。

(2)部分少数民族学生的作文显示，他们不会区分逗号、顿号和分号的用法。

(3)由于国家通用语基础不牢，少数民族学生参加朗诵、演讲比赛的积极性也较低。据实地调查，在一场校级演讲比赛中，最后参加演讲的少数民族选手只占了参加总人数的28%。①

(三)少数民族学生国家通用语水平对综合成绩的影响

为考察第五师中学少数民族学生国家通用语水平对其他科目教学效果(成绩)的影响，本次调查按照民族、综合成绩进行了数据统计，对比分析第五师中学少数民族和汉族学生综合成绩的极值(最高分、最低分)平均分和中位数情况。我们发现：第五师中学少数民族学生综合成绩的最高分、最低分、中位数和平均数普遍比汉族学生低；第五师中学少数民族学生的国家通用语水平与综合成绩呈现正相关的态势。如本文图7：

---

① 数据来源：2019年12月第五师中学八年级主题演讲比赛参赛名单。

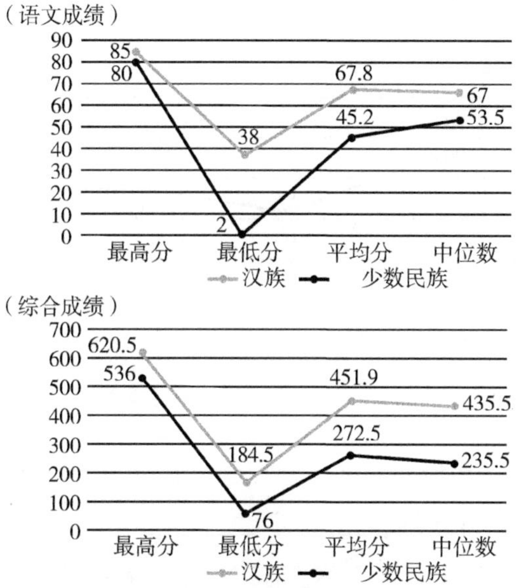

图 7　新疆生产建设兵团第五师中学七年级 1 班 2019 年 11 月月考语文及综合成绩折线图

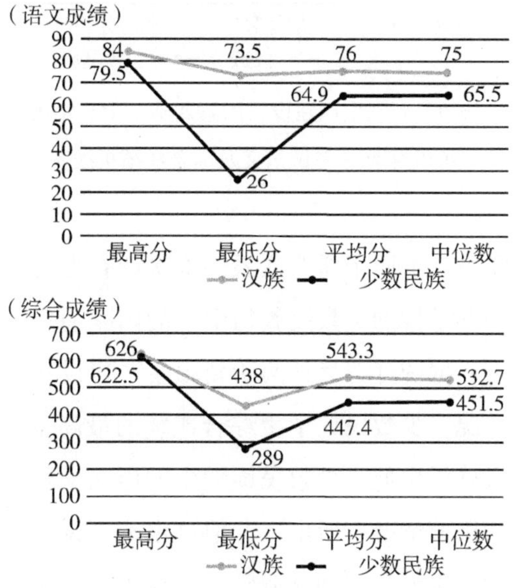

图 8　新疆生产建设兵团第二师某初级中学七年级内初班 2020 年期末考试语文及综合成绩折线图

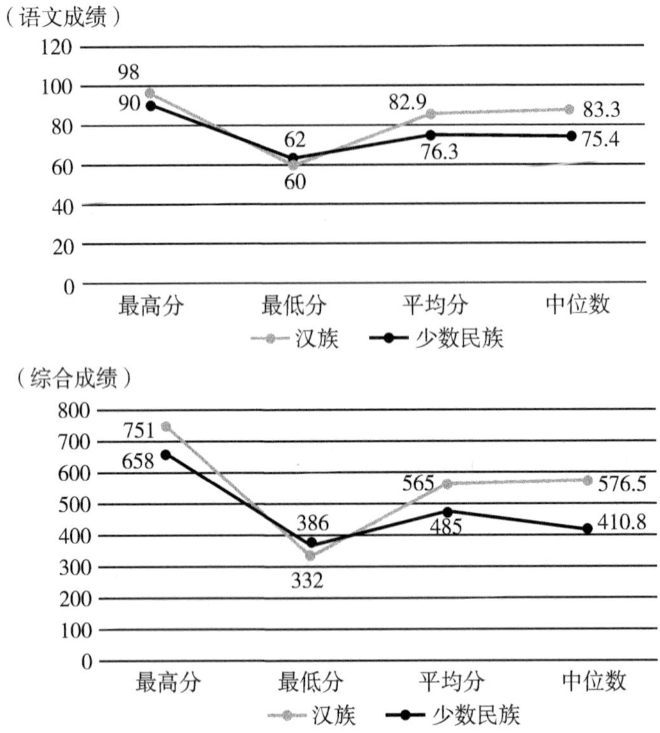

图 9　新疆生产建设兵团第四师二中八年级

2019 年期末考试语文及综合成绩折线图

为确定这种联系是否属于偶然联系，本次调查也对新疆生产建设兵团中另外两所民汉合办学校的少数民族初中生的国家通用语能力对综合成绩的影响进行了分析。据统计，另外两所新疆生产建设兵团中民汉合办的学校也存在同样的情况：少数民族学生综合成绩的最高分、最低分、中位数和平均数大多比汉族学生低；少数民族学生的语文学科成绩与综合成绩呈正相关关系。虽然极值情况有所出入，但这也恰巧说明了少数民族学生学习国家通用语的能力也能达到和汉族学生不相上下的水平。可见，在新疆生产建设兵团的民汉合办的学校中，少数民族学生掌握国家通用语能力水平对综合成绩的影响较大，且呈正相关性关系。

三、尝试与原因

(一)第五师中学为提高少数民族学生成绩做出的尝试

据了解，针对少数民族学生通用语能力较差的情况，第五师中学各语文老师，由于个人精力有限，很少单独进行差别化辅导，一般是统一安排民汉学生的学习进度和任务。但是，第五师中学为强化校园管理、规范班级秩序，提高部分少数民族学生国家通用语水平，提升少数民族学生的综合成绩，做过如下尝试：

第一，2019年下半年，主要针对七年级少数民族学生开设了一个基础强化班。“普通班”班主任上报需要强化基础的少数民族学生名单至学校，学校统一审批，由政教处集中统一管理。这部分少数民族学生经常违反校纪校规和班级班规，综合成绩排名通常在各班末尾。该班的教学内容主要是小学四至六年级的语文、数学和七年级部分科目。

第二，召开家长培训会。近几年，第五师中学每年会联系精通家庭教育的专家，并邀请他们给第五师中学的全体学生家长做教育讲座，帮助家长认识学习和引导孩子学习的重要意义。

第三，经常约谈少数民族学生家长。据了解，第五师中学校领导只要遇到少数民族学生犯比较严重的错误，就会和少数民族学生家长促膝长谈，帮助他们管教孩子。

学校尝试因材施教，以点对点的办法去解决少数民族学生学习困难和管理困难的问题，甚至对部分特别热爱运动的少数民族学生适当放宽要求，允许他们在某些较难的课程上去室外打篮球，释放他们的天性，但是这种点式的管理办法收效甚微。因此，想要提高少数民族学生的综合成绩，提升少数民族学生整体的义务教育水平，应该将宏观与微观相结合，从提高国家通用语水平抓起；更应该具体而微，落实到具体的教学课程的安排、语文老师的职责划分和民汉合校的教学管理上。

(二)少数民族学生国家通用语水平难以提高的原因

第五师中学少数民族学生国家通用语水平难以提高，主要有四个方面的原因：

第一，国家通用语对少数民族学生而言难度较大。

维吾尔族的语言是维吾尔语。国家通用语和维吾尔语在语音、语法范畴，特别是汉字方面有很大区别，所以对少数民族学生而言，学习国家通用语客观上较难，使用国家通用语上课更是一种挑战，因为运用国家通用语交流是一种需要长期适应的习惯。从语言迁移上来看，这属于母语对二语习得的负迁移。

第二，少数民族学生使用国家通用语的频率较低。

为全面贯彻国家语言文字方针政策和法律法规，大力推广和规范使用国家通用语言文字，着力提升少数民族国家通用语使用能力，传承中华优秀传统文化，学校要求在校园内使用国家通用语言进行交流。类似“请使用国家通用语言”“禁止在校园内讲民语”的宣传标语和公告牌在新疆大中小学校园中经常见到，见本文图10、图11：

第五师中学十禁止

1. 禁止在校园内讲民语
2. 禁止在校园内骑自行车
3. 禁止带手机进校园
4. 禁止带管制刀具进校园
5. 禁止在校园内吃泡泡糖
6. 禁止在楼道楼梯内拍篮球
7. 禁止在楼道内聚众喧哗
8. 严禁学生吸烟

备注：
（此项规定从2019年8月19日开始执行，如有违规按《学生管理手册》处分决定处理）。

图10　第五师中学“十禁止”规定及校内宣传标语

但调查发现，民汉合校以来，第五师中学少数民族学生在校使用国家通用语频率较低。尽管课堂上，老师们一致使用国家通用语进行授课，也要求少数民族学生使用国家通用语进行学习和交谈，但下课后，大多数少

图 11　第五师校内宣传标语

民族学生在校园内仍旧习惯用少数民族语言进行对话。少数民族学生在用少数民族语言交流时如果恰遇到老师，部分学生会转用普通话进行交流，部分学生也会坚持用少数民族语言表达。

少数民族学生缺少掌握国家通用语的自觉意识，不经常使用国家通用语。部分少数民族学生反映："我目前没出过博乐，以后不打算出新疆，那我学习这个语言有啥用呢？我在这儿也能生活吧。"这是部分少数民族学生来自心底的真实和迷茫。

第三，缺乏良好的语言环境。

良好的语言环境能培养良好的语感。"语感是一种人们对符号的第一感觉，是一种能够刻在潜意识中的信息识别能力，人们可以在语感的支配下不假思索与别人交流，识别话语中潜在的情感和意思；同时也能立即给予回应，准确合理地表达自己的所思所想。"①少数民族学生的家庭语言是少数民族语言，缺少良好的家庭语言环境，不利于国家通用语日常语感的培养。

第四，民汉合校后，老师教学难度增大。

民汉合校后，由于少数民族学生缺乏专门的国家通用语言课程，少数民族学生小学阶段的国家通用语能力没有达到培养目标，给中学阶段补齐

① 马风玲：《论少数民族汉语教学中的语感培养》，载《产业与科技论坛》2017 年第 16 卷第 11 期，第 177-178 页。

少数民族学生的语言能力增加了难度。加之大班教学，一个班40多个学生，老师精力有限，实行统一教学，无法因材施教，缺乏对少数民族学生的单独辅导，也可能导致少数民族学生国家通用语水平难以提高。

四、问题与思考

(一)少数民族学生国家通用语水平不高带来的问题

少数民族中学生语文学科的学习成绩差、国家通用语水平不高的现象也带来了一些问题。

1. 学生层面

博乐市升学规定如下：从小到大在民族班里上课的少数民族学生按照“民考民”的方式和比例升学、汉族学生按照“汉考汉”的方式和比例升学、从小到大在汉族班里上课的少数民族学生按照“民考汉”的方式和比例升学。虽说各自按照相同的人数比例进行升学，少数民族中学生的升学率和汉族学生没有区别，但是从最终的录取分数来看，2021年初升高的分数线“民考民”是317.5分，“民考汉”是411.5分，“汉考汉”是495.5分①。由此可见，少数民族学生和汉族学生在使用国家通用语掌握基础科学文化知识方面仍存在显著差异。少数民族学生国家通用语的学习和使用习惯不佳，国家通用语基础没打牢，影响整个基础知识体系的构建，这会限制学生个人发展，不利于融入时代大环境。

2. 教师层面

民汉合班后，学生的基础参差不齐，教师没办法针对每一位学生的情况进行有针对性的辅导，这对教师教育教学质量的提高和课堂秩序的合理

① 新疆生产建设兵团第五师双河市2020年6月中考录取分数线。

化构成挑战。同时，这也增加了教师日常教务管理工作的难度，不论是作业的批改，还是学习情况的分析，都无形中增加了教师的工作压力。

3. 学校层面

少数民族初中生语文成绩普遍要落后许多，用语习惯也不符合国家推广普通话的要求，对学校教育教学质量的提高、班级合理管理乃至校园规范管理构成挑战。据了解，第五师中学领导层也对部分少数民族学生的教育管理工作感到担忧，因为他们在一定程度上确实影响了正常的校园秩序，比如，在如何让少数民族学生在校园内自觉地说国家民族通用语这一问题上，学校一直没有形成很好的解决方案。

（二）相关思考

新疆地域辽阔，民族众多，语言障碍给各民族交流交往、经济社会发展带来一定程度的影响。推广国家通用语是个人和社会发展的需要，有利于促成更广泛的社会交往，也是各民族团结和国家统一的重要基础。学校是推广国家通用语的主阵地，教师是推广国家通用语的主力军，我们要坚实地走完推广国家通用语的“最后一公里”。

1. 从抓好学生家长着手，实现家校协同培养

学校应采取各种措施充分调动少数民族学生家长的积极性，形成家校联动，例如做好家长的思想工作，需要让家长提高对学习国家通用语的认识，使他们能够和学校齐心协力，一方面督促学生学习国家通用语，另一方面努力营造学习国家通用语的家庭语言环境，共同把学生培养成学好国家通用语、会说国家通用语、常说国家通用语的学生。

2. 营造丰富多彩的校内语言环境

丰富校园文化活动，加强汉族和少数民族学生的沟通和交流，为少数民族学生更广泛而深入地学习中华民族文化创造更多的条件，引导少数民

族和汉族学生互助，促进民族团结和民族融合。同时，营造全校全员推广普通话的氛围，首先，从教职员工抓起，要求在校内全员全程讲普通话，并且将有关要求纳入绩效。其次，切实动员全体教职工全面督查学生在校园内使用普通话的情况。

3. 加强精准帮扶

在进一步加强国家通用语教学的同时，可以为基础不好的少数民族学生补开国家通用语言课程，重点训练他们的国家通用语能力。同时，加强教师对少数民族学生的关心与爱护，继续落实帮扶政策，让一个老师对接多个少数民族学生的制度严格落地，实现点对点的关心与精准帮扶，让少数民族学生在校园内感受到更多的关爱，拥有受到理解和包容的空间，逐步增强对国家通用语的认同和学好国家通用语的自觉性。

校订：李汀滢　潘灏

会议综述

武汉大学文学院第一届学术论坛会议综述

学术论坛会务组

一、会议概况

武汉大学文学院研究生学术论坛是由武汉大学文学院主办、以中国语言文学专业在读研究生为主要参与者的综合性学术活动。论坛以促进学术交流与创新为宗旨，努力为在校研究生们建立一个探讨学术问题、展示研究成果、交流科研心得的学术平台。

2021年12月5日武汉大学文学院首届研究生学术论坛在武汉大学振华楼文学院成功举办，来自语言学及应用语言学、现当代文学、古代文学、比较文学与世界文学、文艺学、写作学、汉语言文字学等专业的36位武汉大学文学院的硕博士研究生参加了此次会议，16位武汉大学文学院的专家学者参与了点评。

二、开幕式与大会发言

2021年12月5日武汉大学文学院首届研究生学术论坛开幕式由高文强副院长主持。高文强副院长提到，这是武汉大学文学院历史上第一次举办此类活动。该活动的宗旨是提高研究生学术研究能力，学院组织的学术论坛能够为研究生提供一个学术体验和交流平台。与其他学术论坛相比，其创新之处在于研究生为活动筹备的主体。在学院的大力支持下，本论坛将以“2+1”的模式成为长期活动，即一年两次论坛并正式出版一本辑刊。

武汉大学文学院院长于亭代表学院致欢迎辞。于亭院长首先祝贺该学术论坛的召开。他在发言中指出，古代儒家于士之养成有三个核心大义：学、行和友。“君子以文会友，以友辅仁。”学与行都需要同行之友及时地讽诫规扶，因此于亭院长表示，这是学院发起这个论坛的立意，同时也是各位教师对论坛的期待。学问之道，总是艰难跋涉，愤悱而发，在这个过程中，不能埋头不问、闭门造车，同学们的成果需要第一批读者，要接受品评，但更重要的，是让各位意识到，德不孤，必有邻。此外，他还感谢了发起此次论坛的高文强副院长以及负责筹备论坛的陈溪老师。老师们牺牲了休息日，担任主持人和评议人，评议老师们坦率的学术批评，不是为了击破同学们的信心，而是为了激发不甘人下的雄心，提升捕捉问题的意识和学术写作的技巧。最后，于亭院长希望各位同学在此次论坛中留下精诚庄严的求学回忆，以文会友，以友辅仁。

学术论坛主负责人陈溪主持大会发言。大会发言分为上下半场，每个半场各有五位同学发言。上半场中，中国古代文学博士生蒋润考察了新出土的《柳从俗墓志》，对柳宗元家族信息进行了更新与补充。写作学硕士生沈钰洁从分问题阅读法、分步阅读法、阅读程序管理三个方面阐释了王葆心从读到写的阅读法。汉语言文字学博士生张丽梅从“无所”的词汇化过程、特点及其演变的动因和机制三个方面研究了跨层结构“无所”的词汇化。中国古代文学博士生张二雄关注胡小石先生以《楚辞专论》为代表的楚辞研究，分析了其楚辞研究呈现出的“融通”特点。中国现当代文学硕士生潘灏以韩少功2002年的访谈为出发点，选择九十年代韩少功的散文为论述材料，梳理了韩少功公民写作的形成过程。武汉大学文学院的曹建国老师、萧映老师和韩小荆老师从选题、论文结构、摘要关键词等方面分别对每位同学的论文进行了深入细致的评议。

下半场中，文艺学博士生李润菡从入建康定林寺依沙门僧祐十数哉的刘勰完成的文学理论巨著《文心雕龙》入手，分析了六朝佛寺在教育、政治、艺术、文学等方面的文化功能。比较文学与世界文学硕士生刘彦麟通过非自然叙事学理论分析了科塔萨尔短篇小说《魔鬼涎》中话语层和故事层的非自然因素，并阐发了文学中叙述与真相的关系。语言学及应用语言学博士生李蔚通过田野调查对湘鄂黔渝四省边区少数民族聚居地群众文化程度、语言能力、语言需求、语言态度以及普通话能力情况等进行调查分析，发现了该地区存在的问题并对该区域少数民族语言扶贫提出了参考性建议。比较文学与世界文学硕士生岳洵以莫里斯·布朗肖《死刑判决》的“闯入”作为切入点，联系福柯意义上的“异托邦”，认为他者之死吸引主体闯入外部，主体与他者的关系实际上是形成一种“共通体”。文艺学硕士生萧涵耀分析了西方文艺理论传统中的摹仿说如何影响了克里斯蒂娃等人的互文性理论。武汉大学文学院的张箭飞老师、赫琳老师和王怀义老师从论文的比较意识、论文的改进之处等方面分别对每位同学的发言进行了深入细致的评议。

三、分论坛发言

本次学术论坛共设三个分论坛，分别为语言学与文献学、古代文学与古代文论和现代文学与西方文论。

(一)语言学与文献学

第一分会场语言学与文献学共有六位发言人，武汉大学文学院的刘丹老师和郭婷婷老师负责点评。

上半场中，语言学及应用语言学硕士生高孟悦通过对因读音、字形、命名而引起讨论的热点舆情的梳理，概括舆情的特性以及舆情与语言规划的互动关系，最后就如何规划人名、地名提出了规则原则选择、伦理体系建设和联动机制建立的三点建议。刘丹老师认为，高孟悦发言的问题意识很好，但对舆情现象的语言学解读不足。语言学及应用语言学硕士生王绿源代表郭婉莹进行了发言，以微博账号@鄂州政府网为研究对象，从文字使用和互动两方面对鄂州政务微博的发展提供了建议。郭婷婷老师认为郭婉莹发言的应用价值高，但缺乏运用语言学的知识对微博语言进行分类讨论，提出的建议针对性不足。汉语言文字学硕士生刘剑邦认为《汉语大词典》中“滑易”词条可增加“滑溜(的)”义、“顺(和顺的、顺利的)”义和“轻率(的)”义，并删除“便捷与迟滞”义。刘丹老师指出该论文的样例中存在句读错误的情况，并认为论题还可以再缩小。

下半场中，语言学及应用语言学硕士生王绿源就“非论元式话题句的逻辑表达”进行阐发，分析了非论元式话题的四类结构，以及非论元式话题问句型结构和陈述型结构的逻辑表达，由此得出非论元式话题句的逻辑可表达为一个公式的结论。郭婷婷老师极大地肯定了此选题，同时从文献综述、论文结构、小标题和结论等方面提供了改善建议。语言学及应用语言学硕士生向金铃以新疆生产建设兵团第五师中学为例，通过实地教学调查的经历对当地少数民族学生在学习国家通用语过程中遇到的问题进行了总结，分析了这一问题出现的原因并提供了针对性较强的思考。刘丹老师肯定了该选题深刻的现实面向，但认为该论文分章太多，分析不够深入，可以更多地结合语言学知识。最后，语言学及应用语言学硕士生周尧借用SPSS等软件验证了凡尔赛文学先抑后扬、合理使用第三人称、突出高端生活的坐标的三个特点。郭婷婷老师认为该选题所采用的验证方法新颖，但验证性研究的创新性不够。

(二)古代文学与古代文论

第二分会场古代文学与古代文论共有九位发言人，武汉大学文学院的葛刚岩老师、汪超老师、钟志辉老师和袁劲老师负责点评。

上半场中，中国古代文学硕士生武婷婷通过解读《诗经》中的“彼其之子”，确定此句应作“那个人”来解读，分析其重出的情况及其原因。钟志辉老师指出，该论文存在引用不规范的问题，并认为应多参考学界其他相关解释。中国古代文学硕士生钱婧研究了南朝文人五言诗中的叠词。葛刚岩老师建议应增加与诗经时代的对比并分析其原因。中国古代文学博士生冯春祥从“本色”与“悟”及“妙悟”的关系、“本色”与“当行”的关系两方面分析了《沧浪诗话》中“本色”一词的含义。钟志辉老师建议发言所总结的规律还有待提升，有一些文献最好能够核对原书而非二手文献。文艺学硕士生韩彩琼分析了《礼记・乐记》中“声”“音”“乐”的两种翻译策略。葛刚岩老师肯定了该发言的选题并对一些细节的修改提出了建议。中国古代文学硕士生韩静雯分析了清初词论在词之辨体与破体问题上存在分歧的两个原因以及两种观点的由来。汪超老师建议该发言还需阅读更多参考文献来清晰行文。

下半场中，中国古代文学硕士生皮蓓研究了黄维樑将《文心雕龙・知音》的“六观”说与西方新批评学派理论相结合的文论观。袁劲老师肯定了这一选题，在论文格式和结构等细节方面提出了修改建议。文艺学硕士生吴煌琨从《四库总目》释家类“小四部”出发，研究了四库馆臣的“端性思维”。袁劲老师提醒要注意版本问题，使用概念的时候需要加以解释。写作学硕士生杨晓白从想象空间和回忆空间两方面对周邦彦的羁旅词的审美风格的形成进行了分析。汪超老师认为该发言对于“倦”字把握得很好，且可以分成多篇进行论述。最后文艺学硕士生李程蔚从三个方面分析了《四库全书总目》对中国古典文艺批评的总结。袁劲老师建议应凸显视野的独特性并建立起坐标系，摆脱特定文本的局限。

(三)现代文学与西方文论

第三分会场现代文学与西方文论共有十位发言人，武汉大学文学院的艾士薇老师、陈溪老师、叶李老师和朴婕老师分别对每位同学的发言进行了细致点评。

上半场中，中国古代文学硕士生陈宫慧从埃斯库罗斯的三部悲剧中阐发了人与政治的节制与激情、放纵与裹挟、暴力与启蒙的关系。艾士薇老师认为该发言所选择的三部作品的代表性还需要商榷，问题意识仍需加强。中国现当代文学硕士生张琪以《文学改良刍议》作为出发点，对胡适的“文学革命发生史”建构进行了阐发。朴婕老师建议重点关注论文定位和文章框架，论点的论证过程存在瑕疵。中国现当代文学硕士生王宇辰从张大春《小说稗类》“有序不乱乎？——一则小说的体系解”一文出发，从体系、标题和逻辑结构三方面对“冒犯”进行了解读。叶李老师从文章标题的方面提供了修改建议，认为该发言应在给出清晰的定义和批判对象的基础上进行论述，同时注意不掉入作家的“写作圈套”。比较文学与世界文学硕士生王淼以弗洛伊德精神分析理论为基础，从游戏与幻想、压抑与建构、偏执与反噬三个维度，分析了《夕雾花园》中“战争遗民”以何种方式寻求走出战争阴影及其后遗症。艾士薇老师认为该发言的诗性语言弱化了学术的清晰指向，同时应思考理论产生的目的。中国现当代文学博士生王威龙分析了社会福音主义的文化语境，对许地山的启蒙和浪漫主义进行了另一维度的思考，最后就社会福音主义对“五四”新文学的影响进行了阐发。朴婕老师肯定了该发言的问题意识，但认为论文表达、行文论述和论述策略等方面仍可提高。

下半场中，文艺学硕士生陈文欣分析了两种调整摹仿的方式、象征与艺术的内部目的性以及摹仿在浪漫主义的转向。陈溪老师认为陈文欣的行文结构严谨但是缺乏问题意识。写作学硕士生丁琳分析了丰子恺日记中记载的避难经历，认为这不仅拉开了丰子恺与抗日战场的空间距离，更突显出丰子恺精神世界的包容和高远。朴婕老师认为该文章三个部分的关联较弱，可重新考虑对丰子恺日记的定位。写作学硕士王海龙以《创意写作研究期刊》为中心从批判作为术语、学科身份的探讨、对“创意写作”的贡献三个方面研究了海外写作学界对“创意写作研究”的观点。叶李老师认为该发言应增加对创意写作述评研究的全貌式论述，并对创意写作研究与创意写作活动加以区分。比较文学与世界文学博士生成之珍借用存在主义哲学探讨了缪赛《罗朗萨丘》中的徒劳与悲剧性。艾士薇老师认为，成之珍的文本细读十分到位，但是行文处理方式相对简单粗暴，与文本“心对心”的交流还应该更深入。最后，文艺学硕士生阐释了《金枝》中交感理论的现代性体现，认为《金枝》中涵盖的大量神话传说与风俗仪式的案例，为寻找世界文学雏形的共通性提供了广泛的基础材料。陈溪老师肯定了该发言表达和结构的清晰以及逻辑的严密，但认为标题的“启示”可以酌情修改；另外，中西方关于文学巫术起源的一致性观点并不能代表全世界文学都起源于巫术，以此来论证《金枝》对世界文学具有启示价值有些欠妥。

四、闭幕式

闭幕式上，向金玲、蒋润、成之珍作为小组代表依次对第一、第二、第三分会场的发言讨论情况进行了总结。随后，高文强副院长致闭幕词。他总结了本次论坛的三个关键词："成功""学习"和"不足"。首先，本次论坛的举办是超乎预期的成功，学生讲得很精彩，老师们评议得精彩，同时会务组筹备得辛苦而顺利。其次，通过本次论坛的组织和举办，参与的同学学会了如何写论文、如何表达观点、如何听会议，同时会务组及学院也学会了如何举办会议。但仍有一些不足需要改进，从参与同学的年级和专业上看，不同专业和年级人数不等，以后的筹备过程中应保证各个年级和专业参与人数的均衡。

“2022 文言樱花会”暨武汉大学文学院第二届研究生学术论坛会议综述

学术论坛会务组

一、会议概况

武汉大学文学院研究生学术论坛是由武汉大学文学院主办的、以中国语言文学专业在读研究生为主要参与者的综合性学术活动。论坛以促进学术交流与创新为宗旨，努力为在校研究生们建立一个探讨学术问题、展示研究成果、交流科研心得的学术平台。论坛每年举办两次，其中在春季举办的“文言樱花会”邀请全国乃至海外各高校人文学科的硕、博士研究生，于武大珞樱缤纷之时共研文学之隽永和语言之深意，以跨界、交融的视野和胸怀，实现研究生、学者的群体间，以及校际的开放多元、诚心正意之高质量学术互动。

2022 年 4 月 23 日，“2022 文言樱花会”暨武汉大学文学院第二届研究生学术论坛在线上成功举办。“2022 文言樱花会”邀请了华中科技大学人文学院和华中师范大学文学院的专家学者及硕博士研究生共同参会，三校共有 18 位硕博士研究生参与学术发言，在线收看人数达 120 人次。

二、开幕式

2022 年 4 月 23 日，“2022 文言樱花会”暨武汉大学文学院第二届研究生学术论坛开幕式由武汉大学文学院高文强副院长主持。他首先向来自华中师范大学和华中科技大学的专家学者和同学们表示热烈的欢迎，随后介绍了担任本次学术论坛的专业点评工作的全部专家老师。接着他提到，研究生学术论坛一直坚持研究生自主筹备的形式，其初衷是为了让研究生提前进入到学术语境中，更好地体验学术交流的氛围。高院长特别说明，研究生论坛设置主题——“2022 文言樱花会”，原意是要让三校师生在武汉大学樱花时节的校园里交流学术，但受疫情影响转为了线上形式，让我们一起期待这一遗憾能在下一届论坛得以弥补。

华中师范大学文学院的余一骄副院长和华中科技大学人文学院的王庆副教授在开幕式上先后致辞。

华中师范大学文学院余一骄副院长首先感谢武汉大学文学院的精心组织，并表示本次的学术活动向三校师生提供了深度交流的平台以及相互学习的机会，有助于达成三校文学院之间开放多元、诚心正意的学术互动。此外，余院长向所有在休息日参与点评的专家老师表示感谢，同时希望同学们能够认真、自信、高效地发言，突出论文的创新点，并虚心听取每一位点评老师的意见，珍惜三校教师的集体指导。最后余院长预祝学术论坛取得圆满成功。

华中科技大学人文学院王庆副教授在致辞中提到，武汉大学、华中科技大学和华中师范大学三校文学院的学术交流传统由来已久，本次武汉大学文学院邀请华中师范大学、华中科技大学师生展开学术交流活动，不仅是对这一传统的继承，更是对三校研究生学术交流活动的拓展和加强。本次活动交流的话题涉及文学学科的各个方面，话题丰富新颖且颇具学术价值，表现了三校研究生踏实的学术功底、敏锐的学术眼光和对当下现实的关注，值得称赞。最后王庆副教授预祝学术论坛取得圆满成功。

三、大会发言

此次论坛的大会发言部分由学术论坛主负责人陈溪老师主持。大会发言分为古代汉语与方言研究、文艺批评与文化研究、古籍考辨与经典重释、文本解读与文学形式四个板块，每一板块发言结束后都设有师生自由问答及讨论环节。

(一)古代汉语与方言研究

武汉大学的黄永杰考释了《礼记释文》中 12 条涉及字词错位的特殊音，分别从产生于字形讹误、产生于假借、产生于字词系统的交变等五种类型来分析其形成字词错位的原因。华中科技大学齐晓燕老师认为这篇文章具有角度新颖和分析细致的优点，并就标题的概念范围、凡例注释和论述的逻辑关系等方面提出具体建议。华中师范大学的胡辰诗通过分析北京大学 CCL 语料库和脸书中的语料，证明“赞”本是来源于闽南语的方言词，具有用法固定、意义积极、高传播性、易接受性等特点，是方言词进入网络语言及现代汉语词典的典型案例。武汉大学的赫琳老师肯定了这篇文章在语料和结论方面的价值，并进一步围绕研究范畴、研究范式及专有名词表述等问题给出针对性建议。武汉大学的张丽梅同学提出《汉语大词典》的“算是”一词释义不确，考察了“算是”的词汇化、用法和句法之后，总结了词典编纂存在的问题。华中科技大学的刘星老师肯定了文章的问题意识和行文结构，就摘要、问题典型性、“算是”的语法化提出了一些建议。华中科技大学的吴荣熔从黎平方言音系、单纯词、句法结构构词与合成词形态手段构词几个方面对黎平方言进行分析。武汉大学的张延成老师首先肯定了她简洁清晰的行文风格，然后就问题意识、论据、结构等方面提出了建设性意见。华中师范大学的凌艺桓从结构、语法功能、搭配形式和特殊语义特征四个方面分析了资阳方言亲属合称现象，武汉大学的王统尚老师就其中存在的问题给出了指导性意见，建议应该在更为完善的研究基础上进行探究，同时关注文中的细节部分例如逻辑、表达、对应关系等。

自由交流环节中，武汉大学的张延成老师对听会者提出的方言学研究问题意识的问题进行了回答。张延成老师认为问题意识在于六个字：现象级、问题性。应从身边的语言现象入手，然后寻找过往研究形成完整的综述。在进行论文写作时，我们必须对自己有较高的要求，可以写成八分的论文就不要局限于六分。

(二)文艺批评与文化研究

华中科技大学的陈尧将萨菲流浪结构、萨菲叙述结构和萨菲话语结构作为叙事形式来研究，同时沿用经典叙事学结构分析方法，对包括流浪情节、叙述转换、话语模式等层面的问题进行了阐发。武汉大学的刘春阳老师肯定了选题的新颖性，但提出论证需要更多的论据支撑。华中师范大学的叶亮梅从“灵韵的消失”“影像的政治”和“从艺术的政治化到大众的解放”三个部分讨论了本雅明的影响辩证法，通过考察艺术中灵韵的消失，探讨艺术政治化的意义与大众的解放。武汉大学的艾士薇老师对叶良梅同学的研究寄予厚望，同时提出论证结构和结论有欠缺之处，需要再加思考。华中科技大学的艾云利通过对《书记员巴特尔比》主人公巴特尔比“我宁愿不……”句式的分析，介绍了围绕小说产生的哲学星丛，并采用理论家韩炳哲的观点，分析巴特比尔如何体现了潜能与意志的关系。武汉大学的李松老师在肯定论文研究价值的基础上，建议研究要回到文本本身以及要对理论有批判性思考。武汉大学的刘骁通过三篇科幻短篇小说描述了美华科幻小说家写作中的滑流现象，并提出了“滑流”写作的意义所在：对族裔叙事的突破，也是第二代、第三代族裔作家创作的可能方式。华中师范大学的黎杨全老师在肯定论文的基础上给出了建议：可以在叙事越界的场域中，研究媒介化和游戏经验对滑流现象、科幻小说的影响。

自由讨论环节中，有观众提问论文写作中如何处理理论与文本分析的关系。华中师范大学的黎杨全老师认为论文写作不能硬套理论造成理论先行，使用理论的前提是我们能够借助理论发现文本中创新观念，同时又对理论本身有突破和推进。武汉大学的高文强副院长认为，同学们要理解，理论方法的意义不在于直接表述理论本身，而是在透彻理解理论和方法之后，使之成为我们锐化学术思维和加强分析能力的利器。

(三)古籍考辨与经典重释

华中师范大学的杨宗霖从“文学地理学”的视域出发，就魏地是否真的存在“土地干涸，物产稀少”的情况进行了探究，得出了魏地人民的穷苦更应归因于统治者的掠夺这一结论，并认为文学地理学的成果对于《诗经》研究有着重要的参考价值。武汉大学的曹建国老师认为本文方法论和文献阅读需要加强，建议应该着重看郑玄《诗谱序》中的《魏谱》。武汉大学的李张怡从“以类相动”的纲领出发，从乐的生成机制、乐的政教意义过程表达以及乐的形而上意义三个层面对《礼记·乐记》的心物感应观做出阐释。华中师范大学的付林鹏老师认为文章总体不错，同时建议在文本原意、理论框架应用以及概念区分三方面进行改进。华中科技大学的胡彩霞梳理了唐代历史琐闻类笔记中“实录”的概念流变并认为唐代历史琐闻类笔记多记神异之事，同时自序却自称“实录”，这与“实录”概念流变、修史传统以及唐代文人立言不朽的自我意识有关，实则是平衡补史之缺与资暇之趣采取的创作策略。武汉大学的钟志辉老师肯定了论文的文笔与立意，同时从文章题目、结构和论证理论等部分提出了修改建议。华中师范大学的孙泽豪对读了《周易》繇辞与《左传》《国语》中占卜繇辞的实例记载，旨在证明春秋时代已经可以自撰繇辞，并非所有繇辞都来自“三兆三易”。武汉大学的葛刚岩老师赞赏了该文扎实的文献考究工作，并在繇辞的界定、文体意识等细节上提出了改进建议。华中科技大学的付琳清分析了三部东坡剧的叙事流变，认为其结局的不同反映出历代文人从渴望功名到辞官出世的转向。武汉大学的王启玮老师认为这是一篇完成度很高的学术论文，随后对文章的题目、论证细节、文本解读、结论等细节进行了改进指点。

自由讨论环节中，有听众提问是否可以将以虚证实的手法与浦安迪在《中国叙事学》中的论述相联系。华中科技大学的胡彩霞同学回应道，浦安迪所说的历史和虚构应该是同时针对中国叙事的两大源头——史家传统和诸子传统而言。史统因言纪事，是先有事实发生再记录下来，这是一种真实；子统则是先想表达一个想法，根据想法创造一个故事，比如《庄子》中的骷髅入梦。史笔是不能隐晦、偏袒的，文笔却可以显露出作者的偏好，但都应归于实录精神，这意味着作者不仅实事求是，也忠于自己的判断，也就是问题中所说的“情感上的真实”。

(四)文本解读与文学形式

华中科技大学的王特尼格尔分析了《乡野传奇集》的形式和内容，认为随意言谈的形式与充满传奇色彩的故事使对传奇文体的利用恰到好处，达到了形式与内容的统一。武汉大学的叶立文老师肯定了该文的选题，同时从个案文学批评转向深广的学术史研究、关注作者意图与文本意图两方面提出了建议。武汉大学的张琪通过追溯《从文自传》的产生与修改，发现对客观真实的记录、对诗性表达的追求与对现实目的的考量，构成了该自传写作与修改过程中的“不可能三角”。华中科技大学的王庆老师肯定了选题和文献工作，但也提出了论文在观点明晰性，核心突出性，和论文总结范围的全面性方面的不足。华中师范大学的刘家言在拉康“三界”理论的框架下运用镜像阶段理论分析了《双城记》中卡尔登与代尔那的人物主体关系。武汉大学的张箭飞老师认为本文问题意识敏锐，研究方向在国内相关研究中较新颖，建议再多关注国际学术界的相关研究，以及“替身现象”在西方文学史中的呈现，将文本的理论批评更多地放诸文学史传统的语境中。武汉大学的郑翠怡从“集体的公理与个人的幸福”“集体的痛苦与个人的创伤”和“集体的追求与个人的幸福”三方面分析了元宇宙小说《骰子》中集体与个人的伦理学矛盾。华中师范大学的杜娟老师肯定了本研究的前沿性，同时建议可以关注文本的特异性和小说的审美形式，并结合作家身份分析其创作。

自由讨论环节中，华中师范大学的刘家言提问：“如何避免用理论套文本的问题?”武汉大学的张箭飞老师认为，用理论对应文本是文本批评的数学练习，而到了博士阶段则更需要有自己的原创性、独特性与学术能力的生长性。用理论洞察文本十分重要，但在这个过程中需要质疑，需要对理论的不自洽保持警惕，克服理论沿用上的“影响的焦虑”，做一个勇于挑战思维传统的“叛逆小孩”。

武汉大学的陈溪老师提问“《双城记》中卡尔登若不是代替代尔那而死，他的死亡还有宏大的意义吗?”刘家言认为，卡尔登所处的文本世界的秩序是由狄更斯作为作者身份进行建构的，这个人物具有自己的功能性，必须要死，文本世界对于他来说就是一个大他者。而他之所以摆脱那种工具式的意义，就是因为他用死亡的方式来摆脱大他者对他的限制，他能够摆脱的原因是他从被叙述、被失语化的状态中逐渐出走，继而进入自己解释自己的命运、自己选择自己是否要继续生活的状态中，最后实现了对大他者的拒认。

四、闭幕式

学术论坛负责人陈溪老师对本次学术论坛发言情况作出总结。她认为参会同学的学术发表以中国古代儒家经典《礼记》的研究为开头，以对当代全球关注的热点问题“元宇宙”的探讨作为结束，从古代到当代，从语言到文学，从理论研究到批评实践，从文本辨析到文化反思，探索了一系列多元而深刻的主题，展现了三校年轻学者们敏锐的学术意识、扎实的学术功底、求真的学术气度和广阔的学术视野。同时陈溪老师感谢了每一位点评专家，他们专业深入的点评为青年研究者们的学术成长构筑阶梯、洞明方向、规避偏误和注入动力。本次论坛中所有热忱而真挚的交流，证明了不管我们身处何境，精神的应和可以填补空间的间隔，对话的魅力可以解除独思的困顿，而人文的温度总能慰藉生命的各种疲惫和惶恐。

最后，武汉大学文学院高文强副院长宣布“2022 文言樱花会”暨武汉大学文学院第二届研究生学术论坛正式闭幕。